AF326110

MANUEL

DES COMMISSAIRES

DU

DIRECTOIRE EXECUTIF.

MANUEL

DES

COMMISSAIRES

DU

DIRECTOIRE EXÉCUTIF

PRÈS

LES ADMINISTRATIONS

CENTRALES ET MUNICIPALES,

ET PRÈS LES BUREAUX CENTRAUX,

Contenant, par ordre alphabétique, la notice des Lois, Arrêtés du Directoire, Instructions et Lettres ministérielles publiés jusqu'à ce jour, et qui fixent les attributions des ces Fonctionnaires publics, en matière d'administration, de police, de finances, etc.

Prix 4 francs 50 c. — 6 francs franc de port.

A PARIS,

DE L'IMPRIMERIE DU DEPOT DES LOIS,

Place du Carrousel.

AN VIII.

AVIS.

On trouve au Dépôt des Lois, les Ouvrages suivans: indispensables aux Commissaires.

Manuel des Agens et Adjoints municipaux, avec le premier Supplément de l'an 7, 2 vol. *in-*8.º Prix 4 francs 50 c. et 6 francs franc de port.

L'acquisition de cet ouvrage a été recommandée aux administrations centrales par une lettre du ministre de l'intérieur, du 26 fructidor an 7.

Annuaire régulateur des Fonctionnaires publics, ou Notice chronologique des Lois, qui déterminent à des époques fixes de jour, de décade et de mois, des fonctions à remplir par les autorités constituées, *in-*8.º Prix 75 c. et 1 franc de port.

Cet ouvrage a reçu l'accueil le plus honorable des deux Conseils et du Directoire.

Les fonctionnaires publics peuvent se procurer au même Dépôt, les Codes, les Recueils de législation en tout genre, ainsi que des exemplaires séparés des Lois et Arrétés du Directoire, format in-4.º, et des numéros détachés du Bulletin officiel des Lois.

Ils jouissent de la remise du libraire, et du treizième, quand ils en prennent douze.

Les lettres de demande, et l'envoi de l'argent, doivent être francs de port.

DISCOURS

PRELIMINAIRE.

LE Directoire exécutif nomme auprès de chaque Administration départementale et municipale, un Commissaire, qu'il révoque lorsqu'il le juge convenable.

Ce Commissaire surveille, et requiert l'exécution des lois. (*Constitution, art.* 191.)

De ces dispositions de la charte Constitutionnelle découlent les droits, les devoirs et les fonctions.

1.º Des Commissaires près les Administrations centrales et Bureaux centraux.

2.º Des Commissaires près les Administrations municipales.

Ces droits, ces devoirs, ces fonctions, sont déterminés par un nombre très - considérable de Lois, d'Arrêtés du Directoire, et de Lettres ministérielles, recueillis avec le plus grand soin, analysés et extraits de manière à conserver, autant qu'il a été possible, le texte dans sa pureté, et classés par ordre alphabétique pour la facilité des recherches.

Un des avantages précieux de ce Manuel, et qui sera facilement senti par les Commissaires, est d'avoir cité à chaque Loi, à chaque Arrêté, le n.º du bulletin des lois, et celui de la série, sous lesquels on peut les trouver pour se procurer de plus amples renseignemens, ou pour s'assurer de moyens prompts de vérification, dans le cas où il s'éleverait quelques doutes. On a multiplié, autant qu'il a été possible, les différentes dénominations sous lesquelles on peut chercher les actes du Corps législatif et du Pouvoir exécutif, qui règlent la marche à suivre par les Commissaires, les obligations qui leur sont imposées, leurs fonctions et attributions relativement à tout ce qui tient à l'administration confiée à leurs soins, et à leur vigilance perpétuelle.

Pour étendre les moyens d'instruction, on a multiplié également les renvois au Manuel des Agens municipaux; cet ouvrage est devenu en quelque sorte un livre élémentaire, dont l'utilité est reconnue généralement, et dont l'usage a été recommandé aux Administrations par une lettre circulaire du Ministre de l'intérieur, en date du 26 fructidor an 7.

L'ordre alphabétique, très-commode pour faciliter les recherches, laisse, sans doute, à desirer une méthode de rédaction qui présente d'un coup-d'œil, en forme de traité suivi, l'ensemble des fonctions qui sont attribuées aux Commissaires, en matière d'administration, de police, de finances, de force armée, etc.

C'est pour suppléer à ce défaut d'ordre inévitable dans un ouvrage en forme de Dictionnaire, que nous allons résumer les diverses attributions des fonctionnaires publics auxquels le Manuel est principalement destiné.

CHAPITRE PREMIER.

Des Commissaires en général.

SECTION PREMIÈRE.

Droits et devoirs personnels.

Les Commissaires près les Administrations centrales, municipales et bureaux centraux nommés par le Directoire, qui peut les révoquer, sont chargés de surveiller et de requérir l'exécution des Lois, page 58 (1).

Doivent être âgés au moins de 25 ans, p. 10.

Sont tenus de résider dans le canton, p. 308.

Ne peuvent entrer en exercice de leurs fonctions, sans avoir prêté le serment civique, p. 315.

Ne peuvent s'absenter sans autorisation légale, p. 1.

Ont droit d'assister à toutes les séances de l'Administration, qui ne peut prendre aucun arrêté sans qu'ils ayent été entendus, verbalement ou par écrit; y ont simplement voix délibérative; ne peuvent faire insérer dans le corps ou à la suite d'un arrêté, aucune opposition ou protestation; doivent le dénoncer au Directoire, s'il est vicieux, pour en provoquer la cassation, p. 28, 29, 30, 31, 33, 131, 292, 299, 304, 340.

Doivent requérir l'exécution des Arrêtés du

---

(1) Ces chiffres et les suivans, indiquent les pages du Manuel, où l'on peut chercher les développemens des principes exposés dans ce discours préliminaire.

(8)

Directoire, dans les vingt-quatre heures, au plus tard, de leur réception, p. 3o.

Sont tenus de répondre aux mémoires, pétitions et lettres des administrés, p. 117.

Sont remplacés, en cas de maladie, ou pendant le temps qu'ils remplissent les fonctions d'électeurs, p. 3o4.

Ont rang dans les cérémonies et fêtes publiques après l'administration, p. 52.

Sont dispensés de tout service militaire en personne, p. 2o3.

Ne peuvent voter dans les assemblées primaires et communales, qu'autant qu'ils avaient précédemment leur domicile dans le canton, ou qu'ils l'ont transféré depuis au moins un an par l'inscription civique, p. 3i.

Ne payent pas de droit de bac, lorsqu'ils se transportent pour l'exercice de leurs fonctions, p. 3g et 4o.

Sont tenus d'apposer leur signature sur les lettres, paquets et dépêches qu'ils adressent : quant à ceux qu'ils reçoivent des fonctionnaires publics autorisés à ne point payer le port d'avance, les frais leur sont passés en dépense, p. 15i et suiv.

Employent du papier timbré pour leurs actes particuliers, ainsi que pour les extraits, copies et expéditions : exception à cet égard, p. 326.

Perdent la qualité de Commissaires, en acceptant les fonctions de législateurs, p. 3o4.

Ne peuvent exercer les fonctions de notaires, p. 13i ; de jurés, etc., p. 234 et 26o. Voyez *Incompatibilité*. Voyez aussi les articles *Destitution*, *Responsabilité*, *Traitement*.

Section II.*

SECTION IIe

Leurs fonctions et attributions relatives à l'ad-
ministration générale.

Les Commissaires sont tenus de dénoncer les
abus, malversations et dilapidations, sous peine
de destitution, p. 3 et 145.

S'occupent de tout ce qui tend à l'amélioration
de l'*Agriculture*, et de l'exécution des Lois qui
ordonnent la culture des terres des *absens* ou *infir-*
mes, p. 11, 128, 129, 324.

Prennent toutes les mesures pour assurer l'observation de l'*Annuaire republicain*, dans les actes
publics et privés, ainsi que la célébration des
décadis et des fêtes nationales, p. 4, 15, 49,
58, 189, 236, 330, 336.

Font les poursuites et diligences nécessaires
contre les individus prévenus d'avoir enfreint les
dispositions législatives, concernant les *Bacs* et
Voitures d'eau, p. 40.

Surveillent l'exécution des Lois relatives aux
Ecoles, *Maisons* d'*Education* et *Pensionnats*,
p. 170.

Dénoncent aux officiers de police judiciaire les
officiers de l'*État civil*, qui contreviennent aux
Lois qui défendent de porter d'autres *noms* et
prénoms que ceux exprimés dans l'*acte de nais-*
sance, p. 259.

Surveillent l'observation exacte des mesures
prescrites pour la réception, l'enregistrement,
l'envoi et l'exécution des *Lois*, p. 237.

Pour qu'il ne soit apporté aucun obstacle au

libre cours de la *Navigation* dans les rivières, etc. p. 258, 333, 334.

Pour la mise en vigueur du nouveau systême des *Poids* et *mesures*, p. 280 et suiv.

Pour la conservation des monumens des *Sciences* et des *Arts*, p. 312.

Font des visites dans les établissemens des *Voitures publiques*, pour constater l'exécution des Lois qui leur défendent de se charger, sous peine de saisie, du port des journaux, feuilles à la main, et ouvrages périodiques, p. 225, 289.

Section III.*

Leurs fonctions et attributions relatives à l'ordre judiciaire en matière civile.

Toutes actions en justice, intentées par les Corps administratifs, le sont par les Commissaires centraux, à la poursuite et diligence des Commissaires près les administrations municipales, p. 4.

Ils ne peuvent intervenir dans aucune affaire litigieuse, qu'en vertu d'une délibération, p. 9.

Font toutes poursuites et diligences contre les personnes, autres que les notaires, greffiers et huissiers, qui s'immiscent dans les ventes, p. 335.

Section IV.

Leurs fonctions et attributions relatives à l'ordre judiciaire en matière criminelle et de police.

Ils transmettent aux juges de paix les procès-verbaux, et actes relatifs à tous les délits qui troublent la tranquillité, et portent atteinte à la propriété, à la sûreté, à la perception des contributions, et à la circulation des subsistances, p. 131.

Sont tenus, sous leur responsabilité, et même sous la peine des fers, de requérir et surveiller l'exécution des mesures prises contre les émigrés et les déportés, p. 172 et suiv., 189.

Ils dénoncent aux accusateurs publics les fraudes et faux relatifs aux certificats de résidence, p. 53, 172.

Font traduire devant les juges de paix ceux qui tiennent des loteries particulières et étrangères, p. 241.

Surveillent spécialement l'exécution des Lois repressives de la mendicité, p. 249.

De celles rendues contre les prêtres réfractaires, perturbateurs et sujets à la déportation, p. 293 et suiv.

Visent les Passeports, p. 266 et suiv.

Surveillent l'exécution des Dispositions constitutionnelles, relatives aux sociétés politiques, p. 316.

Des mesures prescrites contre le vagabondage, p. 334.

La loi confie à leur vigilance particulière, la police des spectacles, et les représentations des pièces de théâtre, p. 317.

SECTION V.^e

Leurs fonctions et attributions relatives aux finances.

Ils requièrent la reddition des comptes annuels des administrations, p. 299.

Font procéder à la recherche et au recouvrement des biens confisqués, p. 43.

Poursuivent les co-propriétaires de biens indivis qui refusent de payer, p. 44.

Surveillent les Dépôts des titres Judiciaires et Domaniaux, et présentent des observations sur le mode de conservation, p. 139, 327.

Sont chargés, sous leur responsabilité, de faire appliquer la loi de la responsabilité des Communes dans le cas du pillage des douanes, p. 168.

Concourent aux moyens prescrits par la loi pour assurer la régularité du service, et le produit de la loterie nationale, p. 238 et suiv.

Pour la distribution des secours accordés aux Déportés et Réfugiés, p. 312 et 313.

Pour l'assiette et le recouvrement des Contributions, p. 82 et suiv.

SECTION VIe

Leurs fonctions et attributions relatives à la force armée de terre et de mer.

Ils ont le droit de requérir la force publique sédentaire et en activité, ainsi que la gendarmerie, dans le cas d'attroupemens, d'émeutes, etc. p. 34, 191, 196, 204, 242.

Doivent porter une surveillance continuelle sur tous les Agens de l'administration militaire, la fabrication du pain, les fournitures, la conservation des chevaux, etc. p. 28.

Sont chargés de l'exécution des Lois relatives à la réquisition, à la conscription, à la formation des tableaux des cinq classes, au départ des conscrits, à l'arrestation des déserteurs, et à la poursuite de ceux qui les recèlent, p. 65, 66, 77, 139, 140, 177, 305 et suiv.

De l'examen des passeports et des congés militaires, p. 65, 66, 177.

De la répartition égale dans le logement des gens de guerre, p. 237.

De la confection des Listes des Citoyens qui demandent à être admis parmi les invalides, p. 224.

Ils dénoncent aux officiers généraux commandans, les émissaires et espions des puissances ennemies, p. 182.

Veillent à la conservation des papiers des Ordonnateurs en chef, et des Commissaires des guerres décédés, p. 59.

Ils s'opposent à ce que les autorités constituées s'immiscent dans les opérations maritimes, p. 246.

Requièrent la prestation des secours prescrits par la loi pour le service des vaisseaux, des ports, des arsenaux, et l'arrestation des déserteurs, p. 247.

CHAPITRE II.

Commissaires près les Administrations centrales.

SECTION PREMIERE.

Droits et Devoirs personnels.

Ils correspondent journellement avec le Ministre de l'intérieur, et dans les cas extraordinaires, avec le Directoire, p. 112, 252 et suiv.

Ils sont tenus de parcourir les cantons à différentes époques, pour se procurer des renseignemens sur toutes les parties de l'administration confiée à leur surveillance, p. 182 et 336. Voyez le *Chapitre premier*, *ci-dessus*, p. 3.

SECTION II.e

Leurs fonctions et attributions relatives à l'administration générale.

Ils sont tenus d'informer le Directoire de l'ouverture et de la clôture des *Assemblées électorales*, et de lui transmettre une copie de la Minute du procès-verbal, p. 31 et 32.

Les mémoires relatifs aux difficultés sur le bornage des *Bois*, leur sont communiqués, p. 48.

Ils reçoivent le *Bulletin des Lois*, et sont chargés de le faire parvenir aux autorités constituées, p. 50.

Doivent, dans leurs tournées, prendre des renseignemens sur la tenue des *Écoles* primaires et Maisons d'instruction, p. 223.

Ils requièrent la destitution des officiers de l'*État civil* en contravention aux Lois, p. 159 et 258.

Surveillent la rédaction, l'envoi, et le dépôt des registres tenus par ces officiers, ainsi que des tableaux de population, 183 et suiv.

S'informent, en parcourant les cantons, s'il y a des *Gardes champêtres*, s'ils sont salariés, et s'ils remplissent exactement leurs devoirs, 204.

Doivent assurer et garantir de tous leurs moyens la libre circulation des *Grains*, p. 216.

Doivent faire la visite des *Hospices*, pour s'assurer de l'exactitude du service, de l'ordre de la comptabilité, etc. p. 217.

Requièrent la fixation et la notification de la valeur des *Journées de travail*, p. 226.

Veillent à la sûreté et à la salubrité des *Maisons d'arrêt*, Prisons, etc. p. 242, 298.

Doivent exiger exactement chaque décade, l'envoi des états des *Mercuriales*, p. 250.

Toutes demandes en concession ou permission d'exploitation d'une *Mine*, ne peuvent être accordées que d'après leur réquisition, p. 251.

Ils transmettent au Ministre les procès-verbaux de prestation du *serment* civique par les fonctionnaires publics, p. 315, 316.

SECTION III.

Leurs fonctions et attributions relatives à l'ordre judiciaire en matière civile.

Les juges de paix qui ont été forcés de changer leur domicile, doivent le notifier aux Commissaires centraux, p. 233.

Les jugemens, pour versement de deniers appartenant à des absens, doivent être rendus contradictoirement avec eux, p. 2.

Section IV.

Leurs fonctions et attributions relatives à l'ordre judiciaire en matière criminelle, et de police.

Les Commissaires centraux doivent avoir communication de la liste des jurés, avant qu'elle soit arrêtée, p. 235.

Ils doivent surveiller la circulation et la distribution de la fausse monnaie, et sont responsables du dommage que peut causer leur négligence à faire procéder à la vente des biens des condamnés pour ce délit, p. 256.

Ils poursuivent contre les Communes les réparations du dommage causé par des *Attroupemens*, p. 36.

Veillent à l'enlèvement de tous les signes extérieurs du *Culte*, p. 124.

Font des tournées dans les Cantons, pour s'assurer de l'exécution des mesures prescrites contre les *Épidémies*, Épizooties, etc. p. 181.

Doivent requérir tous les renseignemens relatifs à l'arrestation des *Gens sans aveu*, p. 214.

Surveillent l'exécution des Lois relatives aux *Passeports*, et sont chargés de les viser, p. 187, 188 et 266.

Requièrent les officiers de police judiciaire de dresser des procès verbaux des renversemens des *Terres* ensemencées, 325.

SECTION V.ᵉ

Leurs fonctions et attributions relatives aux finances.

Les Commissaires centraux, en qualité d'agens particuliers des Contributions, requièrent, surveillent et partagent toutes les opérations relatives à l'assiète, au recouvrement, au contentieux et au versement des deniers des *Contributions* foncière, personnelle, mobiliaire, somptuaire, et de celle sur les portes et fenêtres, p. 84, 279, 289 et 292.

Ils sont chargés de l'exécution des Lois relatives à l'administration, la vente, et le payement des *Domaines nationaux*, p. 61, 159, 160.

Se pourvoient par appel contre les jugemens arbitraux qui ont adjugé la propriété de certaines forêts à des Communes, p. 48.

Font les poursuites contre les individus prévenus de n'avoir pas fait la déclaration des biens confisqués au profit de la nation, p. 43.

Forment les inscriptions au bureau des hypothèques sur les acquéreurs de biens nationaux, p. 3.

Ils requièrent l'apposition des scellés en cas de décès ou de fuite des Receveurs, et font les poursuites pour le recouvrement des deniers divertis, p. 301.

Requièrent également d'office les inscriptions sur les comptables et leurs cautions, p. 63, 64, 219, 301.

Sont tenus, sous leur responsabilité, de faire les poursuites contre les entrepreneurs et fournisseurs qui n'ont pas rempli leurs engagemens, et en rendent compte aux Commissaires de la trésorerie, p. 195.

Assistent à la visite des caisses publiques qui se fait au moins une fois par mois, p. 50.

Surveillent l'exécution des Lois relatives aux matières d'or et d'argent, et à la police de l'orfévrerie, p. 262; à la fabrication et à la vente des poudres, p. 290; aux patentes, p. 275; à la taxe d'entretien des routes, p. 311; à la fabrication et distribution du tabac, 323, 324.

Ils surveillent l'exactitude des déclarations des religieux et religieuses, pensionnés par la République, p. 319.

SECTION VI.ᵉ

Leurs fonctions et attributions relatives à la force armée.

Les Commissaires centraux soumettent à l'approbation de l'administration, les tableaux des citoyens composant les colonnes mobiles, p. 200.

Ils surveillent le service des Etapes, p. 182, 183.

Font les poursuites et diligences pour l'exécution des jugemens contre les déserteurs qui ont emporté des effets d'armement et d'habillement, p. 142, 143.

Pour l'arrestation des déserteurs, p. 140.

Ils sont spécialement chargés, sous des peines sévères, de l'exécution des Lois relatives aux dispenses de service militaire, p. 146 et suiv.

Ils veillent à l'exécution des Lois conservatrices des propriétés des défenseurs de la patrie, p. 130.

Ils sont membres du Conseil extraordinaire de

la gendarmerie, et la loi leur attribue des fonctions relatives à l'administration, à la comptabilité, à la police de ce corps, et au droit de le requérir, p. 205 et suiv.

Les commandans leur envoyent à la fin de chaque mois les journaux qu'ils tiennent sur les attroupemens, p. 35.

CHAPITRE III.

Commissaires près les Administrations muni-cipales.

SECTION PREMIÈRE.

Droits et Devoirs personnels.

Les Commissaires près les Administrations municipales exercent les fonctions attribuées avant le régime Constitutionnel de l'an 3, aux Procureurs des Communes, p. 258.

Ils correspondent directement, et au moins une fois par décade, avec le Commissaire central : dans des cas pressans, avec le Ministre de l'intérieur, p. 112, 182.

Reçoivent le Bulletin des Lois, et le transmettent à leurs successeurs, p. 49.

Assistent aux fêtes décadaires, p. 189.

Voyez le Chapitre premier, Section première, et les articles *Correspondance*, *Incompatibilité*, *Réquisition* et *Surveillance.*

SECTION II.

Leurs fonctions et attributions relatives à l'Administration générale.

Les Commissaires près les Administrations municipales, rendent compte de l'exécution de la loi relative à la culture et à l'ensemencement des terres des *Absens*, p. 324.

Les demandes relatives à l'aliénation des *Biens des Communes*, leur sont communiquées, p. 12.

Ils surveillent les *Écoles* et Maisons d'éducation, p. 170, 222, 223, 242.

La nourriture et l'entretien des *Enfans abandonnés*, p. 178.

L'exécution des Mesures prescrites pour prévenir et arrêter les *Épidémies*, etc. p. 180.

Sont chargés de surveiller la rédaction, le dépôt et l'envoi des registres de l'*État civil*, p. 159, 184, 246 et 258.

Les jeux qui ont lieu dans les *Fêtes décadaires*, p. 225.

Ils signent les passavants pour les transports des Grains, p. 215.

Sont tenus, dix jours après la clôture des assemblées primaires, d'adresser au Ministre de la justice, l'État nominatif des *Juges de paix* et des assesseurs, p. 233.

Visent le reçu du Dépôt des Minutes des actes des *Juges de paix* en matière civile, p. 234.

Nomment un des deux experts chargés de prononcer sur la valeur du sol d'un *Marais* à dessécher, p. 143.

Sont chargés de l'exécution des mesures rela-

tives à la prohibition des *Marchandises* anglaises,
p. 245, 338, 339.

Adressent chaque décade aux Commissaires
centraux, l'État des *Mercuriales*,

Assistent aux assemblées des *Pêcheurs*, pour les
élections et la reddition des comptes, p. 277.

Cotent et paraphent les registres des Maîtres de
Poste, p. 290.

Requièrent l'exécution des mesures pour la prestation du *Serment civique*, et en adressent les procès-verbaux aux Commissaires centraux, p. 315.

Font des visites dans les établissemens des voitures publiques, pour constater les infractions aux
Lois qui défendent le transport des journaux,
p. 339.

Ont la police des *Prisons*, p. 144, 298.

S E C T I O N I I I.ᵉ

*Leurs fonctions et attributions relatives à l'ordre
judiciaire en matière civile.*

Les Commissaires près les Administrations municipales requièrent les inscriptions sur les tuteurs
et curateurs, et celles au profit des époux mineurs.
p. 220.

Ils assistent à la rédaction des procès-verbaux
que fait dresser un propriétaire qui fait bâtir, pour
assurer le privilége des ouvriers, p. 33, 218.

S E C T I O N I V.ᵉ

*Leurs fonctions et attributions relatives à l'ordre
judiciaire en matière criminelle et de police.*

Les Commissaires près les Administrations municipales surveillent l'affiche des jugemens des tribunaux criminels, p. 227.

Doivent adresser aux Commissaires centraux tous les renseignemens qu'ils auront sur la circulation et distribution des pièces de fausse monnaie. p. 257.

Ils font citer et poursuivent devant les tribunaux de police les prévenus de délits contraires au bon ordre, à la tranquillité publique et particulière, p. 12, 13, 14, 131, 179, 227, 283, 330.

Reçoivent les dénonciations relatives aux délits de chasse, aux bois volés, et font les poursuites pour la punition des délinquans, p. 55, 169.

Font arrêter les gens sans aveu, et en instruisent le Commissaire central, p. 214.

Surveillent l'exécution des lois relatives aux passe-ports, et les visent, p. 187, 188, 266;

Doivent requérir la visite des champs où les laboureurs font des usurpations par des renversemens de terre, p. 324 325.

Requièrent le remplacement du Commissaire de police, lorsque celui-ci ne peut exercer ses fonctions, p. 60.

Section V.

Leurs fonctions et attributions relatives aux finances.

Les Commissaires près les Administrations municipales concourent aux opérations prescrites par les lois pour l'assiète, la répartition et le recouvrement des contributions directes, et de celle sur les portes et fenêtres, p. 84 et suiv. 236, 278, 279, 288, 289, 302, 336.

Ils sont chargés de l'exécution des lois relatives à l'administration, à la vente et au paiement des domaines nationaux, p. 47, 160, 257.

Requièrent l'apposition des scellés et l'inventaire des effets, meubles, titres et papiers des comptables en cas de faillite, évasion ou abandon, p. 62;

Visent les certificats de vie des rentiers et pensionnaires de l'état, p. 54, 336.

Surveillent l'exécution des lois sur la police et la perception des droits sur les cartes à jouer, p. 51 et 338; les matières d'or et d'argent et l'orfévrerie, 263; les patentes, 274; les poudres, 290 et 339; la taxe d'entretien des routes, 310; le tabac, 320.

SECTION VIe

Leurs fonctions et attributions relatives à la force armée de terre et de mer.

Les Commissaires près les Administrations municipales sont chargés de l'exécution des lois relatives aux dispenses de service militaire, p. 146 et suiv.

Ils sont tenus de faire arrêter les déserteurs et d'instruire le Commissaire central de leurs poursuites et diligences, p. 140.

Surveillent l'exécution des dispositions de la loi du 19 fructidor an 6, relatives à l'enrôlement volontaire, p. 179.

Le service des étapes, p. 183.

Dénoncent au juge de paix les contraventions au service extraordinaire de la garde nationale, p. 202.

Adressent au Commissaire central le tableau des colonnes mobiles, p. 200.

Requièrent la gendarmerie pour le maintien de l'ordre dans un lieu de rassemblement, ou pour des services extraordinaires, p. 52, 191, 210.

Ils ont sous leur surveillance spéciale les propriétés des défenseurs de la patrie, et la défense de leurs intérêts, p. 128, 129, 130.

CHAPITRE IV.

Commissaires près les bureaux centraux.

Il y a, dans les communes divisées en plusieurs municipalités, un bureau central pour les objets jugés indivisibles par le Corps législatif.

Ce bureau est composé de trois membres nommés par l'Administration de département, et confirmés par le pouvoir exécutif. (*Constitution*, art. 184.)

La police ayant été déclarée objet indivisible, les Commissaires doivent requérir et surveiller l'exécution des lois et réglemens qui intéressent la sûreté publique et individuelle, l'observation de l'annuaire, les spectacles, p. 23, 24, 26, 131, 283, 317. Voyez les *chapitres précédens.*

Ils ont encore des fonctions spéciales à remplir, pour la suite des affaires du canton, p. 9; pour l'administration des hospices, p. 178 et 217; pour la fabrication et la vente du tabac, p. 323; pour la reddition des comptes annuels du bureau central, p. 299.

Ils sont chargés du *visa* et de l'enregistrement des récépissés des sommes versées par les percepteurs dans la caisse du receveur général, p. 280 et 302.

Voyez l'article *Traitement*, p. 328.

MANUEL

MANUEL

DES

COMMISSAIRES

DU

DIRECTOIRE EXÉCUTIF

PRÈS

LES ADMINISTRATIONS

CENTRALES ET MUNICIPALES.

ABSENCE.

Le Directoire exécutif, considérant qu'il importe essentiellement à l'activité du Gouvernement, que les *Commissaires près les administrations* restent constamment au poste qu'ils occupent, et que du moment où ils ont accepté les fonctions qui leur sont confiées, ils ont consacré leurs temps à la chose publique, et qu'ils violeraient cet engagement, s'ils *s'absentaient* sans autorisation légale, a pris, le 19 Pluviose an 5, l'arrêté (B. 25. — N.° 171.) dont la teneur suit :

« Les Commissaires du Pouvoir exécutif près les administrations centrales de département, ne pourront *s'absenter* de leur poste, sans en avoir obtenu la permission du Ministre de l'intérieur, et sans avoir adressé copie de cette permission au Ministre de la police générale. *Article premier.*

» Ne le pourront également les Commissaires près les administrations municipales, sans en avoir reçu l'autorisation de leur département respectif, qui en informera sur-le-champ les Ministres de l'intérieur et de la police générale. *Art.* 2.

» Tous ceux d'entre les Commissaires du Pouvoir exécutif qui délaisseraient leur poste sans en avoir obtenu la permission dans les formes spécifiées ci-dessus, seront sur-le-champ *destitués. Art.* 5. »

Ainsi les administrations centrales ne doivent point perdre de vue les considérations qui ont dicté cet arrêté, lorsqu'elles useront de la faculté qu'il leur donne d'autoriser les *Commissaires près les administrations municipales* de *s'absenter* de leur poste. Elles devront examiner avec la plus rigoureuse sévérité les causes *d'absence* pour lesquelles on leur demande des congés, et considérer les circonstances dans lesquelles ces congés sont sollicités, afin d'en restreindre convenablement la durée, ou même d'en ajourner l'époque. Toutes les fois que les administrations centrales seront dans le cas d'accorder des congés à des Commissaires près les administrations municipales, elles s'assureront de la réalité des motifs allégués par les pétitionnaires ; elles n'étendront pas au-delà de *trois décades*, les permissions d'absence qu'elles croiront devoir donner ; et elles en référeront au Ministre, lorsque des cas extraordinaires leur paraîtront devoir exiger un plus long terme que celui de trois décades. *Lettre du Ministre de l'intérieur du premier Frimaire an 7.*

ABSENS.

« Il est défendu à tous dépositaires de payer aucunes sommes de deniers sur des jugemens rendus par défaut contre des *absens* ou *émigrés*, à moins que lesdits jugemens n'ayent été rendus contradictoirement avec les procureurs-généraux-syndics de département. (Les Commissaires près les administrations centrales.) *Loi du 20 Mars 1793.* Voyez *Hypothèques* et *Défenseurs de la Patrie.*

A B U S.

Les Commissaires étant délégués près les administrations, non-seulement pour requérir et surveiller l'exécution des lois, mais encore pour surveiller et dénoncer, s'il est nécessaire, tous les abus de quelque nature qu'ils puissent être, ils sont tenus de dénoncer toutes les dilapidations, malversations, etc., qui pourraient être commises dans leur arrondissement, sous peine de destitution. *Arrêté du Directoire du 7 Pluviose an 5.* (B. 104. - N.º 981.)

A C C I D E N S.

On entend par ce mot tout ce qui peut nuire à la sûreté et à la propriété des citoyens; tels qu'incendie, inondation, chûte d'édifices, etc. Les personnes qui les ont occasionnés, sont justiciables du tribunal de police, et poursuivis devant lui par le commissaire près l'administration municipale, sur la dénonciation du commissaire de police ou de l'agent municipal de la commune. Voyez *Secours.* Voyez aussi le *Manuel des Agens municipaux.*

A C Q U É R E U R S

D E D O M A I N E S N A T I O N A U X.

Les Commissaires près les administrations centrales formeront, conformément à la loi du 16 Brumaire an 5, et 26 Ventose an 7, sur les acquéreurs des domaines nationaux, une inscription au bureau des hypothèques, qui tiendra au profit des porteurs des obligations. Voyez *Domaines nationaux,*

ACQUISITIONS.

Les communes ne peuvent faire des acquisitions qu'a-vec l'autorisation du Corps législatif. *Loi du 5 Août 1791, art. 7.* Voyez le *Supplément du Manuel des Agens muni-cipaux.*

ACTES.

« Il est défendu d'employer dans tous les actes ou conventions, soit publics, soit privés, aucune date ni indication que celle de l'annuaire de la République, ainsi que d'y rappeler l'ère ancienne avec la nouvelle, sous peine de 50 francs d'amende contre tous fonctionnaires publics en contravention.

» N'est pas compris dans la prohibition ci-dessus, le rappel des dates et indications contenues dans les actes antérieurs à la publication de la présente loi. *Loi du 23 Fructidor an 6, art. 1.er* (B. 225. – N.º 2002.)

» Sont exceptés de la disposition précédente, les actes où les habitans des pays étrangers seraient parties con-tractantes, dans lesquels actes seulement l'ère ancienne pourra être rappelée avec la nouvelle. *Même loi, art. 2.* » Voyez *Annuaire*, §. I.er

ACTES DE NAISSANCE.

Voyez *Etat civil* et *Naissance.*

ACTIONS JUDICIAIRES.

« Toutes actions en justice principales, incidentes ou entreprises, qui seront intentées par les corps adminis-tratifs, le seront, au nom de la République française, par le *Commissaire du Directoire exécutif* près l'adminis-tration du département à la poursuite et diligence du *Commissaire du Directoire exécutif* près l'administration municipale, dans le ressort de laquelle se trouveront les objets litigieux. *Loi du* 19 *Nivose an* 4, *art.* 1.ᵉʳ (B. 18. - N.º 104.)

» Si ces actions donnent lieu à des poursuites devant le tribunal du département, elles y seront suivies et dirigées par le *Commissaire du Directoire exécutif près l'administration centrale*, au nom de laquelle elles auront été intentées. *Même loi, art.* 2. »

Ces dispositions n'étaient pas exécutées avec l'uniformité qu'exigent le bien du service et la conservation des droits nationaux. Dans plusieurs départemens les *Commissaires* près les administrations faisaient paraître à l'audience des *défenseurs officieux* qui plaidaient, au nom de la République, et que les administrations salariaient. Dans d'autres, les *Commissaires du Directoire exécutif* près les tribunaux portaient la parole pour les *Commissaires du Directoire exécutif* près les administrations, et faisaient valoir les moyens que leur fournissaient ceux-ci par des mémoires qu'ils leur adressaient à cet effet.

C'est pour remédier à ces inconvéniens, que le Directoire exécutif a pris, le 10 thermidor an 4, un arrêté (B. 62. - N.º 572), conçu en ces termes :

« Le Directoire exécutif, considérant, 1.º qu'il importe de saisir toutes les occasions qui se présentent d'économiser les deniers de la République et de retrancher toutes dépenses superflues ; 2.º qu'il est contraire à la dignité de la République, qu'elle ne soit représentée devant les tribunaux que par de simples particuliers, tandis qu'il existe auprès des tribunaux des fonctionnaires publics chargés de stipuler ses intérêts, et de défendre ses droits ;

» Arrête ce qui suit :

ART. I.ᵉʳ » Dans toutes les affaires portées devant les tribunaux dans lesquelles la République sera partie, les *Commissaires du Directoire exécutif près les administrations*, en vertu des arrêtés desquelles elles seront poursuivies, seront tenus d'adresser aux Commissaires du Directoire exécutif près les tribunaux, des mémoires contenant les moyens de défense de la nation.

II. » Les Commissaires du Directoire exécutif près les tribunaux, pourront lire à l'audience, les mémoires qui leur auront été adressés par les Commissaires du Directoire exécutif près les administrations, et soit qu'ils les lisent, ou non, ils proposeront tels moyens, et prendront telles conclusions que la nature de l'affaire leur paraîtra devoir exiger. »

Des doutes s'étaient élevés dans quelques départemens sur la marche que devaient suivre, pour faire assigner les *Commissaires près les administrations*, les particuliers qui ont des actions à intenter contre la République. Le Ministre de la justice les leva par sa circulaire du 2 Frimaire an V, aux administrations centrales, dans laquelle il s'exprime ainsi :

« Cette marche, vous le savez, a été tracée par l'article 15 du titre III de la loi du 5 Novembre 1790 conçu en ces termes :

» Il ne pourra être exercé aucune action contre le Procureur-général-syndic (*représenté aujourd'hui par le Commissaire du Directoire exécutif.*) en sa qualité, par qui que ce soit, sans qu'au préalable, on ne se soit pourvu, par simple mémoire, d'abord au directoire du district, pour donner son avis, ensuite au directoire de département, pour donner une décision, à peine de nullité. Les directoires de district et de département statueront sur le mémoire, dans le mois, à compter du jour qu'il aura été remis, avec les pièces justificatives, au secrétariat du district, dont le secrétaire donnera son récépissé, et dont il sera fait mention sur le registre. La remise et l'enregistrement du mémoire interrompront la prescription ; et dans le cas où les corps administratifs n'auraient pas statué à l'expiration du délai ci-dessus, il sera permis de se pourvoir devant les tribunaux. »

« L'instruction de l'Assemblée constituante, du 8 Janvier 1790, sur la formation des corps administratifs, avait préparé cette législation, en établissant. §. V, que les procureurs généraux syndics ne pourraient *intervenir dans aucune instance litigieuse, qu'en vertu d'une délibération du corps administratif.* La loi du 19 Nivose an 4,

(ci-dessus rapportée) n'a pas dérogé à ces dispositions ; et elles n'ont éprouvé de dérogation de la part d'aucune autre loi, soit précédente, soit postérieure. Elles doivent donc, par cela seul, être exécutées ; car la loi du 21 Septembre 1792 ordonne expressément, et le bon sens veut avec elle que les *lois non abrogées* continuent de recevoir leur pleine et entière exécution.

» Cependant, dans quelques départemens, les particuliers qui veulent se pourvoir en justice réglée contre la République, font assigner directement devant les tribunaux, les Commissaires du Pouvoir exécutif près les administrations départementales, et cela sous prétexte que la loi du 19 Nivose an 4, ne rappelle pas celle du 5 Novembre 1790. Comme si ne pas rappeler une loi antérieure, était l'abroger, et comme s'il n'était pas de principe général que les lois nouvelles sont toujours censées se référer aux lois précédentes, lorsqu'elles n'en contrarient ou n'en révoquent pas formellement les dispositions.

» Au surplus, le Directoire exécutif s'est expliqué à cet égard de la manière la plus précise, dans un arrêté du 6 Fructidor an 4, dont voici les termes :

» Le Directoire exécutif, vu les articles suivans du titre III de la loi du 5 Novembre 1790.

Art. XIII. » Toutes les actions en justice principales ou incidentes ou en reprise, qui seront intentées par les corps administratifs, le seront au nom du département, poursuite et diligence du Procureur-syndic du district ; et ceux qui voudront en intenter contre ces corps, seront tenus de les diriger contre ledit Procureur-général-syndic.

Art. XIV. » Il ne pourra être intenté aucune action par le Procureur-syndic, qu'ensuite d'un arrêté du directoire du district, à peine de nullité et de responsabilité, excepté pour les objets de simple recouvrement.

Art. XV. » Il ne pourra (*cet article se trouve au commencement de la lettre.*)

Art. XVI. » Les frais qui seront légitimement faits

par les directoires de département et de district, dans la suite du procès, passeront dans les dépenses de leurs comptes.

» Arrête que les quatre articles ci-dessus transcrits de la loi du 5 Novembre 1790, seront, avec le présent arrêté, imprimés et publiés dans les neuf départemens réunis par la loi du 9 Vendémiaire an 4, pour y être exécutés sous les modifications contenues dans la loi du 19 nivose suivant.

» Enfin, ce qui doit lever toute espèce de doute, c'est que le Corps législatif lui-même a déclaré par une loi formelle, que les articles de la loi du 5 Novembre 1790, doivent encore être observés. Voici en effet ce que porte l'article X de la loi du 15 Fructidor an 4, (B. 73. - N.° 673.) Les poursuites (dirigées contre les établissemens religieux supprimés par cette loi dans les neuf départemens réunis de la ci-devant Belgique,) *ne pourront être reprises, s'il y a lieu, que dans les formes prescrites par la loi du 5 Novembre 1790, et autres lois y relatives.*

» Vous ne devez donc, citoyens, déférer aux assignations qui vous ont été ou vous seraient données par la suite, en votre qualité, que lorsque les parties poursuivantes se seront conformées à l'article 15 de la loi du 5 Novembre 1790. »

Cette décision du Ministre de la justice, se trouve confirmée par un arrêté du Directoire exécutif, du 2 Germinal an V, inséré dans le Bulletin des lois (115. - N.° 1098.)

Les affaires qui intéressent la nation sont portées devant les tribunaux, sans qu'il soit besoin de comparution préalable devant le bureau de conciliation. *Loi du 27 mars 1791, art.* 18.

Quant aux actions qui intéressent uniquement les communes au-dessus de 5,000 habitans, le droit de les suivre appartient aux Agens municipaux. *Loi du 29 Vendémiaire an V.* Voyez le *Manuel des Agens et Adjoints municipaux.* (Voyez *Agens.*)

ADMINISTRATION.

Si d'après l'article 199 de l'acte constitutionnel « Les administrations centrales et municipales ne peuvent s'immiscer dans les objets de l'ordre judiciaire, les juges ne peuvent (suivant l'article 203) arrêter ou suspendre l'exécution d'aucune loi, ni citer devant eux les administrateurs pour raison de leurs fonctions. »

Cette ligne de démarcation entre ces deux autorités, avait été mise par la loi du 16 - 24 Août 1790, dont l'article 13 du titre II s'exprime ainsi :

« Les fonctions judiciaires seront distinctes, et elles demeureront toujours séparées des fonctions administratives. Les juges ne pourront, à peine de forfaiture, troubler, de quelque manière que ce soit, les opétions des corps administratifs, ni citer devant eux les administrateurs pour raison de leurs fonctions. »

Par une loi du 16 Fructidor an 3, (B. 175. - N.º 1604.) « Défenses itératives sont faites aux tribunaux de connaitre des actes d'administration de quelqu'espèce qu'ils soient, aux peines de droit. »

« En cas de conflit d'attribution entre les autorités judiciaires et administratives, il sera sursis jusqu'à décision du Ministre, confirmée par le Directoire exécutif, qui en référera, s'il est besoin, au Corps législatif. Le Directoire exécutif est tenu, en ce cas, de prononcer dans le mois. *Loi du 21 Fructidor an 3, article 27.* (B. 185. - N.º 1128.) »

Le Directoire exécutif consacre cette législation dans son arrêté du 2 germinal an 5. (B. 115. - N.º 1098.)

AFFAIRES.

« Les *Procureurs-généraux-syndics* près les départemens, et les Procureurs-syndics (représentés actuellement par les Commissaires du Directoire exécutif près les administrations,) veilleront et agiront pour les intérêts du département ou du district ; ils seront chargés de la suite des affaires; mais ils ne pourront intervenir dans aucune instance litigieuse, qu'en vertu d'une délibération du Corps administratif. Ils n'agiront d'ailleurs sur aucuns objets relatifs aux intérêts et à l'administration du département et du district, que de concert avec le directoire. *Instruction du 8 Janvier 1790. §. V.* » Voyez *Actions judiciaires.*

AFFICHES.

L'article 4 de la loi du 23 Fructidor an 6, défend d'employer ou de rappeler dans les affiches, aucune autre date ou indication que celle de l'annuaire de la République.

Cette disposition doit s'étendre à celles qui se trouveront dans les temples des différens cultes, ces lieux étant considérés comme lieux publics. *Lettre du Ministre de la police, du 26 Frimaire an 7.* Voyez *Annuaire,* §. Ier.

A G E.

« Les Commissaires de chaque administration locale, doivent être âgé de 25 ans au moins. » *Constitution,* art. 192.

AGENCE DES CONTRIBUTIONS.

Voyez *Contributions directes.*

AGENS MUNICIPAUX.

Outre les fonctions qu'ils remplissent, ainsi que leurs Adjoints, comme membres de l'administration municipale de canton, ils exercent aussi celles de commissaires de police dans les communes dont la population ne s'élève pas à 5,000 habitans; en cette qualité et comme officiers de police judiciaire, ils recherchent dans leurs arrondissemens respectifs, les délits dont la peine n'excède pas la valeur de trois journées de travail, ou la durée de trois jours d'emprisonnement. Ils les dénoncent au Commissaire du Pouvoir exécutif près l'administration municipale, chargé de faire citer les prévenus de ces délits devant le tribunal de police. *Loi du 3 Brumaire an 4, art. 25, 28 et 29. (B. 204. - N.º 1221.)* Voyez *Commissaires de police* et *Délits de police.*

Nous ne nous étendrons pas davantage sur l'importance des fonctions que les lois confient aux Agens municipaux. Elles sont toutes détaillées dans un ouvrage, intitulé : *Manuel alphabétique des Agens municipaux.* (1)

AGENS NATIONAUX.

« Les administrations municipales, comme remplaçant les districts, connaîtront des objets d'administration qui avaient été délégués aux ci-devant Agens nationaux des districts, pour ce qui pourrait en rester à suivre, chacune dans leur ressort, et sans que le Commissaire du Directoire exécutif puisse s'y entremettre, sinon pour requérir et surveiller. *Loi du 21 Fructidor, art. 21. (B. 185. - N.º 1128.)* »

AGENS DU GOUVERNEMENT.

Voyez *Administration.*

AGRICULTURE.

Les regards des Commissaires près les administrations doivent se porter sur tout ce qui peut tendre à son amélioration. Les Commissaires près les administrations municipales, doivent aussi surveiller l'exécution de l'article premier de la section V du titre premier de la loi du 6 Octobre 1791, qui charge les municipalités de veiller à la culture des terres des absens ou infirmes. Voyez le *Manuel des Agens municipanx.*

---

(1) Cet ouvrage avec le supplément se trouve chez Rondonneau, au Dépôt des Lois, place du Carrouzel. Prix 4 francs 50 centimes et 6 francs, *franc de port.*

ALIÉNATION.

Les communes ne peuvent aliéner leurs biens communaux, sans l'autorisation des autorités supérieures. La demande doit en être formée par l'Agent municipal auprès de l'administration municipale du canton, de la situation des biens, et communiquée au Commissaire du Directoire exécutif.

L'avis de l'administration municipale est ensuite adressé à l'administration centrale, qui transmet la demande et les pièces à l'appui, au Ministre de l'intérieur : celui-ci en fait le rapport au Directoire, qui la soumet par un message au Corps législatif. Voyez le *Manuel des Agens municipaux*.

ALMANACHS.

Voyez *Annuaire*, §. I.er, N.º 2.

AMENDES.

« La justice, pour la répression des délits, est administrée par les tribunaux de police, relativement aux délits dont la peine n'est portée par la loi, ni au-dessus de la valeur de trois journées de travail, ni au-delà du délai de trois jours d'emprisonnement. *Loi du 3 Brumaire an 4, art.* 150. (B. 204. – N.º 1221.)

» La citation du prévenu de ces délits devant le tribunal de police, est donnée à la requête du Commissaire du Directoire exécutif près l'administration municipale. *Même loi, art.* 153.

» Le jugement est rendu sur les conclusions de ce Commissaire ; les poursuites pour le paiement des *amendes* et *confiscations* que le jugement pourrait prononcer, sont faites, au nom du Commissaire du Pouvoir exécutif, par le directeur de la régie des droits d'enregistrement et des domaines. *Même loi, art.* 190.

Pour l'exécution de cet article, « les Commissaires près les tribunaux de police, ne remettront aux receveurs du droit d'enregistrement, les extraits de leurs jugemens contre lesquels il a été fait dans les trois jours une déclaration de recours en cassation, que dans les trois jours qui suivront, soit la réception du jugement confirmatif du tribunal de cassation, soit la déchéance du recours en cassation, par l'effet du défaut de consignation d'amende dans les dix jours fixés par l'article 449 du Code des délits et des peines pour la remise au greffe de la requête en cassation, à laquelle la quittance de consignation d'amende doit être jointe, aux termes de l'art. 17 de la loi du 3 Brumaire an 4. *Arrêté du Directoire, du 16 Nivose an 5, art. 1er.* (B. 99. – N.º 941.)

» Tous les décadis, les receveurs des droits d'enregistrement adresseront aux Commissaires du Directoire exécutif, un état des recouvremens faits et à faire, correspondant aux états indicatifs des condamnations, que ceux-ci leur auront fait parvenir. *Arrêté du Directoire exécutif, du premier Nivose an 5, art. 3.* (B. 92. - N.º 869.) »

« Les Commissaires du Directoire exécutif tiendront les mains à ce qu'aucun détenu dans les cas indiqués, tant par l'article 41 du titre II de la loi du 22 Juillet 1791 (1), sur la police correctionnelle, que par l'article 5 du titre II de la loi du 28 Septembre -- 6 Octobre 1791 (2), et qui ne seraient pas prévus par la loi du 5

---

(1) « Ceux qui ne payeront pas dans les trois jours de la signification du jugement, l'amende prononcée contre eux, y seront contraints par les voies de droit : néanmoins la contrainte par corps ne pourra entraîner qu'une détention d'un mois, à l'égard de ceux qui sont insolvables. *Titre I, article 27.*

» Les dommages et intérêts, ainsi que les restitutions et les amendes qui seront prononcées, emporteront la contrainte par corps. Tit. II, art. 41. »

(2) « Les défauts de paiemens des amendes et des dédommagemens ou indemnités, n'entraînera la contrainte par corps que vingt-quatre heures après le commandement ; la détention remplacera l'amende à l'égard des insolvables ; mais

Octobre 1793 (1), ne soit mis en liberté, s'il n'a produit la quittance du receveur des droits d'enregistrement, constatant qu'il a satisfait aux condamnations pécuniaires prononcées contre lui. *Même arrêté, art. 4.* »

« Les Commissaires du Directoire exécutif près les tribunaux de police, ne pourront, au surplus, se prévaloir de cet article IV, pour empêcher qu'un condamné insolvable qui se trouvera dans le cas prévu par l'article V du titre II de la loi du 28 Septembre — 6 Octobre 1791, sur la police rurale, ne soit mis en liberté après le terme pendant lequel cette loi autorise la continuation de sa détention pour cause d'insolvabilité. *Arrêté du 16 Nivose an 5, art. 4.* »

« Les Ministres de la justice et des finances sont chargés de faire connaître au Directoire exécutif ceux d'entre les Commissaires près les tribunaux, qui ne se conformeront point aux dispositions ci-dessus. *Arrêté du premier Nivose an 5.* » Voyez *Délits de police, Délits ruraux, et Jugemens de police.*

A N I M A U X   F U R I E U X

O U   M A L F A I S A N S.

Ceux qui les laissent divaguer, sont punis d'une amende qui ne peut excéder la valeur de trois journées de travail ni trois jours d'emprisonnement ; ils sont jugés par le tribunal de police, sur la poursuite du Commissaire du

----

sa durée en commutation ne pourra excéder un mois dans les délits pour lesquels cette peine n'est point prononcée, et dans les cas graves où la détention est jointe à l'amende, elle pourra être prononcée du quart du temps prescrit par la loi. »

(1) Jusqu'à la révision des lois pénales, le défaut de paiement des amendes prononcées par la police correctionnelle, ne pourra entraîner qu'une détention d'un mois à l'égard de ceux qui sont insolvables. En conséquence, les détenus depuis ce terme, par le défaut de paiement de ces amendes, seront mis sur-le-champ en liberté. »

Directoire exécutif près l'administration municipale. *Loi du 3 Brumaire an 4, art. 605.* (B. 204. – N.° 1221.) Voyez *Bestiaux, Délits de police.*

ANNUAIRE RÉPUBLICAIN.

Une loi du 16 vendémiaire an II avait ordonné que les administrations, les tribunaux, les agens ou fonctionnaires publics ne pourraient prendre de vacances que les 10, 20 et 30 de chaque mois, ou les derniers jours de chaque décade.

Par une autre loi du 4 frimaire an II, l'ère vulgaire avait été abolie pour les usages, et tous les actes publics devaient être datés conformément à l'organisation de l'année, l'instruction qui suit cette dernière loi, § VI, prescrivait ce qui suit :

« Les caisses publiques, les postes et messageries, les établissemens publics d'enseignement, les spectacles, les rendez-vous de commerce, comme bourses, foires et marchés, les contrats et conventions, tous les genres d'agence publique qui prenaient leurs époques dans la semaine, ou dans quelques usages qui ne concorderaient pas avec le nouveau calendrier, doivent désormais se régler sur la décade, sur le mois, ou sur les jours complémentaires. »

La Constitution elle-même veut (article 372) « que » l'ère française commence au 22 septembre 1792, jour » de la fondation de la République. »

Ces dispositions étaient restées presque dans l'oubli et n'étaient pas exécutées, et c'est pour les mettre en vigueur que le Directoire exécutif prit, le 14 germinal an 6, un arrêté, et le Corps législatif rendit, les 17 thermidor, 13 et 23 fructidor suivans, des lois, soit pour l'observation de l'annuaire républicain, soit pour la célébration des décadis et des fêtes nationales. Nous traiterons dans les deux paragraphes suivant ; 1.° de l'observation des décadis et des fêtes nationales ; 2.° de leur célébration.

§ I.er

De l'observation des décadis et des fêtes nationales.

Voici comme s'exprime l'arrêté du Dirrectoire exécutif, du 14 germinal an 6. (B. 194. n.º 1785.)

« Le Directoire exécutif, considérant que le calendrier républicain, le seul que reconnaissent la Constitution et les lois, était une des institutions les plus propres à faire oublier jusqu'aux dernières traces du régime royal, nobilier et sacerdotal, et qu'on ne saurait par conséquent trop s'occuper de faire cesser les résistances qu'il éprouve de la part des ennemis de la liberté, et de tous les hommes liés par la force de l'habitude aux anciens préjugés,

» Arrête ce qui suit :

ART. I.er » Les administrations municipales, tant des cantons ruraux que des communes de cinq mille habitans et au-dessus, sont tenues de régler leurs séances sur la décade : elles peuvent les tenir les décadis.

» Les *Commissaires du Directoire exécutif* sont tenus de dénoncer celles qui régleraient leurs séances sur les dimanches et fêtes de l'ancien calendrier.

II. » Les *Commissaires du Directoire exécutif* près les administrations municipales et les tribunaux de police, requerront les juges de paix de régler pareillement sur la décade les audiences qu'ils tiendront, soit comme présidens de ces derniers tribunaux, soit comme juges de paix proprement dits, soit en bureaux de conciliation.

» Ils dénonceront au ministre de la justice ceux qui prendraient encore les dimanches et fêtes de l'ancien calendrier pour régulateurs de leurs jours d'audiences.

XII. » Les directeurs de spectacles sont tenus de régler leurs représentations sur le calendrier républicain, et de représenter exactement tous les décadis et jours de fêtes nationales, sans pouvoir le faire les dimanches ou fêtes de l'ancien calendrier, lorsque ces jours ne se rencontreront

treront pas, soit avec un jour ordinaire de spectacle, soit avec un jour de fête nationale, soit avec un décadi.

» Tout théâtre dans lequel il sera contrevenu au présent article, sera fermé.

XIII. » L'article précédent est commun aux bals, feux d'artifices et autres rassemblemens ouverts au public. »

Cet article et le précédent avaient besoin, pour être exécutés uniformément, d'une explication claire et précise. Par sa lettre du 26 frimaire an 7, le ministre de la police la donne aux administrations et aux commissaires près d'elles, en ces termes :

« La liberté laissée à quelques entrepreneurs de spectacles, de bals et de divertissemens publics, d'ouvrir les dimanches et fêtes du calendrier grégorien, lorsque ces jours coïncident avec un jour ordinaire de spectacle, s'applique aux établissemens considérés avant l'arrêté du Directoire exécutif, et non dans leur état postérieur à cet arrêté : ainsi ceux de ces établissemens qui étaient ouverts tous les jours de l'ancien calendrier peuvent continuer comme par le passé; ceux qui n'étaient ouverts qu'à certaines époques périodiques, ne peuvent conserver cette périodicité, qu'autant qu'elle serait mesurée décadairement et reviendrait à des jours fixes et uniformes de la décade.

» Toute période de quatre ou de huit jours d'intervalle ne pouvant se coordonner avec le système décadaire, doit nécessairement être changée. Les administrateurs et les *Commissaires du Directoire exécutif* près d'elles, doivent veiller à ce que la nouvelle qui y serait substituée, ainsi que celles qu'indiqueraient par la suite des entrepreneurs d'établissemens nouveaux, soient fixes et invariables, au moins pendant le cours d'une année. La faculté qu'on laisserait de renouveler leurs déclarations et de changer leurs périodes à certaines époques, offrirait trop de moyens de contrarier l'esprit de la loi du 23 fructidor an 6. (*ci-après rapportée.*) Les administrateurs doivent sur-tout regarder comme nulle toute déclaration qui indiquerait, comme tenant chaque jour indistinctement, un spectacle ou divertissement qui, de fait, ne serait fréquenté qu'à certains jours de l'ancien calendrier.

» Quant aux *fêtes patronales*, quelques dénominations qu'elles aient dans les différens départemens, tout rassemblement doit être interdit à leur occasion, comme illégal, s'il a lieu hors de l'enceinte des temples destinés à l'exercice des cultes. » *Lettre du ministre de la police, du 26 frimaire an 7.*

Les mesures prises par le Directoire exécutif, par cet arrêté, ont été consacrées par le Corps législatif dans les lois des 17 thermidor et 23 fructidor an VI. L'exécution de ces lois étant spécialement confiée à la surveillance des commissaires près les administrations, nous en rapporterons en entier les dispositions, que nous accompagnons des mesures prises par les ministres, pour en faciliter l'intelligence et l'exécution.

1.º *LOI du 17 Thermidor an 6.*   (B. 216. n.º 1944.)

ARTICLE PREMIER.

« Les décadis et les jours de fêtes nationales sont des jours de repos dans la République.

II. » Les autorités constituées, leurs employés et ceux des bureaux destinés au service public, vaquent les jours énoncés, sauf le cas de nécessité et l'expédition des affaires criminelles.

III. » Les écoles publiques vaquent le même jour, ainsi que les écoles particulières et pensionnats des deux sexes. Les administrateurs feront fermer les établissemens d'instruction où l'on ne se conformerait pas aux dispositions du présent article.

IV. » Les écoles publiques, ainsi que les établissemens d'instruction publique des deux sexes, ne pourront vaquer aucun autre jour de la décade que le quintidi, sous les peines portées en l'article 3. »

Cette attention du législateur à assujétir plus particulièrement la jeunesse aux institutions républicaines, avertit les commissaires près les administrations municipales du soin qu'ils doivent en général apporter dans leur inspection, et en particulier sur cette dernière disposition, qui nécessite une surveillance habituelle des administrations municipales. S'il est des instituteurs assez dégradés pour oublier la dignité de leurs fonctions, et pour sacrifier à une lâche condescendance, ou à un sentiment plus vil, les obligations que la nature de leur devoir leur a fait contracter envers la patrie, la peine prononcée par l'article 3 leur est applicable. *Lettre du ministre de la police, du 26 frimaire an 7.*

VI. « Les ventes à l'encan ou à cri public n'ont pas lieu les mêmes jours, à peine d'une amende qui ne peut être moindre de 25 francs, ni excéder 300 francs. »

Quoique la loi ne porte pas que les ventes puissent être suspendues, cependant ces ventes étant présidées ou dirigées par un officier public, si les administrations et les commissaires s'appercevaient qu'un huissier suspendît, pendant les jours consacrés à un culte quelconque, une vente déjà commencée, ils doivent donner connaissance de cette conduite au tribunal auquel il est attaché. *Lettre du Ministre de la police, du 26 Frimaire an 7.*

VIII. « Durant les mêmes jours, les *boutiques*, *ma-* » *gasins* et *atteliers* seront fermés, sous les peines por- » tées en l'article 605 du Code des délits et des peines, » (c'est-à-dire, *sous les peines d'une amende qui ne pourra* » *excéder la valeur de trois journées de travail, ou la du-* » *rée de trois jours d'emprisonnement,*) sans préjudice » néanmoins des ventes ordinaires de *comestibles* et » *objets de pharmacie.* »

Si l'ouverture des boutiques (pour la vente des comestibles et de pharmacie) est permise le décadi, c'est par des considérations sur la nécessité des choses indispensables à l'approvisionnement ou à la santé des citoyens. Cette même nécessité est un motif suffisant pour les administrations, d'empêcher la clôture affectée de ces mêmes boutiques dans les jours de la décade qui correspondraient aux jours fériés de l'ancien calendrier. *Même lettre.*

IX. « Pourront cependant les administrations muni- » cipales autoriser les étalages portatifs d'objets propres » à l'embélissement des fêtes. »

X. « Tous travaux dans les lieux et *voies publiques*, ou *en vue des lieux ou voies publiques*, sont interdits durant les mêmes jours, sous les peines portées en l'article 8 ; sauf les travaux urgens, spécialement autorisés par les corps administratifs, et les exceptions pour les *travaux de la campagne*, pendant le temps des semailles et des récoltes, conformément à l'article 3 de la section V de la loi du 6 Octobre 1791. »

Cet article porte que « nulle autorité ne pourra suspendre ou interrompre les travaux de la campagne, dans les opérations de la semence et de la récolte. »

Quelques difficultés se sont élevées sur l'acception de ces mots *en vue de la voie publique*. On a demandé, par exemple, si des forgerons qui fermeraient leur atelier, mais dont le bruit des marteaux annonceraient l'activité du travail, étaient compris dans cette interdiction, et sujets à la peine portée par cet article. Cette question ne peut être douteuse, en se reportant à l'article premier de la loi qui proclame généralement les décadis et autre jours de fêtes nationales *jours de repos*. Il en résulte que toute contravention à cette disposition, qui se manifeste au-dehors, rentre dans l'article 8, et que ces mots *en vue de voie publique*, doivent s'entendre dans le sens le plus général, c'est-à-dire, que toute contravention qui est perceptible d'une amende quelconque par l'officier de police parcourant la voie publique, doit être constatée par lui, et dénoncée aux tribunaux.

Quant aux *travaux de la campagne*, quelques communes ont prétendu comprendre sous la désignation de *semaille et moisson*, tous les autres travaux relatifs à ces deux opérations, ce qui serait bien étendre l'exception à toute l'année : il est inutile de démontrer l'absurdité de cette prétention.

Il est bien évident que le cultivateur qui, dans une même décade, affecte de suspendre ses travaux dans les jours fériés de l'ancien calendrier, ne peut pas alléguer l'urgence de ces mêmes travaux pour s'y livrer le jour de la décade ou d'une fête nationale ; il est essen-

tiel de remarquer que l'exception portée dans cet article
10, en faveur des travaux de la campagne, dans le temps
des *semailles et des récoltes*, ne s'applique qu'aux opérations de la semaille et de la récolte, ainsi qu'il résulte
textuellement de l'article 3 de la section 5 de la loi du
6 Octobre 1791.

Dèslors on ne doit pas confondre le travail prépara-
toire avec l'opération même des semailles. Ainsi, dans
les temps des semailles, un cultivateur ne peut pas la-
bourer le *décadi*, sous le prétexte qu'il ne peut ensemencer sa terre sans travail préalable, quand sur-tout sa
charrue repose les jours fériés de l'ancien calendrier. Il
doit, aux termes de la loi, faire juger l'urgence par l'administration de son canton.

On ne peut pas assimiler la plantation du *colza* à une
opération de semaille. Cette prétention est absolument
sans fondement, 1.º transplanter le *colza*, n'est pas le
semer, puisque cette opération ne peut se faire sans la
charrue; 2.º le *colza* peut être planté dans le mauvais
comme dans le beau temps : au contraire, les semailles
de grains ne peuvent avoir lieu que dans un jour serein;
cette dernière considération a dû déterminer le législateur
à ne faire aucune distinction de jours, quand le moment
des semailles et des récoltes est arrivé, parce qu'il ne
dépend pas du cultivateur de changer la température.
Cependant les administrations peuvent prendre pour
régle de ne permettre les travaux ruraux le *décadi*, que
pendant le temps proprement dit de la semaille et de la
moisson; comme il vient d'être expliqué.

L'article 17 de l'arrêté du Directoire exécutif du 14
germinal an 6, quant à l'époque des semailles et des
moissons, s'exprime ainsi :

« Les administrations municipales des cantons ruraux,
où l'ouverture des moissons, des vendanges et de la fauchaison est fixée, soit par l'autorité publique, soit par
les cultivateurs assemblées, veilleront à ce que les
époques ne soient désignées que dans les termes du
calendrier républicain. Les contraventions qu'elles tolé-
reraient seront dénoncées au Ministre de la police géné-

rale. » *Lettre du Ministre de la police*, *du 26 Frimaire an 7.*

2.º *Loi du 23 Fructidor an 6.*   (B. 225.– N.º 2003.)

ART. I.er Il est défendu d'employer dans tous les actes ou conventions, soit publiques, soit privées, aucune autre date ni indication que celle tirée de l'annuaire de la République, ainsi que d'y rappeler l'ère ancienne avec la nouvelle, à peine d'une amende de dix francs contre tout signataire particulier, et de cinquante francs contre tous fonctionnaires publics, notaires et employés de la République, en contravention.

» En cas de récidive, l'amende sera quadruple, et il y aura lieu à destitution pour les notaires.

» N'est pas compris dans la prohibition ci-dessus, le rappel des dates ou indications contenues dans les actes antérieurs à la publication de la présente loi.

II. « Sont exceptés des dispositions précédentes, les actes où les habitans des pays étrangers seraient parties contractantes, dans lesquels actes seulement l'ère ancienne pourra être rappelée avec la nouvelle.

IV. « Il est défendu d'employer ou de rappeler aucune autre date ou indication que celle de l'annuaire de la République, dans tous ouvrages périodiques, affiches ou écriteaux quels qu'ils soient, à peine, contre les auteurs et imprimeurs, de l'amende portée en l'article premier contre les fonctionnaires publics.

» Dans tous les cas, les autorités chargées de la police, tiendront la main à ce que les affiches ou écriteaux en contravention soient enlevés. »

Les *almanachs* ne doivent point être regardés comme ouvrages périodiques, et par conséquent ceux qui énonceraient les jours de l'ancien calendrier, ne peuvent être arrêtés, parce qu'aucune loi n'a encore interdit jusqu'à présent la publication de l'ancien calendrier. Cependant si l'usage de ce calendrier est encore toléré, ce n'est qu'à cause des relations du commerce extérieur. Mais l'esprit de la loi tend à en éloigner l'usage habituel. Les administrations et les commissaires près d'elles, ne négligeront rien pour rendre sa circulation rare, en favorisant autant qu'il est en eux, celle des *almanachs* portant le calendrier républicain, débarrassé de tout calendrier comparatif, et graduellement ceux qui, en rappelant les anciens jours du mois, ne portent pas au moins la nomenclature des jours de la semaine, des dimanches, des fêtes de saints ; et ils feront toujours en sorte que ceux de cette dernière espèce n'ayent aucun accès dans les écoles publiques et particulières, et dans tous les lieux sur lesquels les lois leur donnent une inspection directe. *Lettre du Ministre de la police, du 26 Frimaire an 7.*

Les *almanachs* qui paraîtront avoir pour but de favoriser les anciennes habitudes ou les prétentions du fanatisme, ou contenir des moyens d'attaquer la constitution et les principes de la liberté, sur lesquels elle repose, doivent fixer l'attention des administrateurs. *Lettre du Ministre de la police, du 26 Frimaire an 7.*

Les *affiches* qui se trouveront dans les temples des différens cultes, doivent être comprises dans les dispositions de l'article 4, puisque ces édifices sont compris dans la dénomination de *lieux publics.* Cette considération est importante : car, d'un côté, les ministres du culte qui se refuseraient à cette obligation imposée par la loi, manifesteraient un esprit de malveillance et d'insubordination, qu'il serait très-utile de réprimer ; et d'un autre côté, cette observation de la loi contribuera plus que toute autre chose à faire sentir aux sectaires du culte catholique, que l'adoption d'un calendrier quelconque, est un acte absolument indépendant de tout dogme religieux ; et la résistance diminuera en raison que cette vérité deviendra plus évidente et plus commune. *Même lettre.*

V. « Les *foires* et *marchés* n'auront lieu qu'à des jours fixes de l'annuaire de la république, autres que les décadis et jours de fêtes nationales, indiqués par les administrations centrales, sous les peines portées contre les rassemblemens prohibés par la loi.

VI. « Dans les communes où il y a des marchés

particuliers de commestibles ou autres objets, ils n'auront lieu que les jours fixés par les administrations municipales, bureaux centraux, à des jours périodiques de la décade, sous la peine d'une amende de trois journées de travail et au-dessous, ou d'un emprisonnement qui n'excédera pas trois jours. »

VII. « Les jours indiqués dans l'article précédent, et ceux mentionnés en l'article 5, les marchands seront obligés de tenir leurs boutiques ouvertes sous les peines portées en l'article précédent, sauf les empéchemens dont les administrations municipales jugeront la légitimité. »

VIII. « Dans les communes où il y a des jours ou époques en usage pour les *congés*, ouvertures ou expirations de *locations* rurales et autres, les administrations municipales les remplaceront pareillement à des jours fixes de l'annuaire de la république; et la nouvelle fixation servira de règles aux tribunaux. »

Il faut que les anciens termes de *location* ne soient plus comptés pour rien, et que de nouveaux soient déterminés d'après le nouvel ordre des jours. Ainsi, dans les pays où le terme ordinaire était de trois mois, il doit nécessairement commencer le premier Vendémiaire, et expirer le dernier Frimaire. *Lettre du Ministre de la police*, *du* 26 *Frimaire an* 7.

IX. « Il en sera de même pour l'ouverture d'écluses, distributions, ou dispositions des eaux, et généralement pour tous autres usages soumis à des jours périodiques. »

L'arrêté du Directoire exécutif, du 14 germinal an 6, s'exprime ainsi (Article 6.) sur les ouvertures des écluses.

« A l'usage conservé jusqu'à présent de n'ouvrir les écluses que tant de fois dans la semaine, et à des jours de l'ancien calendrier, tels que les lundis, les mercredis, les samedis et autres, suivant l'usage des lieux, chaque administration centrale substituera sans délai un arrêté par lequel elle réglera périodiquement, sur la décade, l'ouverture des écluses existantes dans les fleuves, rivières ou canaux de son arrondissement, en se concertant préalablement, pour cet effet, avec les administrations centrales, tant du département supérieur, que du département inférieur, situés sur le cours de ces fleuves, rivières ou canaux.

» Tout éclusier, marinier ou autre, qui contreviendra aux dispositions de l'arrêté pris dans chaque département en conséquence du présent article, sera dénoncé à l'officier de police judiciaire, et poursuivis conformément aux lois. »

§ I I.

De la célébration du décadi et des fêtes nationales.

La loi du 17 Thermidor et celle du 23 Fructidor, additionnelle, ayant ordonné l'observation du repos décadaire, celle du 13 Fructidor an 6. (B. 221. - N.° 1980) y engage les citoyens par la solemnité des cérémonies politiques et civiles. Il dépend beaucoup des administrations centrales et des commissaires près d'elles (dit le Ministre de la police, dans sa lettre du 26 Frimaire an 6,) de diriger et d'attirer les citoyens vers le but de cette loi qui s'exprime ainsi :

ART. I.er « Chaque décadi, l'Administration municipale avec le Commissaire du Directoire exécutif et le secrétaire, se rendent en costume au lieu destiné à la réunion des citoyens, et y donne lecture des lois et actes de l'autorité publique adressés à l'administration pendant la décade précédente.

II. « Le Directoire exécutif donnera les ordres nécessaires pour la publication et l'envoi à chaque administration municipale, d'un bulletin décadaire des affaires générales de la République.

» Ce bulletin fera connaître en même-temps les traits de bravoure et les actions propres à inspirer le civisme et la vertu.

» Il contiendra de plus un article instructif sur l'agriculture et les arts mécaniques; il en sera donné lecture à la suite des lois.

III. « La célébration des mariages n'a lieu que les

décadi, dans le local destiné à la réunion des citoyens au chef-lieu de canton, où dans les municipalités particulières divisées en plusieurs municipalités. »

IV. « A compter du premier Vendémiaire de l'an VII, le président de chaque administration municipale de canton, ou celui qui le remplacera, fera les fonctions d'officier civil quant à la célébration des mariages.

V. « Le décadi, il est donné connaissance aux citoyens, des naissances et décès, ainsi que des actes ou jugemens portant reconnaissance d'enfans nés hors mariage, des actes d'adoption et des divorces qui ont eu lieu pendant la décade.

» A cet effet, chaque Agent municipal ou officier public, remettra ou fera parvenir au président de l'administration municipale, la notice des actes ci-dessus énoncés, qu'il aura reçus pendant la décade, le secrétaire en donnera récépissé. »

Il n'est pas besoin de dire que les *assemblées décadaires* ne peuvent s'occuper d'aucun autre objet que de ceux pour lesquels elles sont formées, des lectures civiques, des célébrations de mariages, de chants patriotiques, des exercices et des jeux.

Les secrétaires des administrations municipales doivent rédiger un procès-verbal de chacune des assemblées, et de ce qui se sera passé. Les Commissaires près les administrations municipales en informeront les Commissaires près les administrations centrales. Ceux-ci en instruiront le Ministre de l'intérieur, dans le compte moral qu'ils doivent lui fournir chaque mois. *Lettre du Ministre de l'inté ieur, du 20 Fructidor an 5.*

VI. « Les instituteurs et institutrices d'écoles, soit publiques, soit particulières, sont tenus de conduire leurs élèves, chaque jour de décadi ou de fête nationale, au lieu de la réunion des citoyens. »

VII. « Le Directoire exécutif prendra les mesures nécessaires pour établir, dans chaque chef-lieu de canton, des jeux et exercices gymniques, le jour de la réunion décadaires des citoyens. »

Les Administrations et les Commissaires doivent se

se rappeler que l'article XV de la section III de la loi
du 14 Octobre 1791 voulait qu'à certains jours la garde
nationale de chaque canton, se réunît au chef-lieu, pour
y apprendre des marches et se livrer aux exercices analogues. Ces réunions générales donnent à l'esprit public
une bonne direction; elles font naître entre les gardes nationales de chaque canton, cette louable émulation qui
concourt si puissamment à l'exactitude, à la régularité
du service. Ces réunions de la garde nationale doivent
contribuer à la célébration des fêtes nationales. *Lettre
du Ministre de la police, du 26 Frimaire an 7.*

Les jeux sceniques sont un objet important recommandé à la surveillance des administrations et des commissaires près d'elles. La loi du 14 Août 1793 (vieux
style.) autorise les municipalités à diriger les spectacles,
et à y faire représenter les pièces les plus propres à former l'esprit public, et à développer l'énergie républicaine.
Les Commissaires et les Administrations doivent veiller
à ce qu'un aussi puissant motif ne soit pas négligé, à ce
que les impressions favorables à la liberté ne soient pas
rapidement détruites par des impressions contraires; à
ce que les théâtres soient particulièrement et exclusivement consacrés les décadis à la liberté par les airs chéris
de la Victoire, et par la représentation des pièces républicaines.

Ils doivent encore écarter des yeux de leurs concitoyens, et sur-tout de la tendre jeunesse, les jeux dans
lesquels des animaux vivans sont exposés pour but et pour
prix de l'adresse. *Même lettre.*

A R E. Voyez *Poids et mesures.*

A R B R E S. Voyez *Délits ruraux.*

A R B R E S D E L A L I B E R T É.

La Convention nationale a ordonné, par un décret
du 3 Pluviose an 2, que dans chaque commune il se-

rait planté un arbre de la liberté. Si les Commissaires de police et les Agens municipaux doivent dresser des procès-verbaux des dégradations que les arbres de la liberté pourraient éprouver, les Commissaires près les administrations municipales, n'en sont pas moins tenus de veiller à ce que les délits qui pourraient être commis, soient poursuivis conformément à la loi du 24 Nivose an 6. (B. 176. - N.º 1658.) Voyez le *Manuel des Agens municipaux*.

A R M Ê E.

« Les Corps administratifs et Municipalités ne peuvent, sous peine de forfaiture, exercer d'autres pouvoirs que ceux qui leur sont formellement et explicitement attribués par les décrets de l'Assemblée nationale : les troupes en sont essentiellement indépendantes, sauf le droit de les requérir dans les cas prescrits et déterminés par la loi. *Loi du 23 Octobre 1790.* »

Cependant ils doivent porter une surveillance continuelle sur tous les Agens de l'administration militaire, dans la fabrication du pain, dans l'admission des fournitures, dans la délivrance des procès-verbaux d'avaries et de déchet, dans la conservation des chevaux, et dans le paiement des secours que la République réserve aux soldats blessés. Il est de leur devoir de traduire sur-le-champ devant les tribunaux, ceux qu'ils surprendront en flagrant délit, ou contre lesquels il leur parvient des plaintes dont ils auront vérifié la légitimité. *Lettre du Ministre de la guerre, du mois de Floréal an 4.* Voyez *Conscription* et *Réquisition*.

A R R E S T A T I O N. Voyez *Détention*.

A R R E T É S.

« Les Commissaires près les Administrations centrales et municipales, (représentant actuellement les procureurs-généraux syndics et de commune) ont droit d'assister à toutes les séances de l'administration dont ils font partie. Ils n'ont pas voix délibérative ; mais il ne peut être pris aucun *arrêté* sans qu'ils aient été entendus, soit verbalement, soit par écrit. *Instruction du mois de Janvier* 1790, §. 5. »

Les Commissaires du Directoire exécutif près les administrations, n'ont pas le droit de faire insérer dans le corps ou à la suite des *arrêtés*, des *oppositions* ou des *protestations*, premièrement, parce que n'étant pas membres de l'administration, ils ne peuvent en aucune manière coopérer à la confection de l'acte résultant de la délibération ; en second lieu, parce qu'ils ne sont pas responsables de l'illégalité d'un arrêté, après que, dans le cours de la délibération, ils ont développé tous les moyens propres à démontrer cette illégalité. L'arrêté une fois pris, ils peuvent faire des réquisitions pour le faire rapporter s'il est vicieux ; mais ils ne peuvent nullement *protester* contre, et faire transcrire leur protestation sur les registres. Le Commissaire n'est que l'œil du Gouvernement ; il doit seulement *surveiller*, et si un acte administratif renferme des vices d'administration, il doit le dénoncer au Gouvernement, pour en provoquer la cassation. Mais ce serait une erreur de penser que dans le procès-verbal de la discussion qui précède l'arrêté, les réquisitions et observations du Commissaire ne doivent être insérés, au moins par analyse. Ce procès-verbal doit être le miroir fidèle de ce qui s'est passé dans la séance ; et comme le Commissaire, de même que les Administrateurs, a voix consultative, non-seulement l'Administration près laquelle il est attaché, ne peut empêcher que l'insertion dont il s'agit ait lieu, mais encore elle serait répréhensible d'y mettre opposition, en ce que cette administration ôterait par-là au Commissaire les moyens de justifier qu'il a rempli ses obligations. La mention faite sur l'arrêté que le *Commissaire a été entendu*, ne suffit pas pour le Gouvernement que le Commissaire représente ; elle laisse en effet ignorer dans quel sens son Agent a parlé, et le Directoire exécutif doit en être instruit, lorsqu'il l'exige. *Lettre du Ministre de l'intérieur, du* 12 *Fructidor an* 5.

ARRÊTÉS DU DIRECTOIRE EXÉCUTIF.

« Les arrêtés du Directoire exécutif qui seront adressés aux Ministres, seront, par eux, transmis aux autorités constituées qui doivent les exécuter, sous leur surveillance, et ce, dans les vingt-quatre heures, au plus tard, à compter de celles où ils leur seront remis. *Arrêté du* 11 *Vendémiaire an* 7. *art.* 1er. (B. 150. - N.º 1465.)

» Les Ministres veilleront à ce que les autorités constituées à qui ils transmettront les arrêtés du Directoire, les exécutent sans le moindre délai ; s'il y a négligence ou retard de la part de quelques-unes, ils en feront rapport au Directoire exécutif, pour être par lui statué ce qu'il appartiendra. *Même arrêté*, *art.* 3. » Voyez *Bulletin des lois.*

ASSEMBLÉES

DES ADMINISTRATIONS MUNICIPALES.

« Les municipalités de canton tiendront des assemblées périodiques, qui seront fixées par l'administration de département.

» Il ne pourra y en avoir moins de trois par mois. *Loi du* 21 *Fructidor an* 3, *art.* 6. (B. 185. - N.º 1128.)

» La présence sera d'obligation aux jours indiqués.

» L'administration pourra s'assembler extraordinairement, lorsqu'elle le jugera convenable. *Même loi*, *art.* 7.

» Les municipalités, autres que celles provenant de la réunion des Agens de plusieurs communes, tiendront des séances au moins de cinq jours l'un dans les communes dont la population excède 20,000 habitans, et de dix jours l'un, dans les autres communes.

» Ces jours seront déterminés par l'administration de département. *Même loi*, *art.* 8.

» Les Commissaires près les administrations municipales assisteront à toutes les délibérations, et il n'en sera pris aucune, qu'après qu'ils auront été ouïs.

» Le Commissaire du Directoire exécutif, ou celui qui en remplira les fonctions, n'aura, en aucun cas, voix délibérative. *Même loi, art.* 15.

ASSEMBLÉES PRIMAIRES ET COMMUNALES.

« La résidence requise par l'article 17 de l'acte constitutionnel, pour voter aux assemblées primaires d'un canton, ne se perd point par le *simple séjour* hors de ce canton, quel qu'ait été sa durée, s'il n'a été occasionné que par l'exercice des fonctions publiques, par le service militaire, ou par force majeure.

» Réciproquement, elle ne s'acquiert point par un pareil séjour, s'il n'a eu que la même cause. *Loi du* 19 *Ventose an* 5, *art.* 1er. (B. 110. - N.º 1046.)

» En conséquence, les fonctionnaires publics et les militaires rentrés à leur domicile par congé ou par la cessation de leurs fonctions, seront admis aux assemblées primaires et communales des cantons d'où ils ne se sont éloignés que pour le service public, quoique leur éloignement ait duré plus d'une année. *Même loi, art.* 2.

» Les fonctionnaires publics ne peuvent voter dans les assemblées primaires et communales des cantons où ils exercent leurs fonctions ordinaires, qu'autant qu'ils y avaient précédemment leur domicile ordinaire, ou qu'ils l'y auront tranféré depuis au moins un an , par *l'inscription civique* dans les registres de la municipalité. *Même loi, art.* 3.

ASSEMBLÉES ÉLECTORALES.

» Le *Commissaire du Directoire exécutif* près l'administration centrale de chaque département, est tenu, à peine de *destitution*, d'informer le Directoire de l'ouverture et de la clôture des assemblées électorales; ce Commissaire n'en peut arrêter ni suspendre les opérations, ni entrer dans le lieu des séances; mais il a le droit de demander communication du procès-verbal de chaque séance , dans les vingt-quatre heures qui la suivent, et il est tenu de dénoncer au Directoire les infractions qui seraient faites à l'Acte constitutionnel. *Constitution*, *art.* 43, et *Instruction du 6 germinal an 6, chapitre* 5, *art.* 2. (B. 192. n.º 1778.)

» Si ce Commissaire était électeur, cette fonction serait remplie, ou par un substitut, nommé à cet effet par le Directoire exécutif, ou, à défaut de substitut, par un citoyen non électeur que l'administration centrale choisirait, ou parmi ses membres, ou parmi ceux de l'administration municipale de la commune où se tiendrait l'assemblée électorale.

» Le *Commissaire du Directoire exécutif* qui, ayant été nommé électeur, se démettrait de cette fonction avant l'ouverture de l'assemblée, remplirait auprès de cette assemblée la fonction que la Constitution lui délègue, et dès-lors la nomination de tout substitut ou suppléant, faite par le Directoire exécutif ou par l'Administration, deviendrait nulle de plein droit. *Instruction du 6 Germinal an 6. Chap.* 7. *Art.* 2. (B. 192. - N.º 1778.)

» Immédiatement après la remise du procès-verbal aux archives de l'administration centrale, et dans les cinq jours au plus tard, qui suivent la clôture des assemblées électorales, le Commissaire du Directoire exécutif près l'administration centrale de département, est tenu de transmettre au Directoire exécutif une copie de la minute du procès verbal des opérations de l'assemblée électorale, déposée aux archives de l'administration. *Loi du 12 Pluviose an 6. Art.* 7. (B. 180. - N.º 1701.) et *Instruction du 6 Germinal, Chap.* 6. *Sect.* 2.

» Les Commissaires du Directoire exécutif qui contreviendraient aux dispositions précédentes, seront poursuivis criminellement, et punis de deux années de détention. *Même loi, art.* 8, et *même instruction.* (B. 192 - N.º 1778.)

ASSISTANCE.

Le Commissaire près l'administration municipale doit dénoncer à l'administration centrale, le commissaire de police qui refuseraient *d'assister* les gardes champêtres et forestiers, dans la recherche des bois volés. *Arrêté du Directoire*

Directoire du 4 Nivose an 5. (B. 98. - N.º 923.)
Voyez *Bois.*

Suivant l'article 12 de la loi du 11 Brumaire an 7, (B. 238. - N.º 2137.), le Commissaire du Directoire exécutif près l'administration municipale assiste à la rédaction des deux procès-verbaux que doit faire dresser un propriétaire qui fait bâtir et qui veut assurer le privilége des ouvriers. Voyez *Hypothèques.*

ATTRIBUTIONS.

« Les administrations de département conserveront les attributions qui leur sont données par les lois d'aujourd'hui en vigueur, quels que soient les objets qu'elles embrassent. *Loi du 21 Fructidor an 3, article 18. (B. 185. - N.º 1128.)*

» Les administrations municipales, soit de canton ou autres, connaîtront dans leurs ressorts, 1.º des objets précédemment attribués aux municipalités; 2.º de ceux qui appartiendront à l'administration générale, et que la loi déléguait aux districts. *Même loi, art.* 19.

» Ces objets seront classés et distingués dans chaque administration municipale.

» Néanmoins à l'égard des délibérations prises sur les uns ou sur les autres, nulle réclamation ne pourra être portée que devant l'administration supérieure du département. *Même loi, art.* 20.

» Les administrations municipales connaîtront aussi, comme remplaçant les districts, des objets qui avaient été délégués aux ci-devant Agens nationaux des districts, pour ce qui pourrait en rester à suivre, chacune dans leur ressort, et sans que le *Commissaire du Directoire exécutif* puisse s'y entremettre, sinon pour requérir et surveiller. *Même loi, art.* 21.

» Les Commissaires près les administrations centrales et municipales assisteront à toutes les délibérations, et il n'en sera pris aucune qu'après qu'ils auront été ouïs.

» Ils n'auront en aucun cas voix délibérative. *Même loi, art.* 15. »

Manuel des Commissaires du Directoire.   C

Le Commissaire du Pouvoir exécutif doit constamment diriger ses regards sur les opérations de l'administration, et rien de ce qui en fait partie ne peut lui être dérobé. La Constitution exige qu'il voye tout, et qu'il rende compte de tout.

Il est donc d'une importance majeure que les fonctions du Commissaire du Pouvoir exécutif soient exercées sans restriction ; mais il faut aussi qu'elles ne soient point dénaturées, et que, constitué Agent du Gouvernement, il ne devienne pas insensiblement Agent de l'administration. *Surveiller* et *requérir* l'exécution des lois, telle est la limite qui lui est fixée : au-delà tout est devoir pour les corps administratifs ; au-delà tout serait confusion et désordre. *Lettre du Ministre de l'intérieur, du 7 Brumaire an 7.*

ATTROUPEMENS SÉDITIEUX.

» Tout *attroupement armé* est un attentat à la Constitution ; il doit être dissipé sur-le-champ par la force. *Constitution, art.* 365.

» Tout *attroupement non armé* doit être également dissipé par voie de commandement verbal, et s'il est nécessaire, par le développement de la force armée. *Ibid, art.* 366. »

» Une des fonctions essentielles et ordinaires de la gendarmerie, est, 1.° de dissiper, par la force, tout attroupement armé ; 2.° de dissiper de même, conformément à l'article 366, tout attroupement non armé, d'abord par la voie de commandement verbal, et, s'il est nécessaire, par le développement de la force armée, enfin, de dissiper tous attroupemens qualifiés *séditieux* par les lois, à la charge d'en prévenir, sans délai, les Administrations centrales et municipales, et les Commissaires du Directoire exécutif près d'elles. *Loi du 28 Germinal an 6, art.* 125, *N.ᵒˢ 9 et* 10. (B. 197. - N.° 1805.)

« Ces fonctions seront habituellement exercées par la gendarmerie, sans qu'il soit besoin d'aucune réquisition des autorités civiles ; il sera fait mention de ce service habituel sur les journaux tenus par les commandans de brigades, et qui seront envoyés, à la fin de chaque mois, aux Commissaires du Directoire exécutif près les administrations centrales. *Même loi, art.* 126.

» Les membres de la gendarmerie nationale appelés, soit pour assurer l'exécution de la loi, soit pour dissiper les émeutes populaires ou attroupemens séditieux, ne pourront déployer la *force des armes* que dans les deux cas suivans :

» Le premier, si des violences ou voies de fait sont exercées contre eux.

» Le second, s'ils ne peuvent défendre autrement le terrain qu'ils occupent, les postes ou les personnes qui leur sont confiés, ou enfin si la résistance est telle qu'elle ne puisse être vaincue autrement que par le développement de la force armée. *Même loi, art.* 231.

» Dans le cas d'émeute populaire, la résistance ne pourra être vaincue par la force des armes, qu'en vertu d'un arrêté d'une administration centrale ou municipale, et qu'avec l'assistance d'un des administrateurs qui sera tenu de remplir les formalités suivantes :

» L'administrateur présent prononcera à haute voix ces mots :

» *Obéissance à la Loi : On va faire usage de la force ; que les bons citoyens se retirent.*

» Après cette sommation trois fois réitérée, si la résistance continue, et si les personnes attroupées ne se retirent pas paisiblement, la force des armes sera à l'instant déployée contre les séditieux, sans aucune responsabilité des évènemens ; et ceux qui pourraient être saisis ensuite, seront livrés aux officiers de police, pour être jugés et punis suivant la rigueur des lois. *Même loi, article* 232. » Voyez *Gendarmerie* et *Réquisition de la force publique.*

Sont réputés attroupemens séditieux,

» 1.° Tous attroupemens composés d'artisans, ouvriers, compagnons journaliers, ou excités par eux contre le libre exercice de l'industrie et du travail appartenant à toutes sortes de personnes, et sous toutes espèces de conditions convenues de gré à gré, ou contre l'action de la police et l'exécution des jugemens rendus en cette matière, ainsi que contre les enchères et adjudications publiques de diverses entreprises. *Loi du* 17 *Juin* 1791, *art.* 8.

La disposition ci-dessus est étendue aux ouvriers des papeteries, et les Commissaires près les administrations centrales sont chargés d'en surveiller l'exécution. *Arrêté du* 14 *fructidor an* 6. (B. 69. - N.º 625.) Voyez *Ouvriers* et *Papeteries.*

2.º Tout rassemblement de plus de quinze personnes, s'opposant à l'exécution d'une loi, d'une contrainte ou d'un jugement, à la perception des contributions publiques, à la liberté absolue de la circulation des subsistances. *Loi du* 3 *août* 1791. *art.* 9 *et* 10.

Les communes qui n'auront pas agi contre les attroupemens, demeureront responsables du dommage envers les personnes lésées, et les Commissaires près les administrations de département en poursuivront contre les communes, les réparations et les dommages devant le tribunal civil du département. *Loi du* 3 *Août* 1791, *art. IV, et Loi du* 10 *Vendémiaire an* 4, *tit.* 4, *art.* 3. (B. 188. - N.º 1142.) Voyez *Communes.*

3.º Tout rassemblement où l'on provoquerait la dissolution de la Représentation nationale, ou celle du Directoire exécutif, ou le meurtre de tous ou aucuns des membres qui les composent, ou le rétablissement de la royauté, ou celui de la Constitution de 1793, ou celui de la Constitution de 1791, ou de tout Gouvernement autre que celui établi par la Constitution de l'an III, acceptée par le Peuple souverain, ou l'invasion des propriétés publiques, ou le pillage ou le partage des propriétés particulières, sous le nom de *loi agraire*, ou de toute autre manière. *Loi du* 27 *Germinal an* 4, *art.* 1.er *et* 5. (B. 40. - N.º 325.)

ATTROUPEMENS

INJURIEUX ET NOCTURNES.

« Seront punis des peines de simple police qui consistent dans une amende de la valeur de trois journées de travail ou au-dessous, ou dans un emprisonnement qui n'excède pas trois jours, les auteurs d'attroupemens injurieux ou nocturnes, *Loi du 3 Brumaire an 4, art.* 605. (B. 204. - N.° 1221.) » Voyez *Délits de police.*

AUBERGISTES ET LOGEURS.

L'article 5 du titre I.er de la loi du 19 - 22 juillet 1791, porte que : « Dans les villes et dans les campagnes, les aubergistes, maîtres d'hôtels garnis et logeurs, seront tenus d'inscrire de suite et sans aucun blanc, sur un registre en papier timbré et paraphé par un officier municipal ou un commissaire de police, les noms et qualités, domicile habituel, dates d'entrée et de sortie de tous ceux qui coucheront chez eux, même une seule nuit, de représenter ce registre, soit aux officiers municipaux, soit aux officiers de police, ou aux citoyens commis par la municipalité. »

Le Directoire ordonne, par son arrêté du 2 Germinal an 4, que « les Commissaires de police et les Agens municipaux, chacun dans leur arrondissement, tiendront la main à la sévère exécution de cet article.

» Qu'ils dénonceront au Commissaire du Pouvoir exécutif près l'administration municipale, toutes les infractions à cet article; et que le Commissaire fera citer les prévenus au tribunal de police, pour se voir condamnés à la peine portée par l'art. 6 du titre 1.er de la loi du 22 juillet 1791, (consistant *en une amende du quart de leur droit de patente, sans que cette amende puisse être moindre de trois francs, et à être responsables civilement des désordres et délits commis par ceux qui logeront dans leurs maisons.*)

» Que chaque Commissaire du Directoire exécutif surveillera dans son arrondissement l'exacte observation des dispositions ci-dessus, et informera, chaque mois, ou plutôt, s'il le juge convenable, le Commissaire du Directoire exécutif près l'administration centrale, de sa surveillance et de ses résultats. *Arrêté du 2 Germinal an 4, art. 9.* (B. 35. - N.º 261.)

AUDIENCE.

« Le juge de paix règle les jours d'audience du tribunal de police, d'après celui des affaires, en observant que toute affaire de nature à être jugée, doit l'être au plus tard dans les quinze jours qui suivent la remise que le Commissaire de police a faite des pièces au Commissaire du pouvoir exécutif. *Loi du 3 Brumaire an 4, art.* 164. (B. 204. - N.º 1221.) »

« Les Commissaires du Directoire exécutif près les administrations municipales et les tribunaux de police requerront les juges de paix de régler sur la décade les audiences qu'ils tiendront soit comme présidens de ces derniers tribunaux, soit comme juges de paix proprement dits, soit en bureau de conciliation. *Arrêté du 14 Germinal an 6, art.* 2. (B. 194. - N.º 1785.) Voyez *Annuaire républicain.* »

AUTEURS.

Le Ministre de l'intérieur, par sa lettre du 11 Frimaire an 7, prescrit aux autorités constituées, de surveiller l'exécution de la loi du 19 juillet 1793, qui consacre la propriété des auteurs. Voyez le *Manuel des Agens municipaux.*

AVIS. Voyez le *Manuel des Agens municipaux.*

BACS.

1.º De leur administration et police.
2.º Dispositions pénales.

§ I.er

De leur administration et police.

« Les opérations relatives à l'administration, la police
et la perception des droits de passage sur les fleuves,
rivières et canaux navigables, appartiendront aux administrations centrales de département, dans l'étendue desquelles se trouvera situé le passage, sans préjudice de la
surveillance de l'administration municipale de chaque
lieu : la poursuite des délits criminels et de police, conti-
nuera d'être de la compétence des tribunaux. *Loi du 6
Frimaire an 7, art.* 31. (B. 246. - N.º 2218.)

» Lorsque les passages seront communs à deux départemens limitrophes, l'administration et la police desdits
passages appartiendront à l'administration centrale dans
l'arrondissement de laquelle se trouvera située la commune la plus prochaine du passage; en cas d'égalité de
distance, la population la plus forte déterminera : en
conséquence la gare, le logement et le domicile de droit du
passager seront établis de ce côté. *Même loi, art.* 32.

» L'attribution donnée par l'article précédent aux administrations centrales, dans l'arrondissement desquelles
se trouve la commune la plus prochaine du passage, déterminera également celle des tribunaux civils, criminels, de
police et de justice de paix, chacun suivant leur compétence. *Même loi, art.* 33.

» Tous individus, voyageurs, conducteurs de voitures, chevaux, bœufs ou autres animaux et marchandises passant dans les bacs, bateaux, passe cheval, seront
tenus d'acquitter les sommes portées aux tarifs. *Même loi,
art.* 48.

» Ne sont pas dispensés du paiement desdits droits, les
entrepreneurs d'ouvrages et fournitures faits pour le
compte de la République, ni ceux des charrois, à la suite
des troupes. *Même loi, art.* 49.

» Ne seront point toutefois assujétis au paiement des
droits compris auxdits tarifs, les Commissaires du Direc-

toire exécutif, lorsqu'ils se transporteront pour raison de leurs fonctions respectives. *Même loi*, *art.* 50.

§ II.

Dispositions pénales.

« Il est enjoint aux adjudicataires, mariniers et autres personnes employées au service des bacs, de se conformer aux dispositions de police administrative et de sûreté contenues dans la présente loi, ou qui pourraient leur être imposées par le Directoire exécutif et les administrations pour son exécution, à peine d'être responsables, en leur propre et privé nom, des suites de leur négligence, et en outre condamnés pour chaque contravention, en une amende de la valeur de trois journées de travail : le tout à la diligence des Commissaires du Directoire exécutif près les administrations centrales et municipales. *Même loi*, *art.* 51.

» Il est expressément défendu aux adjudicataires, mariniers et autres personnes employées au service des bacs et bateaux, d'exiger, dans aucun temps, autres et plus fortes sommes que celles portées aux tarifs, à peine d'être condamnés par le juge de paix du canton, soit la réquisition des parties plaignantes, soit sur celle des Commissaires du Directoire exécutif, à la restitution des sommes indûment perçues, et en outre, par forme de simple police, à une amende qui ne pourra être moindre de la valeur d'une journée de travail et d'un jour d'emprisonnement, ni excéder la valeur de trois journées de travail et trois jours d'emprisonnement : le jugement de condamnation sera imprimé et affiché aux frais du contrevenant.

» En cas de récidive, la condamnation sera prononcée par le tribunal correctionnel, conformément à l'article 607 du code des Délits et des peines. *Même loi*, *art.* 52. Voyez *Délits de police*.

» Les adjudicataires seront dans tous les cas, civilement responsables des restitutions, dommages et intérêts, amendes et condamnations pécuniaires, prononcées contre leurs préposés et mariniers. *Même loi*, *art.* 54.

» Toutes personnes qui se soustrairaient au paiement des sommes portées auxdits tarifs, sera condamnée par le juge de paix du canton, ou re la restitution des droits, à une amende qui ne pourra être moindre de la valeur d'une journée, ni excéder trois jours.

» En cas de récidive, le juge de paix prononcera, outre l'amende, un emprisonnement qui ne pourra être moindre d'un jour, ni être plus de trois; et l'affiche du jugement sera aux frais du condamné. *Même loi*, *art*. 56.

» Toute personne qui aura aidé ou favorisé la fraude ou concourru à des contraventions aux lois sur la police des bacs, sera condamnée aux mêmes peines que les auteurs des fraudes ou contraventions. *Même loi*, *art*. 58.

BAN DE MOISSONS, VENDANGES, &c.

Les administrations municipales des cantons ruraux, où l'ouverture des moissons, des vendanges et de la fauchaison est fixée, veilleront à ce que les époques soient désignées dans les termes du Calendrier républicain. *Arrêté du* 14 *Germinal an* 6, *art*. 17. (B. 194. - N.º 1785.) Voyez *Annuaire*, § 1.ᵉʳ p. 24.

BARRIÈRES. Voyez *Routes.*

BATIMENS MENAÇANT RUINE.

Les Agens municipaux doivent dresser procès-verbal du mauvais état des lieux, et provoquer sans délai la surveillance de l'administration municipale chargée de cette portion de la police. *Loi du* 24 *Août* 1790, *titre* 11, *art*. 3, *et du* 22 *Juillet* 1791, *art*. 29.

BESTIAUX.

Les Commissaires du Directoire exécutif près les administrations municipales, poursuivent devant les tribunaux de police, sur la dénonciation des commissaires de police et des gardes champêtres, les délits qui sont relatifs aux bois et aux productions de la terre, dont la peine n'excède pas une amende égale à la valeur de trois journées de travail, ou trois jours d'emprisonnement. *Loi du 3 Brumaire an 4, art.* 28, 41, 43 *et* 44. (B. 204. - N.º 1221.)

En conséquence de ces articles et de l'article 605, n.º 9 de la même loi, ils poursuivent les dégats commis par les bestiaux de toutes espèces, commis sur les propriétés d'autrui, et requièrent l'application des dispositions pénales prononcées par les articles 12, 22, 24, 25, 26 et 28 du titre 2 de la loi du 28 Septembre 1791 - 6 Octobre 1791. Voyez *Délits ruraux.*

BESTIAUX MORTS.

Ils seront enfouis dans la journée à quatre pieds de profondeur, par le propriétaire, et dans son terrain, ou voiturés à l'endroit désigné par la municipalité, pour y être également enfouis, sous peine, par le délinquant, de payer une amende de la valeur d'une journée de travail, et les frais de transport et d'enfouissement. *Loi du 28 Septembre - 6 Octobre* 1791, *tit.* 2, *art.* 13.

Il faut observer que la loi du 23 thermidor an 4, (B. 66. - N.º 601.) porte (art. 2.) que « la peine d'une amende de la valeur d'une journée de travail, ou d'un jour d'emprisonnement, fixée comme la moindre, par l'article 606 du code des Délits et des peines, ne pourra pour tout délit rural et forestier, être au-dessous de trois journées de travail ou de trois jours d'emprisonnement. » Voyez *Délits ruraux* et *Troupeau.*

BIBLIOTHÈQUES. Voyez *Sciences et Arts.*

BIENS COMMUNAUX. Voyez le *Manuel des Agens municipaux.*

BIENS CONFISQUÉS.

« Les biens confisqués pour quelque cause et de quelque manière que ce soit, seront régis, administrés, liquidés et vendus comme les biens nationaux. *Loi du 26 frimaire an 2, art. premier.*

» L'administrateur des domaines nationaux fera dresser un tableau des individus dont les biens ont été confisqués, lequel sera envoyé à tous les départemens et municipalités. Il est enjoint aux corps administratifs, et spécialement aux agens nationaux (aux Commissaires près les administrations) de faire procéder, chacun dans l'arrondissement où il exerce ses fonctions, à la recherche et au recouvrement des biens meubles ou immeubles appartenans aux individus compris dans ce tableau. *Même loi*, *art.* 3 *et* 4.

» Les agens nationaux près les districts (les Commissaires près les administrations centrales) adresseront tous les mois à l'administrateur des domaines nationaux, les renseignemens qu'ils se seront procurés sur les biens meubles et immeubles, corporels et incorporels de chacun des individus compris dans les tableaux qui leur auront été successivement adressés. *Même loi*, *art.* 7.

» Les détenteurs de biens meubles et immeubles, et tous débiteurs généralement quelconques des créances ou autres effets appartenant aux individus compris dans le tableau ci-dessus mentionné, qui n'auront pas fait leur déclaration au secrétariat de leur municipalité de leur résidence, dans le cours de la décade qui suivra immédiatement la publication et l'affiche de chaque tableau, seront condamnés par voie de police correctionnelle, sur la poursuite de l'agent national du district (du Commissaire près l'administration centrale) à une amende égale à la valeur des sommes ou des objets non déclarés. *Même loi*, *art.* 8.

» Ces déclarations seront, dans la décade suivante, adressées à l'agent national du district, (Commissaire près l'administration,) par celui de la commune, (par le Commissaire près l'administration municipale.) L'agent national du district les fera passer, dans la troisième décade, à l'administrateur des domaines nationaux. » *Même loi*, *art.* 9.

BIENS INDIVIS.

La Loi du 9 frimaire an 7, (B. 245. n.º 2217.) ordonnant l'apposition du séquestre sur tous les biens indivis avec la République, comme représentant les émigrés, prescrit aux co-propriétaires, à qui l'article 14 de la loi du 13 ventose an 3, (B. 128. - N.º 678.) que cette loi rapporte, avait accordé la jouissance provisoire des biens indivis, de présenter leurs comptes dans le délai d'un mois. Faute de la faire, elle charge les administrations d'en fixer, d'après leur connaissance locale, le reliquat présumé.

« Les co-propriétaires (dit l'article 7) qui refuseraient de payer les sommes dont ils seraient redevables à la République, d'après les fixations faites par les administrations, seront poursuivis, à la requête du Commissaire du Directoire exécutif près l'administration centrale, pour y être contraints pardevant les tribunaux, qui seront tenus de prononcer dans le mois, à compter du jour de la demande.

» Il sera procédé de la même manière (ajoute l'art. 9) contre les jouissans provisoires de biens indivis vendus en exécution de la loi du 28 ventose an IV. (B. 34. - N.º 252.)

BLÉ EN VERT.

« Si quelqu'un, avant leur maturité, coupe ou détruit de petites parties de blé en vert, ou d'autres productions de la terre, sans intention manifeste de les voler, il paiera en dédommagement au propriétaire une somme égale à la valeur que l'objet aurait eu dans sa maturité ; il sera condamné à une amende égale à la somme du dédommagement, et il pourra l'être à la détention de police municipale.» *Loi du 28 septembre -- 6 octobre* 1791, *titre* 2, *art.* 28. Voyez *Délits ruraux.*

BOIS ET FORÊTS.

L'article 4 de la loi du 11 décembre 1789, « défend à toutes personnes le débit, la vente et l'achat des bois

coupés en délit, sous peine, contre les vendeurs et acheteurs frauduleux d'être poursuivis selon la rigueur des
ordonnances, et décrète que par les gardes des bois,
marchaussées et huissiers sur ce requis, la saisie desdits
bois coupés en délit soit faite, mais que la perquisition
desdits bois ne pourra l'être qu'en présence d'un officier
municipal, qui ne pourra s'y refuser. »

L'article 5 du titre 4 de la loi du 29 septembre 1791,
sur l'administration forestière porte que « les gardes
forestiers suivront les bois de délit dans les lieux où
ils auront été transportés, et les mettront en séquestre;
mais ne pourront s'introduire dans les ateliers, bâtimens
et cours adjacentes, qu'en présence d'un officier municipal, ou par autorité de justice. »

Enfin l'article 41 du Code des Délits et des Peines,
du 3 brumaire an 4, (B. 204. n.° 1221.) porte que
« les gardes champêtres et forestiers, considérés comme
officiers de police judiciaire, sont chargés (entre autres
choses) de suivre les objets volés dans les lieux où ils
ont été transportés, et de les mettre en séquestre, sans
pouvoir néanmoins s'introduire dans les maisons, ateliers,
bâtimens et cours adjacentes, si ce n'est en présence,
soit d'un officier ou agent municipal, ou de son adjoint,
soit d'un commissaire de police. »

Malgré des dispositions aussi expresses, quelques agens
municipaux s'étaient refusés d'accompagner les gardes
forestiers dans les perquisitions que ceux-ci requéraient de
faire, avec eux, des bois coupés en délit, et transportés
dans des maisons, bâtimens, ateliers ou cours adjacentes;
ils avaient coloré leur refus de l'article 359 de la Constitution, suivant lequel « aucune visite domiciliaire ne
peut avoir lieu qu'en vertu d'une loi, et pour la personne
ou l'objet désigné dans l'acte qui ordonne la visite. »

Le Directoire exécutif, considérant d'une part que les
lois ci-dessus mentionnées remplissent parfaitement la première des deux conditions exigées par l'Acte constitutionnel pour autoriser une visite domiciliaire; de l'autre,
que la seconde de ces conditions est également remplie
par cela seul que les gardes forestiers, chargés en leur

qualité d'officiers de police judiciaire de juger s'il y a lieu à visite domiciliaire pour la perquisition des bois volés, requièrent les officiers ou agens municipaux, ou leurs adjoints de les accompagner dans cette perquisition, a, par son arrêté du 4 nivose an 5, (B. 90. n.º 923.) pris les mesures suivantes.

Art. I.ᵉʳ « Tout garde forestier qui jugera utile ou nécessaire à la recherche des bois coupés en délit, d'en faire perquisition dans un bâtiment, maison, atelier ou cour adjacente, requerra le premier officier ou agent municipal, ou son adjoint, ou commissaire de police du lieu, de l'accompagner dans cette perquisition, et désignera dans l'acte qu'il dressera à cette fin, l'objet de la visite, ainsi que les personnes chez lesquelles elle devra avoir lieu.

II. » L'officier, agent ou adjoint municipal, ou commissaire de police, ainsi requis, ne pourra se refuser d'accompagner sur-le-champ le garde forestier dans sa perquisition.

» Il sera tenu en outre, conformément à l'article 8 du titre IV de la loi du 29 septembre 1791, de signer le procès-verbal de perquisition du garde avant l'affirmation, sauf au garde à faire mention du refus qu'il en ferait.

III. « Tout officier, agent ou adjoint municipal qui contreviendra soit à l'une, soit à l'autre des dispositions de l'article précédent, sera, par le Commissaire du Directoire exécutif près l'administration municipale du canton, dénoncé à l'administration centrale, laquelle sera tenue de le suspendre de ses fonctions, conformément à l'article 194 de l'Acte constitutionnel, et d'en rendre compte sur-le-champ au ministre de la police générale, pour, sur son rapport, être, par le Directoire exécutif, statué sur la traduction de l'officier suspendu devant les tribunaux.

IV. » Tout commissaire de police, qui se trouvera dans le cas de l'article précédent, sera, par le Commissaire du Directoire exécutif près l'administration municipale, dénoncé tant à l'administration municipale elle-même,

qui sera tenue de le destituer, conformément à l'article
26 du Code des Délits et des Peines, qu'à l'accusateur
public, qui procédera à son égard ainsi qu'il est réglé par
les articles 284 et suivans du Code des Délits et des Peines. »

Les dispositions ci-dessus énoncées sont rendues applicables par l'arrêté du 26 nivose an 5 (B. 103. n.º 976.)
à la recherche des bois volés sur les rivières ou ruisseaux
flottables et navigables.

» En conséquence, les officiers, agens et adjoints municipaux et commissaires de police, sont tenus d'accompagner
les inspecteurs de la navigation ou gardes des rivières, com-
missionnés par le ministre de l'intérieur, dans les perquisitions des bois volés sur les rivières et ruisseaux flotables et
navigables et le long d'iceux, conformément aux dispositions dudit arrêté, et sous les peines y portées. »

BOIS NATIONAUX.

Les administrations municipales sont tenues d'envoyer,
dans le mois des adjudications, une copie par extrait des
procès - verbaux d'icelles aux administrations centrales ,
qui les feront parvenir au ministre des finances. Les Commissaires du Directoire exécutif près les administrations
y tiendront la main, sous leur responsabilité personnelle.
Arrêté du 5 thermidor an 5, art. 11. (B. 133. n.º 1309.)

L'article 4 du titre XXVII de l'ordonnance des eaux
et forêts, enjoint aux riverains possédant des bois joignant
les forêts et buissons « de les séparer de ceux-ci par des
fossés ayant quatre pieds de largeur et cinq pieds de profondeur, qu'ils entretiendront en cet état à peine de
réunion. »

L'article 6 de la même ordonnance, défend à toutes
personnes « de planter bois à cent perches des forêts nationales, sans permission expresse, à peine de 500 livres
d'amende et de confiscation de leurs bois, qui seront
arrachés ou coupés. »

Le Directoire exécutif recommande, par son arrêté
du 19 pluviose an VI, (B. 181. n.º 1712.) aux agens
forestiers et aux administrations centrales l'exécution de
ces deux articles. Il enjoint aux agens forestiers de veiller
à ce que les propriétaires des bois réparent les fossés sé-

paratifs dans les dimensions prescrites par le susdit article 4, et qu'il en soit creusé dans les endroits où ils n'existent pas, d'après les alignemens qu'ils feront dresser conformément aux anciens plans et bornages.

» Les difficultés qui pourront s'élever à cet égard, seront portées devant les administrations centrales, qui les termineront sur les mémoires des parties, communiqués préalablement aux agens forestiers et aux Commissaires du Pouvoir exécutif. »

» Les communes qui ont obtenu contre la République des jugemens arbitraux, qui leur ont adjugé la propriété de certaines forêts qu'elles prétendaient nationales, et à l'exploitation desquelles il a été sursis par la loi du 7 brumaire an 3, produiront à l'administration de leur département, dans le mois qui suivra la publication de la présente loi, lesdits jugemens et les pièces justificatives. *Loi du 28 brumaire an 7, art. 1.ᵉʳ* (B. 240. n.° 2189.)

» Les Commissaires près les administrations centrales se pourvoiront de suite par appel, dans les formes ordinaires, contre ceux de ces jugemens que les administrations centrales auront reconnus susceptibles d'être réformés. » *Même loi, art. II.*

B O I S S O N S.

L'agent municipal doit dresser procès-verbal des boissons gâtées ou falsifiées, et l'envoyer au Commissaire du Directoire exécutif près l'administration municipale. *Lois des 16 – 24 août 1790 et 22 juillet 1791.*

B O U C H E R S ᴇᴛ B O U L A N G E R S.

« Sont punis d'une amende qui ne pourra excéder la valeur de trois journées de travail ou trois jours d'emprisonnement, les bouchers et boulangers qui vendent le pain ou la viande au-delà du prix fixé par la taxe légalement faite et publiée. » *Loi du 3 brumaire an 4, article 605.* (B. 204. n.° 1221.) Voyez *Comestibles*, *Épizooties*, et *Subsistances.* Voyez aussi le *Manuel des Agens municipaux* relativement aux défenses faites aux bouchers qui achètent et tuent des bêtes provenant de troupeaux où la maladie contagieuse s'est manifestée.

BOUTIQUES.

BOUTIQUES.

« Le décadi et les jours de fêtes nationales, les boutiques, magasins et ateliers seront fermés, sous les peines portées en l'article 605 du Code des Délits et des Peines, (une amende qui ne pourra excéder la valeur de trois journées de travail ou trois jours d'emprisonnement.) » *Loi du 17 thermidor an 6, art. 8.* (B. 216. n.º 1943.)

« Les mêmes peines sont prononcées contre les marchands qui tiendront fermées leurs boutiques les jours de foires et marchés fixés par les administrations centrales et municipales. » *Loi du 23 fructidor an 6. art. 7.* (B. 225. n.º 2003.) Voyez *Annuaire.* § I.er

BRUITS NOCTURNES.

La répression de ces bruits, qui troublent le repos des des citoyens, peut s'effectuer par l'arrestation des auteurs du trouble, sur-tout s'ils ne sont pas domiciliés dans la commune : les procès - verbaux doivent être envoyés à l'administration municipale ; mais si ces bruits procèdent de quelque rassemblement séditieux, le Commissaire du Directoire exécutif doit requérir l'exécution de la loi contre les attroupemens. Voyez *Attroupemens.*

BULLETIN DES LOIS.

» Le ministre de la justice fera passer le Bulletin des Lois aux Commissaires près les administrations centrales et municipales. » *Loi du 10 vendémiaire an 4, article 5.* (B. 192. n.º 1174.)

« Ces Commissaires n'étant que dépositaires du Bulletin des Lois, sont tenus, lors de la cessation de l'exercice de leurs fonctions, d'en transmettre la collection entière et complète à leurs successeurs. » *Arrêté du 10 frimaire an 4, art. 1.er* (B. 8. n.º 4.)

« Le Commissaire près l'administration centrale de chaque département doit faire parvenir, le premier jour de chaque décade, à toutes les autorités constituées de son ressort, un tableau signé de lui, des numéros du Bulletin des Lois reçus dans la décade précédente, avec la désignation précise du jour de l'arrivée de chacun. *Arrêté du* 12 *prairial an* 4. (B. 51. n.º 436.)

CABARETS et CAFÉS. Voyez *le Manuel des Agens municipaux.*

CADAVRES. Voyez *ibid.*

CAISSES PUBLIQUES.

« Elles seront visitées au moins une fois par mois par les administrations départementales, en présence du Commissaire du Directoire exécutif, au jour que lesdites administrations indiqueront. *Loi du* 3 *germinal an* 4, *art.* 4. (B. 35. n.º 263.)

CALENDRIER RÉPUBLICAIN. Voyez *Annuaire.*

CANAUX. Voyez *Navigation.*

CARTES CIVIQUES ou DE SURETÉ. Voyez *le Manuel des Agens municipaux.*

CARTES A JOUER.

L'article 56 de la loi du 9 vendémiaire an 6, (B. 148. n.º 1447.) confirmé par l'article 39 de celle du 13 brumaire an 7, (B. 237. n.º 1236.) ayant soumis au droit de timbre les cartes à jouer, le Directoire exécutif a pris les mesures suivantes pour en assurer l'exécution.

« Nul ne pourra vendre des cartes, même frappées du filigrane de la régie de l'enregistrement, que sous la bande sur laquelle sera apposée le timbre de la régie. *Arrêté du* 3 *pluviose an* 6, *art.* 8. (B. 179. n.º 1663.)

» Nul citoyen ne pourra fabriquer des cartes qu'après avoir fait inscrire ses nom, prénom, surnom et domicile à la régie, et en avoir reçu une commission qu'elle ne pourra refuser. Les particuliers qui voudront vendre des cartes, seront soumis à la même obligation. » *Même arrêté, art.* 9.

« Le fabricant déclarera en outre les différens endroits où il entend fabriquer, le nombre des moules qu'il a en sa possession, et celui de ses ouvriers actuels, dont il donnera les noms et le signalement.» *Arrêté du 19 floréal an 6, art.* 12. (B. 199. n.º 1824.)

« Les entrepreneur et directeurs de bals, fêtes champêtres, réunions, clubs, billards, cafés et autres maisons où l'on donne à jouer, auront un registre coté et paraphé sur lequel seront inscrits tous leurs achats de jeux de cartes, avec indication des noms et domiciles des vendeurs. » *Arrêté du 3 pluviose an 6, art* 12.

« Ils seront tenus, lorsqu'ils feront leurs achats chez les fabricans, de présenter ce registre, sur lequel le fabricant inscrira les quantités qui auront été levées.» *Arrêté du 19 floréal an 6, art.* 14.

» Il est défendu aux graveurs, tant en cuivre qu'en bois, et à tous autres de graver aucun moule ou aucune planche propre à imprimer des cartes, sans avoir déclaré au bureau de la régie, les noms et demeure du fabricant qui aura fait la demande, et avoir pris la reconnaissance du préposé sur la remise de ladite déclaration. *Même arrêté, art.* 13.

» Il est défendu à toutes personnes de tenir dans ses maisons et domicile, aucun moule propre à imprimer des cartes à jouer, d'y retirer ni laisser travailler à la fabrique et recoupe des cartes et tarots, aucuns cartiers, ouvriers et fabricans, qui ne seraient pas pourvus d'une commission de la régie. *Même arrêté, art.* 16.

» Les préposés de l'enregistrement sont autorisés à se présenter, toutes les fois qu'ils le trouveront convenable, chez les fabricans et marchands, et dans les lieux désignés aux articles précédens, pour s'y assurer de l'exécution des dispositions ci-dessus, et prendre communication des registres dont l'exhibition leur sera faite, et en retirer telles notes ou extraits qu'ils aviseront. *Arrêté du 3 Pluviose an 6, art.* 13.

» Les Commissaires du Directoire exécutif près les administrations municipales, sont chargés de concourir à la recherche des fabrications clandestines et à l'exécution des présentes dispositions. *Arrêté du 19 Floréal an 6, art.* 19. »

C A S S A T I O N.

« Les dispositions des articles 440, 441, 442, 443, 447, 448, 449, 450, 451, 452, 455, 456 et 457 relatives aux recours en cassation contre les jugemens des tribunaux criminels, sont communes au recours en cassation contre les jugemens des tribunaux de police. *Loi du 3 Brumaire an 4, art.* 163. (B. 104. - N.º 1221.) » Voyez *Jugemens des tribunaux de police.*

C É L I B A T A I R E S.

La loi du 3 Nivose an 7, (B. 250. - N.º 2270.) comprend sous ce nom, les hommes seulement âgés de 30 ans, ni mariés, ni veufs.

Le loyer d'habitation du célibataire est sur-haussé de moitié de sa valeur. Voyez l'article *Contribution personnelle, mobiliaire et somptuaire* et le *Supplément au Manuel des Agens municipaux.*

C É R É M O N I E S P U B L I Q U E S.

« Les rangs dans les *cérémonies publiques*, sont ainsi réglés; le maire (le président de l'administration municipale) puis les officiers municipaux, enfin le procureur de la commune (le Commissaire du Directoire exécutif,) *Loi du* 20 *Avril* 1790, *art.* 4 *et* 5. ».

« Les capitaines et les lieutenans de la gendarmerie nationale pourront, sur l'invitation d'une administration municipale ou du *Commissaire du Pouvoir exécutif* près d'elle, porter une ou plusieurs brigades de leurs compagnies et lieutenances, aux cérémonies publiques où ils apprendront qu'il doit y avoir un grand cours de citoyens. Il sera fait mention de ce rassemblement sur le journal habituel. Les brigades qui auront été rassemblées, rentreront dans le jour même à leurs résidences respectives, à moins d'une réquisition de l'administration municipale ou du *Commissaire* : dans ce dernier cas, l'administration ou le *Commissaire* seront tenus de prévenir sur-le-champ l'administration centrale. *Loi du* 28 *Germi-*

nal an 6, *art.* 145. (B. 197. - N.º 1805.) » Voyez *Gendarmerie.*

CERTIFICATS.

Le Manuel des Agens municipaux énonce les diffé-rentes espèces de certificats donnés par les Agens muni-cipaux, comme des témoignages authentiques de la vé-rité, tels que ceux en matière d'enrôlement volontaire, d'exception de la réquisition, de contribution et d'in-demnités accordées aux nourrices et autres habitans char-gés d'enfans abandonnés. Voyez *cet ouvrage.*

CERTIFICATS DE RÉSIDENCE.

« La résidence des fonctionnaires publics nommés par le peuple ou le gouvernement, sera constatée par un certificat du conseil général de la commune où ils exercent leurs fonctions.

» Le certificat indiquera leurs nom, prénoms, signa-lement à l'époque depuis laquelle ils ont résidé dans ladite commune comme fonctionnaires publics.

» Il sera visé par le directoire du district (l'adminis-tration centrale) et soumis à l'enregistrement dans la décade du visa. *Loi du* 25 *brumaire an* 3 *, sect.* 3 *, art.* 14. (B. 89. - N.º 464.)

» Le fonctionnaire public, porté sur la liste des émi-grés, qui serait dans la nécessité de constater sa rési-dence pour un temps antérieur à son activité, fera pré-senter, par un fondé de pouvoirs, le certificat qui lui a été délivré, d'après les dispositions ci-dessus, au conseil général de la commune (à l'administration municipale) de la résidence à certifier. *Même loi, art.* 19.

» Les Agens nationaux (les Commissaires du Direc-toire exécutif près les administrations) sont tenus, sous leur responsabilité, de dénoncer aux accusateurs publics, les fraudes et les faux relatifs aux certificats de résidence, aussi-tôt qu'ils seront parvenus à leur connaissance. *Même loi, art.* 34. Voyez l'article *Émigrés.*

CERTIFICATS DE VIE.

La loi du 22 Floréal an 7, (B. 278. - N.º 2880.) qui contient des mesures pour assurer et faciliter le paiement des rentiers et pensionnaires, porte (art. 10) que « les certificats de vie des rentiers viagers ou pensionnaires, seront délivrés sans frais par les municipalités, seront signés par deux administrateurs, et visés par le Commissaire du Directoire exécutif près l'administration du canton. »

CHAMPS.

Celui qui entrera à cheval dans les champs ensemencés, payera le dommage et une amende. *Loi du 6 Octobre* 1791, *tit.* 2, *art.* 27. Voyez *Délits ruraux* et *forestiers.*

CHAPELLERIES.

Le Directoire exécutif, par son arrêté du 23 Messidòr an 5, a pris des mesures pour arrêter, dans les ateliers ou fabriques de chapelleries, les abus qui y régnaient, sous prétexte que les lois antérieures relatives à la police des arts et métiers, étaient totalement abrogées.

Outre la surveillance que les Commissaires du Directoire exécutif doivent exercer pour l'exécution de cet arrêté, il est dit, par l'article 21, « que les proscriptions, défenses et interdictions de travail dans les ateliers de chapellerie, prononcées par les ouvriers, seront considérées comme des atteintes portées à la propriété des fabricans. Ceux-ci seront tenus de dénoncer aux juges de paix les auteurs ou instigateurs de ces délits, qui seront mis sur-le-champ en état d'arrestation, et poursuivis à la *requête du Commissaire du Directoire exécutif* près l'administration municipale du canton, devant le tribunal correctionnel, pour y être jugés et punis d'un emprisonnement qui ne peut excéder deux ans, et qui, en cas de récidive, sera de quatre ans. »

CHASSE.

La loi du 30 Avril 1790 a déterminé le temps pendant lequel la chasse ne serait point permise. Elle prononce des peines contre ceux qui contreviendraient à ces défenses. Comme l'application de ces peines excède la compétence du tribunal de police, le Commissaire près de l'administration municipale qui recevrait la dénonciation de délits de chasse, est tenu, d'après l'article 37 et 45 de la loi du 3 Brumaire an 4, (B. 204. - N.º 1221.) de la renvoyer avec les pièces, s'il y en a, au juge de paix qui agit en conséquence de sa qualité d'officier de police judiciaire. Voyez le *Manuel des Agens municipaux.*

C H E M I N S. Voyez *Routes.*

C H E N I L L E S. Voyez *Échenillage.*

CHIENS DE GARDE.

Il est défendu de tuer et blesser aucun chien de garde, sous peine d'une amende et de dommages et intérêts. Lorsqu'une épizootie s'est manifestée, il est permis de faire tuer ceux qui sont trouvés errans sur les chemins. Voyez *Épisootie* et le *Manuel des Agens municipaux.*

CITATION.

« Toute personne prévenu d'un délit dont la peine n'excède ni la valeur de trois journées de travail, ni trois jours d'emprisonnement, est citée devant le tribunal de police de l'arrondissement dans lequel le délit a été commis.

» La citation est donnée à la requête du Commissaire du Pouvoir exécutif près l'administration municipale.

» Elle peut aussi l'être à la requête des particuliers qui se prétendent lésés par le délit. *Loi du 3 Brumaire an 4, art.* 153. (B. 204. - N.º 1221.)

» La citation est notifiée par un huissier qui en laisse copie au prévenu. *Même loi, art.* 155.

» Néanmoins les parties peuvent comparaître volontairement ou sur un simple avertissement, et sans qu'il soit besoin de citation. *Même loi*, *art.* 156.

» La citation est donnée à jour et heure fixes.

» Il ne peut y avoir entre la citation et la comparution, un intervalle moindre de vingt-quatre heures. *Même loi*, *art.* 157. » Voyez *Comparution*, *Délits* et *Tribunaux de police*.

CLOCHES.

« L'article 7 de la loi du 3 Ventose an 3, (B. 126. - N.º 635.) défendant de faire aucune proclamation ni convocation publique pour inviter les citoyens à l'exercice d'aucun culte, les *Commissaires* près les administrations municipales doivent veiller à ce que ceux qui, au mépris de cette loi, feraient une proclamation ou convocation publique, soit au son des *cloches*, soit de toute autre manière pour inviter les citoyens à l'exercice d'un culte quelconque, et les ministres d'un culte qui feraient ou provoqueraient de pareilles convocations, ou qui, instruits de la publicité de la convocation d'une assemblée, y exerceraient quelqu'acte relatif à leur culte, soient poursuivis devant le tribunal correctionnel. *Loi du 22 Germinal an 4*, (B. 39. - N.º 318.) »

CLOTURES.

Tous ceux qui contreviendront à la défense de dégrader les clôtures, seront punis d'une amende de trois journées de travail. Le dédommagement sera payé au propriétaire; et suivant la gravité des circonstances, il pourra avoir lieu à l'emprisonnement. *Loi du 6 Octobre 1791*, *tit.* 2. *art.* 17. Voyez *Délits ruraux*.

COALITION. Voyez *Ouvriers*.

COCARDE NATIONALE.

En conformité de la loi du 5 juillet 1792, tout homme résidant en France, est tenu de porter la cocarde nationale; les ambassadeurs et les agens accrédités des puissances étrangères sont seuls exceptés de cette obligation.

Elle peut être de toutes sortes d'étoffes et rubans, dit la loi du 2 Août 1792, pourvu qu'elle soit aux trois couleurs nationales.

La loi du 3 Avril 1793, ordonne l'arrestation des personnes trouvées sans en être porteurs, et leur traduction devant le tribunal de police correctionnelle.

Celle du 21 Septembre 1793, étend cette disposition aux femmes qu'elle oblige de porter la cocarde nationale.

Suivant la loi du 2 Prairial an 3, (B. 146. - N.º 833.) la cocarde nationale est le seule signe de ralliement des citoyens ; et tous ceux qui seraient trouvés porteurs d'autres signes de ralliement, doivent, aux termes de celle du 27 Germinal an 4, (B. 40. - N.º 325.) être arrêtés et punis correctionnellement d'une année de détention.

Telle est, jusqu'à présent, la législation sur le port de la cocarde nationale. Les Commissaires près les administrations doivent en surveiller l'exécution, jusqu'à ce que le Corps législatif, qui s'occupe de cette matière, ait pris une détermination. Cette surveillance leur est recommandée par l'arrêté du directoire du 2 Prairial an 4, art. 12. (B. 35. - N.º 261.) Voyez le *Manuel des Agens municipaux*.

COLONNES MOBILES. Voyez *Garde nationale*.

COLPORTEURS.

La loi du 5 Nivôse an 5, (B. 98. - N.º 928.) leur défend de publier les journaux et papiers nouvelles, autrement que par leurs titres. L'arrêté du 15 Frimaire an 6, (B. 162. - N.º 1582.) ordonne l'arrestation des contrevenans.

COMESTIBLES.

Ceux qui en exposent en vente, de gâtés, corrompus ou nuisibles, seront cités par le Commissaire du Pouvoir exécutif, devant le tribunal de police, et seront punis des peines de simple police, consistant en une amende qui ne peut excéder la valeur de trois journées de travail ni trois jours d'emprisonnement. *Loi du 3 Brumaire an 4. art.* 605. (B. 204. - N.º 1221.) Voyez *Délits de police.*

« Les ventes ordinaires de comestibles sont exceptées de la défense d'ouvrir les boutiques le décadi et les jours de fêtes nationales. *Loi du 17 thermidor an 6, article 8.* » (B. 216. - N.º 1943.)

Si l'ouverture de ces boutiques est permise, c'est par des considérations sur la nécessité des choses indispensables à l'approvisionnement des citoyens. Cette même nécessité est un motif suffisant pour les administrations et les Commissaires près d'elles, d'empêcher la clôture affectée de ces mêmes boutiques, dans les jours de la décade qui correspondraient aux jours fériés de l'ancien calendrier. *Lettre du Ministre de la police, du 26 Frimaire an 7.* Voyez l'article *Annuaire*, § 1.

COMMISSAIRES DU DIRECTOIRE EXÉCUTIF.

« Le Directoire exécutif surveille et assure l'exécution des lois dans les administrations et tribunaux, par des Commissaires à sa nomination. *Constitution, art.* 147.

» Il nomme auprès de chaque administration départementale et municipale, un Commissaire qu'il révoque lorsqu'il le juge convenable. *Idem, art.* 191.

» Ce Commissaire surveille et requiert l'exécution des lois, *ibid.*

» Le Commissaire près de chaque administration locale doit être pris parmi les citoyens domiciliés depuis un an dans le département où cette administration est établie. Il doit être âgé de 25 ans au moins. *Idem, art.* 192.

» Les Commissaires près les administrations tant municipales que départementales, résideront dans le lieu où l'administration tiendra ses séances. *Loi du 21 Fructidor an 3, art.* 14. » (B. 185. - N.º 1128.)

Cependant, « les Commissaires du Pouvoir exécutif près les administrations municipales, dont les chefs-lieux n'ont qu'une population de deux mille ames et au-dessous, ne sont pas tenus de résider dans les chefs-lieux, mais seulement dans le canton. *Loi du 11 Pluviose an 4.* (B. 23. - N.º 150.) Voyez *Résidence.*

» Le commissaire du Directoire assiste à toutes les délibérations, et il n'en sera pris aucune qu'après qu'il aura été ouï.

» En cas de maladie et autres empêchemens momentanés, l'administration nommera un de ses membres pour le suppléer provisoirement.

» Le commissaire du Pouvoir exécutif, ou celui qui en remplira les fonctions, n'aura en aucun cas voix délibérative. *Loi du 21 Fructidor, art. 16.*

Voyez pour les différentes attributions de ces fonctionnaires publics, tous les mots cités dans l'ouvrage.

COMMISSAIRES DES GUERRES.

« En cas de décès d'un ordonnateur en chef, ou lorsque, pour toute autre cause que ce soit, autre que celle d'extrême urgence pour son départ, il y aura lieu d'apposer les scellés sur ses papiers, l'ordonnateur en chef le plus à portée, et pour tous les autres Commissaires des guerres, celui, aussi de quelque grade qu'il soit, qui sera le plus à portée, sera tenu, sur l'avertissement qui lui aura été donné par *l'Agent national du district* ou de la commune du lieu (représenté actuellement par le Commissaire près l'administration centrale ou municipale) de se rendre aussi-tôt sur les lieux, pour retirer les papiers et les lois, en vérifier l'inventaire en présence du juge de paix et de deux officiers municipaux. *Loi du 28 Nivose an 3, section première, article 5.* (B. 116. N.º 611.)

« Tout citoyen âgé de vingt-cinq ans accomplis, d'un civisme, d'une capacité et d'une probité reconnus, ayant servi dans la garde nationale depuis le commencement de la révolution, ou dans les armées, soit dans les troupes, soit dans les administrations relatives à leurs services, qui se croira propre à remplir les fonctions de commissaire des guerres, sera tenu de se présenter au chef-lieu de la division militaire de sa résidence, et de remettre son mémoire en demande d'une place de commissaire des guerres, à *l'Agent de l'administration principale*. Celui-ci en informera l'ordonnateur de la division qui désignera trois commissaires pour se trouver au jour et à l'heure indiqués dans le lieu des séances de l'administration principale. Ils y conféreront publiquement avec l'aspirant, en présence de l'administration ; et à ce défaut, en présence de la municipalité du lieu, sur les principales bases de l'administration militaire, ils feront tenir à l'aspirant, sans déplacer, procès-verbal en forme de conférence ; ce procès-verbal sera fait en double, et signé en conséquence par les examinateurs et l'aspirant. *Même loi, sect.* 2, *art.* 15. »

COMMISSAIRES DE POLICE.

Outre les fonctions de la police administrative, ils exercent celles de la police judiciaire relativement à tous les délits commis dans leurs arrondissemens respectifs, dont la peine n'excède pas une amende égale à la valeur de trois journées de travail, ou trois jours d'emprisonnement. *Loi du* 3 *Brumaire an* 4, *art.* 28. (B. 204. - N.° 1211.)

» Ils sont chargés de les dénoncer au Commissaire du Directoire près l'administration municipale, lequel fait citer les prévenus devant le tribunal de police. *Même loi, art.* 29. Voyez *Délits de police.*

« Lorsqu'un commissaire de police d'une même commune se trouve légitimement empêché, celui de l'arrondissement le plus voisin est personnellement tenu de le suppléer.

» Le Commissaire du Pouvoir exécutif près l'administration municipale, lui fait, au besoin, toutes réquisitions nécessaires à cet effet, et il est tenu d'y déférer. *Même loi, art.* 33.

» En cas de difficulté sur la nature de l'empêchement, ou sur la désignation du suppléant, l'administration municipale en décide ; mais la réquisition du Commissaire du Pouvoir exécutif s'exécute provisoirement. *Même loi, art.* 34.

» Le Commissaire du Directoire exécutif est tenu de dénoncer à l'administration municipale, le commissaire de police qui refusera d'accompagner le garde forestier dans la perquisition des bois en délit ou volés. *Arrêté du Directoire, du 4 Nivose an 5.* (B. 98. - N.º 923.) » Voyez *Bois* et *Délits forestiers*.

COMMISSAIRES RÉPARTITEURS DES CONTRIBUTIONS. Voyez *Contributions* et le *Manuel des Agens municipaux*.

C O M M U N E S.

« Chaque commune est responsable des délits commis à force ouverte ou par violence, sur son territoire, par des attroupemens ou rassemblemens armés ou non armés, soit envers les personnes, soit contre les propriétés nationales ou privées, ainsi que des dommages-intérêts auxquels ils donneront lieu. *Loi du 10 Vendémiaire an 4, tit. 4, art. 1.ᵉʳ* (B. 188. - N.º 1142.)

» Le Commissaire du Pouvoir exécutif près l'administration centrale, dans le territoire duquel il aurait été commis des délits à force ouverte et par violences sur des propriétés nationales, en poursuivra la réparation et les dommages-intérêts devant le tribunal civil du département. *Même loi, tit. 5, art. 3.* »

La loi du 24 messidor an 7, sur la répression du brigandage dans l'intérieur (B. 295. N.º 3139.) abroge celle du 10 vendémiaire, seulement quant à la responsabilité établie entre les communes.

C O M P A R U T I O N.

« La citation pour comparaître devant le tribunal de police, est donnée à la requête du Commissaire du Pouvoir exécutif près l'administration municipale. *Loi du 3 Brumaire an 4, art. 153.* (B. 204. - N.º 1221.)

» La citation est donnée à jour et heure fixes.

» Il ne peut y avoir entre la citation et la comparution, un intervalle moindre de vingt-quatre heures. *Même loi, art. 157.*

» Si la personne ne comparaît pas au jour et à l'heure

fixés par la citation, elle est jugée par défaut. *même loi, art. 158.* Voyez *Défaut* et *Tribunal de police.*

COMPTABLES ET COMPTABILITÉ.

» En cas de faillite, évasion ou abandon par toute autre cause, des fonctions d'aucuns des receveurs, trésoriers, encore en activité, il sera procédé, à la requête des procureurs-syndics de districts, (des commissaires près les administrations,) à l'apposition des scellés et à l'inventaire des meubles, titres, papiers desdits comptables, en la manière ordinaire. *Loi du 11 août 1792, art. premier.*

» La situation de tous comptables décédés, faillis ou qui abandonneront leurs fonctions, sera constatée, et les poursuites nécessaires pour le recouvrement seront faites, ainsi qu'il est prescrit à l'égard des receveurs de district par l'article 15 (1) de la loi du 24 novembre 1790. *Même loi, art. 5.*

» Les poursuites et diligences relativement à la comptabilité ancienne, seront faites à la réquisition et sur les arrêtés, états ou actes déclaratifs des commissaires de la comptabilité ; savoir, celles pour la représentation des comptes par les *commissaires du Pouvoir exécutif* établis près les administrations départementales, et celles pour la rentrée des débets et recouvrement par la trésorerie nationale. *Loi du 18 frimaire an 4, art. 6 (B. 11. -- n°. 52. »*

Une loi du 21 ventose an 4, (B. 31. - n°. 226.) avait établi l'obligation où étaient tous les personnes qui ont touchés des fonds publics, de remettre aux caisses na-

---

(1) Cet article est ainsi conçu :

« En cas de faillite ou de fuite d'aucun desdits receveurs, il sera procédé à la requête du *procureur-syndic*, par les officiers du tribunal du district, à l'apposition des scellés, comme aussi à la vérification de la situation de la caisse du receveur ; et si d'après le résultat de ladite vérification, il existe un débet, les poursuites nécessaires pour le recouvrement des deniers divertis seront faites devant le tribunal de district à la diligence du *procureur-syndic.* »

tionales le reliquat desdites sommes étant entre leurs mains. Il était indispensable de prendre les mesures nécessaires pour connaître ceux qui manqueraient à ce devoir et pour les contraindre à le remplir.

En conséquence, le Corps législatif a ordonné par une loi du 23 ventose an 4, (B. 31. — n°. 230.) qu'il serait fait à la trésorerie nationale un état nominatif des personnes qui, soit en leur nom particulier, soit comme membres ou agens des compagnies, ont touché des sommes dans les caisses publiques ; et que cet état serait reporté à l'année 1790, (*v. st.*) et serait continué jusqu'à ce jour.

« Il sera envoyé des copies de cet état, (porte l'article 4 de cette loi,) aux *commissaires du Pouvoir exécutif* près les administrations départementales, lesquels seront tenus de faire, en conformité de la loi du 18 frimaire dernier, (ci-dessus relatée) à l'égard des individus et compagnies mentionnés audit état, et demeurant dans l'étendue du département, toutes les poursuites et diligences nécessaires pour s'assurer que lesdits individus et compagnies ont rendu leur compte et en ont soldé le reliquat, ou à défaut de l'avoir fait, les y contraindre. »

« Le droit d'hypothèque au profit de la nation, sur les comptables de deniers publics, pour raison de leur gestions, et sur leurs cautions, à l'égard des biens servant à leur cautionnement, sera inscrit sur la simple représentation de deux bordereaux, contenant,

» 1°. Les nom, prénoms et profession du requérant ainsi que le domicile par lui ou pour lui élu dans l'étendue du bureau où l'inscription sera requise ;

» 2°. Les nom, prénoms et profession et domicile du débiteur, ou désignation suffisante pour que le conservateur des hypothèques puisse reconnaître et distinguer dans tous les cas, l'individu grevé ;

» 3°. La nature du droit qu'il s'agit de conserver, et l'époque où il a pris naissance, sans être tenu d'en déterminer le montant.

» Ces inscriptions seront reçues, sans aucune avance

des salaires du conservateur, et sauf son recours contre le grevé. *Loi du* 11 *brumaire an* 7 *, art.* 21. (B. 238. -- nᵒ. 2137.)

« Les commissaires du Directoire exécutif prés les administrations centrales de département , requerront d'office les inscriptions indéfinies sur les comptables et sur leurs cautions à l'égard des biens servant de caution- nement. *Même loi , art.* 22.

Modèle des bordereaux pour la réquisition de ces inscrip- tions.

INSCRIPTION requise par le commissaire du Direc- toire exécutif près l'administration centrale du départe- ment de .... qui fait élection de domicile au secré- tariat de ladite administration. (1)

Sur les biens situés dans l'étendue du bureau des hy- pothèques établi à (*énoncer la commune dans laquelle la résidence du conservateur est fixée,*) département de ... et actuellement appartenant à (*mettre les nom , prénoms et indiquer les fonctions du comptable sur les biens desquels l'inscription est requise.*)

Pour sûreté des créances qui pourront résulter au profit de la République, de la gestion que ledit (*répéter le nom du comptable*) a des deniers publics.

« L'effet de ces inscriptions , sur ces comptables et leurs cautions , subsiste jusqu'à l'apurement définitif des comptes, et six mois au-delà. » *Même loi , art.* 23. Voyez *Hypothèques.*

COMPTABILITÉ DES ADMINISTRATIONS. Voyez *Recettes et Dépenses.*

____

(1) Lorsque le commissaire requerra l'inscription dans un bu- reau autre que celui fixé à la résidence de la commune, chef-lieu de l'administration centrale, il devra élire ce domicile dans l'é- tendue du bureau, et pourra choisir à cet effet, le secrétariat de l'administration municipale du canton où sera situé le bu- reau des hypothèques.

CONFISCATIONS

CONFISCATIONS. Voyez *Amendes* et *Biens con-fisqués*.

CONFLIT D'ATTRIBUTION.

« En cas de conflit d'attribution entre les autorités judiciaires et administratives, il sera sursis jusqu'a décision du ministre, confirmée par le Directoire exécutif, qui en référera, s'il est besoin, au Corps législatif.

» Le Directoire exécutif est tenu, dans ce cas, de prononcer dans le mois. » *Loi du* 21 *fructidor an* 3, *art.* 27. (B. 185. -- n°. 1128.)

CONGÉS. Voyez *Locations*.

CONGÉS MILITAIRES.

« Les militaires qui auront obtenu des congés limités, ne pourront, sous quelque prétexte que ce soit, autre que celui de maladie bien et dûment constatée, obtenir de prolongations, et seront tenus, sous les peines déterminées par les lois, de rejoindre aussitôt après l'expiration de leurs congés. *Loi du* 23 *thermidor an* 3, *art.* 9. (B. 171. -- n°. 1021.)

« Ils seront tenus, à leur arrivée dans les lieux où ils devront passer le temps de leurs congés, de se présenter tant à la municipalité, qu'aux généraux, commandans de place, ect. à l'effet de faire viser les congés dont ils sont porteurs. *Même loi*, *art.* 10.

« Les autorités civiles et militaires tiendront la main, sous leur responsabilité, au départ des militaires dont les congés sont expirés. *Même loi*, *art.* 11.

« Il est interdit à toute autorité quelle qu'elle soit, sous peine de destitution, d'accorder aucun congé limité. *Même loi*, *art.* 12. »

« L'examen des passe-ports et congés des militaires ou autres citoyens employés près les armées, est directement confié à la gendarmerie nationale et aux *commissaires du Directoire exécutif*, près les administrations

Manuel des Commissaires du Directoire.   E

centrales et municipales. » *Loi du 4 frimaire an 4, art.* 1er. (B. 6. -- n°. 32.)

La loi du 23 fructidor an 6, (B. 225. -- n°. 1997.) enjoint aux français mis en requisition et appelés à la défense de la patrie par l'article 8 de la loi du 23 août 1793, de se rendre sans délai aux armées.

Par l'article 2 de cette même loi, « sont dispensés de rejoindre ceux qui sont porteurs de congés absolus. »

On ne doit considérer comme congés absolus et de réforme, que ceux délivrés tant par le ministre de la guerre que par les conseils d'administration des corps. Ceux qui auraient été délivrés par d'autres autorités, et qui ne seraient pas revêtus du *visa* ou du timbre du ministre de la guerre, doivent être considérés comme nuls et non avenus. *Circulaire du ministre de la guerre, du 11 vendémiaire an 7.* Voyez *Dispenses de service.*

CONSCRIPTION MILITAIRE.

« Hors le cas du danger de la patrie, l'armée de terre se forme par enrôlement volontaire, et par la voie de la *conscription militaire. Loi du 19 fructidor an 6, art. 3.* (B. 223. -- n°. 1995.)

» Le Corps législatif fixe par une loi particulière, le nombre des *défenseurs conscrits* qui doivent être mis en activité de service. *Même loi, art. 4.*

» La *conscription militaire* comprend tous les français depuis l'âge de vingt ans accomplis jusqu'à celui de vingt-cinq ans révolus. *Même loi, art. 15.* »

Pour procéder avec ordre sur un objet spécialement confié à la surveillance des commissaires près les administrations tant centrales que municipales, nous mettons sous leurs yeux les dispositions concernant,

1°. Les exceptions;

2°. La division des conscrits en cinq classes;

3°. La formation des tableaux des cinq classes;

4°. Le mode de la mise en activité des classes des conscrits.

5°. Les peines contre ceux qui ne se seront pas faits inscrire.

6°. La délivrance des congés absolus aux conscrits.

7°. La mise en activité de 200,000 défenseurs conscrits.

Ces dispositions seront comprises et divisés en autant de paragraphes, et nous ajouterons à chacune d'elles, les décisions et circulaires des ministres, pour en faciliter l'exécution.

§ Ier.

Exceptions de la Conscription.

Art. XVI. « Ne sont pas compris dans la *conscription militaire*,

1°. » Les français de l'âge de *vingt ans* accomplis jusqu'à celui de *vingt-cinq ans* révolus, qui appartiennent à l'armée de terre ; »

Il faut observer que tout homme qui a déjà servi, et qui n'est point porteur de congé absolu, n'a point cessé d'appartenir à l'armée, et qu'il ne doit point faire partie de la conscription. Il doit suivre la destination donnée aux réquisitionnaires et aux déserteurs de l'intérieur. *Lettre du ministre de la guerre, du* 14 *frimaire an* 7.

Les administrations municipales observeront que les jeunes gens qui ont été appelés à la défense de la patrie par la loi du 23 août 1793, sont compris dans cette exception, comme appartenant à l'armée de terre. *Instruction du même ministre, du premier jour complémentaire an* 6.

« 2°. Ceux du même âge qui étaient mariés avant le 23 nivose dernier ;

» 3°. Ceux du même âge qui, ayant été mariés avant la même époque, seraient devenus veufs, ou seraient divorcés, pourvu qu'ils ayent des enfans.

» 4°. Ceux du même âge qui étaient officiers ou sous-officiers, et qui ont été renvoyés comme surnuméraires ; mais ils restent dans l'obligation de rejoindre, jusqu'à ce qu'ils ayent quatre années de service effectif, ou qu'ils ayent dépassé l'âge de la conscription. Le temps qu'ils passent dans leurs foyers, compte comme service effectif ; et lorsqu'ils sont rappelés, ils ne peuvent être contraints à servir que dans le grade qu'ils avaient déjà ; »

Les officiers de santé de l'âge de la conscription, retirés dans leurs foyers avec un congé légal, étant assimilés par la loi du 11 brumaire an 6, (B. 155. - n°. 1529.) aux officiers du grade correspondant à celui dans lequel ils exerçaient leurs fonctions, doivent être compris dans cette exception, et par conséquent ils n'ont pu et ne peuvent être compris ni inscrits en qualité de conscrits. *Lettre du ministre de la guerre, du 6 brumaire an 7.*

« 5°. Ceux du même âge qui sont porteurs de congés absolus. Ceux qui n'auraient obtenu des congés absolus que comme ayant été indûment forcés de prendre les armes avant l'âge de la réquisition, ne sont pas dispensés de la conscription militaire ; ils doivent, au contraire, y être compris d'après leur âge ; mais le temps de service qu'ils auraient déjà fait leur sera précompté ; »

De manière que s'ils avaient déjà servi quatre ans, ils ne pourront être rappelés. *Instruction du premier jour complémentaire, tit. 2.*

Les jeunes gens de la conscription qui auraient servi moins de quatre ans, et qui auraient obtenu un congé absolu, seront également portés sur les tableaux de conscription de leur classe, jusqu'à ce qu'ils ayent complété leurs quatre années. *Même instruction.*

« 6°. Ceux du même âge qui sont, d'après les lois, destinés ou employés au service de la marine, inscrits, immatriculés ou brevetés comme tels ; mais ceux qui cesseraient d'appartenir au service de la marine avant l'âge de 25 ans révolus, rentreront et seront compris dans la conscription militaire pour l'armée de terre. »

Les conscrits de toutes les classes ne peuvent être admis au service de la marine, s'ils ne sont, d'après les lois, destinés ou employés à ce service, inscrits ou immatriculés comme tels. *Lettre du ministre de la guerre, du 27 vendémiaire an 7.*

§ I I.

Division des Conscrits en cinq classes.

Art. XVII. « Les défenseurs conscrits sont divisés en cinq classes. Chaque classe ne comprend que les conscrits de la même année ; la première classe se compose des français qui, au 1er. vendémiaire de chaque année, ont commencé leur vingtième année ;

» La seconde classe se compose de ceux qui, à la même époque, ont terminé leur vingt-unième année.

» La troisième classe comprend ceux qui, à la même époque, ont terminé leur vingt-deuxième année, ainsi de suite, classe par classe, année par année. »

Ainsi les administrations municipales ne comprendront dans la première classe, que les jeunes gens nés depuis et compris le 22 septembre 1777, jusques et compris le 21 septembre 1778,

Dans la seconde, que ceux nés depuis et compris le 22 septembre 1776, jusques et compris le 21 septembre 1777 ;

Dans la troisième, que ceux nés depuis et compris le 22 septembre 1775, jusques et compris le 21 septembre 1776.

Dans la quatrième, que ceux nés depuis et compris le 22 septembre 1774, jusques et compris le 21 septembre 1775.

Et dans la cinquième, que ceux nés depuis et compris le 22 septembre 1773, jusques et compris le 21 septembre 1774. *Instruction du premier jour complémentaire an 6.*

Les individus qui ont atteint la 25e. année, jusques et compris le 21 septembre 1773, sont de la quatrième classe, et doivent composer le tableau. *Lettre du ministre de la guerre, du 13 brumaire an 7.*

On ne doit pas comprendre dans les quatrième et cinquième classes les jeunes gens qui , par leur âge, appartiennent à la réquisition , et qui doivent rejoindre l'armée , s'ils ne sont porteurs de titres en règles qui les autorisent à rester dans leurs foyers. Tout réquisitionnaire qui en est porteur n'est point sujet à la conscription , parce que dans le cas où son titre viendrait à être annullé , il rentrerait dans les dispositions de la loi du 23 août 1793 , et des lois subséquentes rendues sur le même objet.

Il ne doit donc être porté sur le tableau de la quatrième classe que les jeunes gens originaires ou domiciliés du département , qui sont nés depuis et compris le 21 septembre 1775 , jusques et compris en rétrogadant le 24 août même année : le surplu de la quatrième classe , ainsi que la cinquième , ne doit être composé que des jeunes gens nés dans les départemens réunis à la République par la loi du 9 vendémiaire an 4 , qui auraient fixé leur domicile dans un autre département. Cette mesure est nécessaire à leur égard , puisque la loi sur la réquisition n'a pas été mise à exécution dans ces départemens. *Lettre du ministre de la guerre , du* 14 *frimaire en* 7.

Art. XVIII. « Il n'est apporté , dans le cours de l'année , aucun changement dans la division des classes , de manière que le français qui a terminé sa vingtième année , n'est compris dans la conscription militaire que le premier vendémiaire suivant , et que celui qui terminé sa vingt-cinquième année , y reste compris jusqu'à la même époque. »

De manière que le français qui n'aurait que vingt ans moins un jour au 1er. vendémiaire prochain , ne pourrait pas être compris dans la conscription ; l'année suivante , à la même époque , il ne sera compris que dans la première classe , comme n'ayant que vingt-un ans moins un jour ; et quand il sera parvenu à la cinquième classe il restera dans la conscription jusqu'au 1er. vendémiaire suivant , quoiqu'il ait terminé sa vingt-cinquième année le lendemain du jour où il aura été compris au tableau de la cinquième année.

L'âge du conscrit ne sera compté que relativement à l'époque du 1er vendémiaire de chaque année, et non pas relativement à l'époque de la formation des tableaux: ainsi, le tableau ne doit pas indiquer l'âge de l'individu, au jour de l'inscription, mais il doit indiquer l'âge qu'avait ce même individu le premier vendémiaire de ladite année.

Art. XIX. « Les défenseurs conscrits de toutes les classes sont attachés aux divers corps de toutes les armes qui composent l'armée de terre ; ils y sont nominativement enrôlés et ne peuvent se faire remplacer. »

Art. XX. « D'après la loi qui fixe le nombre des défenseurs conscrits qui doivent être mis en activité de service, les moins âgés dans chaque classe sont toujours les premiers appelés pour rejoindre leurs drapeaux. Ceux de la seconde classe ne sont appelés aux corps que quand ceux de la première classe sont tous en activité de service, ainsi de suite, classe par classe. »

Art. XXI. « Il est délivré aux défenseurs conscrits dans la cinquième classe, non en activité de service, des congés absolus dans le cours du mois de vendémiaire qui suit l'époque à laquelle ils ont terminé leur vingt-cinquième année ; ceux qui sont en activité de service reçoivent, en temps de paix, leurs congés absolus à la même époque ; ils sont, en temps de guerre, soumis aux lois de circonstance rendus sur les congés. »

Art. XXII. « La solde n'est payée aux défenseurs conscrits que lorsqu'ils sont en activité de service. »

Art. XXIII. « Les défenseurs conscrits attachés à un corps, mais non en activité de service, continuent à exercer leurs droits politiques de citoyen, et font le service de la garde nationale sédentaire ; ils ne sont soumis aux lois militaires que lorsqu'ils sont désignés pour entrer en activité de service. »

E 4

§ III.

Formation des tableaux de conscription.

Art. XXIV. « Dans le mois de la publication de la présente loi, il sera formé par les administrations municipales de commune et de canton, des tableaux, sur lesquels seront inscrits tous les français de leur arrondissement, qui, en vertu des titres précédens, sont compris dans la conscription militaire pour l'armée de terre.

» Ces tableaux seront faits classe par classe; et chacun d'eux ne comprendra que les conscrits d'une même classe; ils indiqueront les nom, prénoms, l'an, le mois, le jour de naissance, la taille, la profession et la commune du domicile du conscrit.

Art. XXV. « Avant l'expiration du même mois, les administrations municipales adresseront aux administrations centrales de département, des copies certifiées de ces tableaux.

Art. XXVI. « D'après ces tableaux particuliers, et dans le mois suivant, les administrations centrales formeront également, classe par classe, dans la même forme et avec les mêmes indications, les tableaux généraux des conscrits de leurs départemens respectifs, et elles en enverront, sans délai, des copies certifiées au ministre de la guerre.

Art. XXVII. « A l'avenir, chaque année, dans la première décade de vendémiaire, les administrations municipales dresseront, dans la même forme, le tableau des français de leurs arrondissemens respectifs, qui dans le courant de l'année précédente auront terminé la vingt-unième année; après quoi elles délivreront des congés absolus à ceux des conscrits qui, n'étant pas en activité de service, auront, à cette époque, terminé leur vingt-cinquième année.

Art. XXVIII. « Dans le courant de vendémiaire de chaque année, les administrations municipales adresseront aux administrations centrales de leurs départemens respectifs, des copies certifiées du tableau prescrit par l'article précédent.

Art. XXIX. « D'après ces tableaux particuliers, et dans le courant de brumaire de chaque année, les administrations centrales de département formeront, dans le même ordre, dans la même forme, et avec les mêmes indications, le tableau général des défenseurs conscrits de leurs départemens respectifs, et en adresseront des copies certifiées au ministre de la guerre.

Art. XXX. « Si les administrations municipales ou de département négligeaient de former et d'envoyer les tableaux de conscription dans les délais et formes indiqués par la présente loi, il sera nommé des commissaires extraordinaires pour la confection de ces tableaux : ces commissaires seront payés, et les frais en seront supportés personnellement par les administrateurs des communes, cantons ou départemens en retard.

« Ces commissaires extraordinaires seront nommés, et leur paiement sera réglé et ordonné par voie administrative ; savoir, par les administrations centrales, contre les administrations municipales, et par le ministre de la guerre, contre les administrations centrales.

« Et néanmoins, afin que la République ait toujours le même nombre de défenseurs conscrits, la cinquième classe des conscrits dans les communes, cantons ou départemens en retard, ne sera dégagée de l'obligation de service que du moment où le tableau de la première classe aura formée.

Art. XXXI. « Les français qui à l'époque de la formation des tableaux seront absens de leur domicile ordinaire, y seront conscrits comme présent, à moins qu'ils ne déclarent à l'administration municipale qu'ils préfèrent être conscrits sur les tableaux du lieu de leur nouveau domicile, et qu'ils ne justifient de leur conscription, »

Les conscrits présens ou dont l'absence n'est que momentanée, doivent être compris sur les tableaux ; ceux qui ont établi leur domicile dans une autre commune que celle où ils sont nés, devant y être portés, s'ils sont dans ce cas. Cette précaution est nécessaire pour éviter les doubles emplois qui seraient très-nuisibles aux intérêts des conscrits, et qui ne donneraient qu'une force fictive au lieu d'une force réelle, que le Corps législatif et le Gouvernement desirent de connaître. *Lettre du ministre de la guerre, du 14 frimaire an 7.*

XXXII. » Ceux qui négligeraient ou refuseraient de se présenter pour se faire conscrire et donner aux administrations municipales, tous les renseignemens sur leur nom, prénom, âge, taille, profession et lieu de naissance, pourront être inscrits au tableau de la première classe, comme n'ayant que vingt ans un jour, et par conséquent comme étant les premiers à marcher.

XXXIII. » Les tableaux particuliers des cantons et des communes resteront publics au secrétariat des administrations centrales : tout citoyen aura le droit d'en prendre communication, et de réclamer contre les omissions.

XXXIV. » Tout conscrit pourra également réclamer contre les erreurs qui auraient été commises à son préjudice ; mais dans ce dernier cas, les réclamations ne pourront être faites que dans le mois qui suivra la confection du tableau de canton et de commune contre lequel on réclamera ; après ce délai aucune réclamation ne sera reçue : celles qui auront été faites dans le délai prescrit, seront jugées administrativement et sans délai par les administrations centrales de département, sur l'avis des administrations municipales.

» Leurs décisions seront provisoiremens exécutées, sauf le recours au ministre ou au Directoire exécutif, dans les formes prescrites par la Constitution.

» Il sera dans tous les cas donné avis de ces décisions au ministre de la guerre, afin qu'il puisse faire sur les tableaux qu'il a en main, les rectifications nécessaires, s'il y a lieu.

XXXV. » Tous les trois mois les administrations municipales feront parvenir aux administrations centrales de département, l'état des conscrits qui seraient morts dans l'intervalle d'un trimestre à l'autre : cet état indiquera les noms, prénoms, l'an, le mois, le jour de naissance, le canton du domicile de ceux qui sont morts. D'après ces états, les administrations centrales feront, sur le tableau général des conscrits du département, les changemens nécessaires, et les renverront ensuite au ministre de la guerre, qui en prendra note sur le tableau général des conscrits de la République.

XXXVIII. » En l'an 7, aussitôt après la formation du tableau général des défenseurs conscrits de la République, le ministre de la guerre fera, classe par classe, la répartition de ces défenseurs dans les différentes armes et dans les différens corps, eu égard à leur incomplet respectif; en telle sorte que dans chaque corps il se trouve des conscrits de tous les âges et de toutes les classes.

» Les années suivantes, le ministre de la guerre ne répartira que les nouveaux conscrits formant la première classe entrante, en remplacement de la cinquième classe.

XXXIX. » Le ministre de la guerre adressera sans délai aux administrations centrales de département, l'état de répartition des défenseurs conscrits de leurs départemens respectifs dans les divers corps de l'armée : cet état indiquera l'arme et le corps auxquels seront attachés les défenseurs conscrits.

XL. » Les administrations centrales feront imprimer cet état de répartition; elles l'adresseront aux administrations municipales pour le publier et afficher; elles en enverront des exemplaires à toutes les autorités civiles et militaires.

XLII. » Si, pour maintenir les différens corps de même arme sur un pied à-peu-près égal, les circonstances exigeaient des mutations dans cette répartition, le ministre de la guerre pourra changer la destination déjà donnée aux défenseurs conscrits; mais, en ce cas, il leur en sera donné avis sans délai par l'intermédiaire des admindistrations centrales et municipales de leur domicile.

XLIII. » Les états de répartition faits et adressés par le ministre de la guerre, conformément aux articles 38 et 39, ainsi que les états de mutation qu'il pourrait faire et envoyer, conformément à l'article précédent; seront déposés aux archives du département, et soigneusement gardés pour y recourir au besoin.

§ I V.

Mode de la mise en activité des classes des conscrits.

XLIV. » Lorsqu'une loi aura ordonnée une levée de défenseurs conscrits, et fixé le nombre de ceux qui doivent être mis sur pied, le Directoire exécutif se fera représenter, par le ministre de la guerre, le tableau général des défenseurs conscrits de toute la République ; il les comptera, en commençant par les moins âgés, conformément à l'article 20, jusqu'à concurrence du nombre dont la levée aura été ordonnée ; il prendra le nom du conscrit qui, par cet ordre se trouvera le dernier appelé, comme étant le plus âgé de tous ceux qui doivent être sur pied.

» Les nom, prénom, le canton, le département du domicile, l'an, le mois, le jour de naissance de ce conscrit, seront solennellement publiés dans toute la République par une proclamation du Directoire exécutif.

XLV. » Aussitôt que le nom et l'âge de ce conscrit auront été ainsi proclamés, tous les conscrits de la République, du même âge ou d'un âge inférieur, séront censés appelés par la loi, et seront en conséquence obligés de joindre leurs drapeaux.

XLVI. » A cet effet, les administrations centrales de département, sur le tableau général des conscrits de leurs départemens respectifs, feront le relevé et formeront la liste de tous ceux qui seront tenus de joindre, comme étant d'un âge égal ou inférieur à celui du conscrit dont le nom et l'âge auront été proclamés par le Directoire exécutif.

XLVII. Ces listes seront adressées par les administrations centrales aux administrations municipales pour être solennellement publiées et affichées ; il en sera également envoyé des copies à tous les tribunaux et à toutes les autorités civiles et militaires du département.

» Les administrations municipales et les tribunaux les feront enregistrer, pour y recourir au besoin.

XLVIII. » Les défenseurs conscrits, compris dans ces

listes, qui ne se trouveraient pas dans la commune où ils ont été conscrits à l'époque où ces listes sont publiées et affichées, ne pourront pas se prévaloir de leur absence pour se soustraire aux obligations et aux peines imposées par la présente loi.

XLIX. » Les *Commissaires du Directoire exécutif* près les administrations centrales de département, sont expressément chargés de faire partir, d'après les ordres et instructions du ministre de la guerre, les défenseurs conscrits appelés par la loi; ils correspondront à cet égard avec les Commissaires du Directoire exécutif près les administrations municipales, et les uns et les autres feront toutes les réquisitions qu'ils jugeront convenables aux autorités civiles et militaires.

L. » Nulle autorité constituée, nulle administration civile ou militaire ne peut mettre en réquisition, ni retenir pour un emploi quelconque, un conscrit qui, d'après son âge, doit entrer en activité de service : n'est pas même, à cet égard, réputé service militaire, celui de commis ou employés dans les bureaux des ministres, dans ceux des commissaires des guerres ou autres administrateurs, entrepreneurs ou agens militairqs.

LI. » Les demandes de dispense, pour cause d'infirmité ou d'incapacité de servir, seront faites et jugées dans les formes qui seront établies par une loi particulière; mais ceux qui les formeront devront toujours être compris dans les tableaux de la conscription militaire. Voyez *Dispenses de Service.*

LII. » Les conscrits voyageant dans l'intérieur de la République se muniront de passeports, qui indiqueront la classe des conscrits dans laquel ils sont compris et le corps auquel ils sont attachés.

» Ceux qui fixeront leur domicile dans un département autre que celui où ils auront été conscrits, seront tenus de faire connaître, tous les six mois, le lieu de leur nouvelle résidence à l'administration municipale du canton ou de la commune où ils ont été conscrits.

§ V.

*Dispositions pénales contre les conscrits appelés par la loi,
qui n'auront pas joint leurs drapeaux.*

LIII. » Les conscrits appelés par la loi, qui ne se seront pas rendus à leurs corps dans le délai prescrit, ne pourront pas être compris au rôle de la garde nationale sédentaire; s'ils y sont déjà inscrits, ils en seront rayés, et en conséquence, ils seront privés de l'exercice des droits de citoyen : ils seront en outre poursuivis et punis comme déserteurs; leur signalement sera adressé, par le ministre de la guerre transmettra à tous les chefs de division de gendarmerie de la République.

LIV. » A compter du 1.er nivose an 7, nul français ayant été ou étant sujet à la conscription, ne sera admis à l'exercice des droits de citoyen, dans aucune assemblée politique, ni à aucun service salarié des deniers de la République, s'il ne rapporte 1.º un extrait authentique de sa conscription; 2.º un certificat des administrations municipale et centrale du département de son domicile, constatant qu'il n'a pas été appelé pour être mis en activité de service aux armées de terre, conformément à la présente loi, ou un certificat du conseil d'administration de son corps, qui prouve qu'il est en activité de service, ou un congé absolu en bonne forme, ou une dispense légale de service.

LV. « A compter de la même époque, nul français, dans le cas de l'article précédent, ne sera admis à recueillir une succession, en tout ou partie, soit en ligne directe, soit en ligne collatérale, ni à recevoir directement ni indirectement aucun legs, pensions, donations, institutions ou autres avantages de quelque nature qu'ils soient, qu'en satisfaisant aux conditions prescrites par l'article précédent.

LVI. » Tous ceux qui signeront de faux certificats, seront considérés comme fauteurs et complices de désertion, et punis de cinq années de fers.

LVII. » En cas de réforme, elle tombera sur les défenseurs conscrits les plus âgés. Ceux qui néanmoins voudraient continuer leur service par enrôlement volontaire, y seront admis.

LVIII. » Tout défenseur conscrit qui aurait été congédié, peut être rappelé à son tour, d'après son âge, si le besoin l'exige, et s'il n'a pas déjà fait quatre années de service ou dépassé l'âge de la conscription.

§ V I.

Délivrance des congés absolus aux conscrits.

LIX. » A l'avenir, il ne pourra être accordé des congés absolus qu'à ceux qui auront servi le temps prescrit par la présente loi, ou pour cause de blessures ou infirmités légalement constatées.

» Les signataires de congés, délivrés en contravention au présent article, seront considérés comme fauteurs et complices de désertion, et punis de cinq années de fers,

LX. » Il sera statué par une loi particulière sur les congés absolus à délivrer en temps de guerre, lorsque le Directoire exécutif fera connaître au Corps législatif que les circonstances permettent d'en délivrer : jusqu'à cette époque il n'en sera accordé que pour cause d'infirmités ou de blessures légalement constatées. »

§ V I I.

Mise en activité de service de 200,000 conscrits.

« Deux cents mille défenseurs conscrits sont mis en activité de service. *Loi du 3 vendémiaire an 7.* (B. 228. n.° 2041.)

» Les français qui, le premier du présent mois, ont terminé leur vingtième année, et qui forment en conséquence de la loi du 19 fructidor dernier la première classe des conscrits, sont appelés à l'armée active ; ils sont tenus de se rendre, aussitôt après la publication de la présente loi, aux corps qui leur seront désignés, en vertu des ordres du Directoire exécutif. » *Même loi*, *art*. 2.

On ne doit point admettre les enrôlemens volontaires des conscrits de la première classe. La loi du 19 fructidor an V veut qu'on n'admette à s'enrôler volontairement que les conscrits non appelés. *Lettre du ministre de la guerre*, *du* 13 *brumaire an* 7.

« Dans le cas où le nombre des défenseurs conscrits de la première classe ne s'éleverait à 200.000 hommes, le Directoire exécutif complètera ce nombre par les plus jeunes conscrits de la seconde classe. Il appellera ces conscrits de la manière qui lui paraîtra la plus prompte et la plus convenable. » *Loi du* 3 *vendémiaire an* 7, *art*. 3.

« Le Directoire exécutif fera connaître au Corps législatif le nombre des défenseurs conscrits de la première classe de chaque département qui auront joint l'armée active. » *Même loi*, *art*. 4.

« Les dispositions des articles 54 et 55 de la loi du 19 fructidor, (rapportés au § V ci-dessus) seront applicables à compter du 1.ᵉʳ brumaire prochain à tous les français appelés par cette loi. » *Même loi*, *art*. 5.

« Les administrations municipales enverront, dans le courant du mois brumaire prochain, aux administrations centrales, et celles-ci, dans la première décade de frimaire, au ministre de la guerre, le tableau des conscrits, qui, appelés à l'armée active par la présente loi, n'auront pas rejoint leurs drapeaux. Ces tableaux seront imprimés et affichés dans toute l'étendue de la République. » *Même loi*, *art*. 6.

Tous les jeunes gens attachés à un agent public, à une autorité, qui sont, par leur âge, dans la première classe de la conscription, sont tenus de rejoindre un corps. Ceux qui ne l'auraient pas fait au 20 frimaire, seront regardés comme déserteurs et traités comme tels. Les fonctionnaires publics auprès desquels il se trouvera, au-delà du délai déterminé, des jeunes gens de la conscription, seront sur-le-champ destitués. » *Lettre du ministre de la guerre*, *du* 1 *frimaire an* 7.

Pour

Pour l'exécution des dispositions ci-dessus le ministre de la guerre rappelle, par sa lettre du 13 nivose an 7, aux administrations municipales et aux commissaires près d'elles, les peines que la loi du 24 brumaire an 5 prononcent contre les fonctionnaires publics qui négligeraient de poursuivre les conscrits fuyards ou les individus chez lesquels ils trouveraient protection. Voyez *Désertion.*

Malgré des peines aussi sévères, et contre les conscrits fuyards, et contre ceux qui les recèlent, plusieurs conscrits des départemens limitrophes de l'Espagne, cédant aux insinuations des ennemis de la République, se rendaient en ce pays sans passeports.

Le Directoire considérant que, par une conduite aussi répréhensible, ils s'étaient constitués eux mêmes en état d'émigration, et que l'intérêt le plus pressant de la République exigeait qu'une punition prompte et éclatante prévint les progrès ultérieurs de la contagion d'un pareil exemple, a pris, le 27 vendémiaire an 7, (B. 233. n.º 2093.) l'arrêté qui suit :

ART. I.er « Les administrations centrales des départemens de la Haute-Garonne, des Pyrénées-Orientales, de l'Aude, des Hautes et Basses-Alpes et autres s'il y a lieu, prendront sur-le-champ les mesures pour que les conscrits domiciliés dans leurs arrondissemens respectifs, qui se sont retirés en pays étranger, soient, sans délai, inscrits sur la liste des émigrés.

II. » Immédiatement après l'inscription de ces individus sur la liste des émigrés, elles feront séquestrer leurs biens tant meubles qu'immeubles.

III. » Elles feront en même temps séquestrer les biens tant meubles qu'immeubles de leurs pères, mères et autres ascendans, sauf à eux à provoquer le partage réglé par les lois des 9 floréal an 3, (B. 140. - n.º 7897.) et 20 floréal an 4. (B. 48. - n.º 404.) »

La levée des 200,000 hommes ordonnée par la loi du 3 vendémiaire n'ayant pas été effectuée, le Corps législatif a ordonné par une loi du 28 germinal an 7. (B. 271. - n.º 2805.) qu'elle serait complètée par les conscrits qui ne sont pas sous les drapeaux, et par la deuxième et troisième classes.

Manuel des Commissaires du Directoire. F

Ces mesures ne suffisant pas, et les dangers de la patrie en commandant de plus énergiques, le Corps législatif a rendu, le 10 messidor an 7, une loi (B. 290. n.º 3094.) qui porte que « les conscrits de toutes les classes qui n'ont pas encore été appelés aux armées actives par les lois précédentes, sont mis en activité de service, et qu'ils seront organisés en bataillons ou en compagnies franches. »

La loi du 14 messidor an 7 (B. 291. n.º 3102.) règle que les conscrits seront réunis en bataillons dans les départemens où ils seront résidans, et organisés suivant le mode que cette loi détermine.

CONSIGNATION D'AMENDE. Voyez *Jugement du tribunal de police*

CONTRAINTE EN MATIÈRE DE CONTRIBUTIONS. Voyez *Contributions directes* et *Contribution foncière*, § VIII, n.º 3.

CONTREBANDE. Voyez *Douanes*.

CONTREFAÇON.

La loi du 19 juillet 1793 détermine trois peines contre la contrefaçon des productions de l'esprit : la confiscation de l'ouvrage contrefait, une indemnité au profit de l'auteur, et une amende envers le trésor public. Voyez le *Manuel des Agens municipaux*.

CONTRIBUTIONS.

On distingue deux espèces de contributions : les contributions directes et indirectes. Les contributions directes sont : la contribution foncière, et la contribution mobiliaire, personnelle et somptuaire. On entend par contributions indirectes, les douanes, les patentes, l'enregistrement et le timbre. *Voyez ces mots.*

Nous ne traiterons ici que des contributions directes.

CONTRIBUTIONS DIRECTES.

« Les administrateurs sont essentiellement chargés de la répartition des contributions directes, et de la surveillance de deniers provenant des revenus publics dans leur territoire; le Corps législatif détermine les règles et le mode des fonctions, tant sur ces objets que sur les autres parties de l'administration intérieure. *Constitution*, *art.* 190.

» Le Directoire exécutif dirige et surveille la perception et le versement des contributions, et donne à cet effet tous les ordres nécessaires. *Idem*, *art.* 307. »

La nécessité de développer par des lois organiques les principes posés par la Constitution, d'assurer les fonctions des corps administratifs, la direction et surveillance du Directoire exécutif, et de faire cesser les abus qui, en surchargeant les citoyens d'une multitude de frais additionnels à l'impôt, ont jusqu'ici entravé et paralysé la marche du Gouvernement, les fonctions des administrateurs et le recouvrement des contributions directes, a déterminé le Corps législatif à régulariser leur assiette et répartition par une loi du 22 Brumaire an 6, (B. 157.– N.° 1546.) qui contient les dispositions suivantes :

ART. I.ᵉʳ « Les administrations départementales et municipales feront la répartition des contributions foncière et personnelle entre les cantons et les communes de leur ressort, suivant les formes et dans les délais prescrits par les lois.

II. » Les *répartiteurs* des communes procéderont ensuite à la répartition entre les contribuables, soit par la confection ou la rectification des matrices de rôles, soit par la formation des états des mutations arrivées dans le cours de l'année.

III. » Pour tous les travaux préparatoires relatifs aux mêmes contributions, et qui seront développés dans l'instruction dont il sera parlé ci-après, il sera établi sous l'autorité du Ministre des finances, une *agence des contributions directes*.

Agence des Contributions directes.

» Elle est composée, pour chaque département, des *Commissaires du Directoire exécutif* près les administrations centrales et municipales, d'un inspecteur et des préposés aux recettes.

IV. » Les *Commissaires* près les administrations municipales sont chargés d'aider les communes dans la formation et rectification des *matrices de rôles* et *états de changemens* et de tous les travaux de préparation ou d'expédition relatifs à l'assiette, à la perception et au contentieux des contributions directes.

V. » Les préposés aux recettes seront chargés de recevoir les deniers des mains des percepteurs des communes, et de les verser dans la caisse du receveur du département, et de tout ce qui tient à l'activement des rentrées, à la suite des *contraintes* et à l'ordre de la *comptabilité*.

» Le receveur général du département est autorisé à exiger un cautionnement de ses préposés aux recettes, dont il est responsable.

VII. » L'inspecteur de chaque département sera chargé d'inspecter, tant les préposés aux recettes que les *commissaires* près les administrations municipales, de transmettre aux uns et aux autres les instructions du commissaire près l'administration centrale, et de recevoir d'eux les bordereaux et autres résultats de leurs travaux respectifs.

» Il sera en outre chargé de toutes les opérations ou contre-vérifications que le *Commissaire* près l'administration centrale jugera nécessaires.

VIII. » Les *Commissaires* près les administrations centrales de chaque département, seront chargés d'expédier les rôles d'après les matrices faites par les répartiteurs, de les faire approuver et arrêter par l'administration départementale, de fournir également aux corps administratifs, tous les renseignemens propres à préparer leurs décisions sur les contraintes et les réclamations.

IX. » Les *Commissaires* près les administrations centrales et les inspecteurs, seront tenus d'envoyer au Ministre des finances et à la trésorerie nationale, savoir : les premiers, toutes les décades, un bordereau général de recouvrement de chaque contribution ; les inspecteurs dans la première décade de chaque trimestre, le résultat des procès verbaux de vérifications faites par eux pendant le trimestre précédent.

XI. » Le Ministre des finances dirigera les *Commissaires*, les inspecteurs et les préposés aux recettes, et leur donnera toutes les instructions nécessaires pour l'exécution prompte et uniforme des lois relatives aux contributions directes.

XII. » Les divers employés de l'agence sont de plus chargés, sous la surveillance du Ministre des finances, de rassembler tous les renseignemens et matériaux propres à perfectionner l'assiette et la répartition des contributions directes.

XIII. » Toutes les dispositions des lois antérieures qui autorisaient le Directoire exécutif et les corps administratifs, à nommer des commissaires spéciaux pour suppléer aux opérations relatives à l'expédition des rôles et à la mise des rôles en recouvrement, soit les répartiteurs à prendre des agens auxiliaires, aux frais des communes, pour la rédaction des matrices de rôles, sont abrogés.

Frais de l'agence des contributions.

XV. » Les frais de l'agence créée par la présente loi, sont fixés à la somme de deux millions deux cents mille francs à prendre sur les fonds des non-valeurs des contributions foncière et personnelle.

XVI. » Le Ministre des finances fera la distribution de cette somme, 1.º entre les Commissaires des administrations centrales de département, pour frais de bureau, eu égard au nombre et à la difficulté des rôles qu'ils auront à expédier ; 2.º entre les inspecteurs pour leur traitement fixe ; 3.º entre tous les commissaires et inspecteurs, par une remise graduée à raison de l'accélération des recouvremens dans leurs arrondissemens respectifs.

XVII. » Les frais de bureau ne pourront pas excéder

4,000 francs pour un Commissaire près d'une administration centrale de département.

» Le traitement fixe des inspecteurs ne pourra pas excéder 4,000 francs.

» La remise graduée ne pourra pas excéder, savoir : 1000 francs pour les Commissaires près les administrations centrales de département, 1000 francs pour les inspecteurs, 500 francs pour les commissaires près les administrations municipales.

XVIII. » Les traitemens, les frais de bureau, les remises des Commissaires et des inspecteurs, seront payés sur l'ordonnance du Ministre des finances, approuvée par le Directoire exécutif. »

Le Directoire exécutif ayant fait connaître, par son message du 11 nivose, que la somme de deux millions deux cents mille livres fixée par l'article 15 de la loi ci-dessus, pour les frais de bureau de l'agence des contributions, était insuffisante ; que les frais de bureau des Commissaires près les départemens, chargés de la confection des rôles, étaient notoirement beaucoup trop faibles dans plusieurs départemens, et qu'il resterait trop peu de marge pour les remises que la loi a eu intention d'accorder aux Commissaires près les cantons, le Corps législatif rendit, le 21 Pluviose an VI, une loi en interprétation des articles 15, 16 et 17 de la loi du 22 Brumaire précédent. Cette loi est insérée dans le Bulletin 181. - N.º 1717.

Pour l'exécution de cette loi, le Directoire exécutif prit, le 9 Ventose an VI, un arrêté qui confirme le projet de distribution présenté par le Ministre des finances, calculé à raison du nombre des rôles à expédier dans chaque département, du nombre d'articles des rôles et des considérations locales qui rendent la confection de ces rôles et les autres travaux de l'agence plus difficiles et plus dispendieux.

Le Ministre des finances établit, par sa lettre du 26 Pluviose an 6, la démarcation suivante, entre les frais à la charge du Département, et ceux à la charge du Commissaire agent-général.

» 1.º Pour les dépenses que le Commissaire général fait en sa première qualité de Commissaire du Directoire exécutif, il ne doit être rien changé à ce qui s'observait précédemment.

» 2.º En sa qualité d'agent-général, le Commissaire est chargé de présenter à l'arrêté et à la signature de l'administration centrale, les rôles, les contraintes, les bulletins de frais, et les ordonnances de décharges et réductions; les imprimés nécessaires pour ces expéditions, doivent dès-lors lui être fournis par l'administration de département. Elle doit aussi destiner un local pour lui et ses bureaux.

» 3.º Toutes les autres dépenses quelconques, traitemens de commis, registres, cartons, papiers, plumes, ports de lettres, impressions, bois, lumières, dont le Commissaire agent-général a besoin, sont à sa charge, et doivent être acquittés sur les frais de bureau que lui allouent les lois des 22 Brumaire et du 21 Pluviose an 6.

» Les administrations municipales doivent fournir aux Commissaires agens-particuliers, les imprimés nécessaires pour la rédaction des matrices de rôles des deux contributions, et pour la copie de ces matrices. »

Il résulte donc de la loi du 22 Brumaire an 6, que le Commissaire près l'administration centrale réunit actuellement à cette qualité, celle *d'agent général des contributions directes* de son département, et qu'il a pour collaborateurs, l'inspecteur, les préposés aux recettes, et les Commissaires du Directoire exécutif près les administrations municipales, agens-particuliers des contributions, chacun dans son ressort respectif.

Les fonctions des uns et des autres Commissaires sont tracées dans l'instruction annexée à la loi du 22 Brumaire (insérée dans le Bulletin des lois 158. - N.º 1546.)

Cette instruction présente la nature des fonctions déléguées par la loi du 22 Brumaire an 6, aux Commissaires du Directoire exécutif près les administrations centrales et municipales, pour la répartition, l'assiette et le recouvrement des contributions directes. Nous allons mettre sous leurs yeux les différentes dispositions qui concernent particulièrement la contribution foncière, et la contribution personnelle, mobiliaire et somptuaire, dont ils doivent surveiller la répartition, l'assiette et la perception, en leur qualité d'agens généraux et particuliers des contributions directes. Nous traiterons d'abord de la contribution foncière, et ensuite nous parlerons de celle personnelle mobiliaire et somptuaire.

CONTRIBUTION FONCIÈRE.

Cette contribution a été établie par une loi du premier décembre 1790. La loi du 3 Frimaire an 7 (B. 243. - N.º 2197.) réunit toutes les dispositions des différentes lois rendues sur cette matière. Elle forme un code complet, excepté la partie des décharges et des réductions qui fait l'objet de la loi du 2 Messidor an 7. (B. 292. - n.º 3105.) Ses dispositions sont les mêmes que celles de la loi du premier décembre 1790, à quelques différences près.

Cette loi est divisée en huit titres qui comprennent 155 articles; quoique les Commissaires près les administrations centrales et municipales soient chargés, par la nature de leurs fonctions, de surveiller et requérir l'exécution de toutes ses dispositions, il en est cependant plusieurs dont cette loi leur confie particulièrement l'exécution, en leur qualité d'agens des contributions. Ce sont ces dispositions que nous allons parcourir.

§ Ier

Des agens de la répartition de la contribution foncière.

» La répartition de la contribution foncière est faite par le Corps législatif entre les départemens; par les administrations centrales de département, entre les cantons et les communes qui ont pour elles seules une administration municipale; par les administrations municipales de canton, entre les communes de leur arrondissement; et par des répartiteurs, entre les contribuables. *Loi du 3 Frimaire, tit. 2, art. 8. (B. 243. - N.º 2191.)*

» Les *répartiteurs* sont au nombre de sept, savoir : l'agent municipal et sont adjoint dans les communes au moins de cinq mille habitans ; deux officiers municipaux désignés à cet effet, dans les autres communes ; et cinq citoyens capables, choisis par l'administration municipale parmis les contribuables fonciers de la commune, dont deux au moins non domiciliés dans ladite commune, s'il s'en trouve de tels, *art*. 9.

» La nomination des cinq citoyens est faite chaque année, dans la première décade après celle de l'entrée en fonctions des administrateurs municipaux nouvellement élus, et consignés au registre de l'administration municipale.

» Les deux officiers municipaux, dans les communes ayant pour elles seules une administration municipale, sont désignés dans le même délai, et mention en est pareillement faite au registre, *art*. 10.

» Le *Commissaire du Directoire exécutif* près l'administration municipale, fait notifier aux cinq citoyens répartiteurs, leur nomination dans les cinq jours de sa date.

» Cette notification se fait par un simple avertissement sur papier non timbré ; elle est signée, tant par celui qui en est le porteur, que par le *Commissaire*, et datée : elle n'est point sujète à l'enregistrement ; mais il en reste un double, qui est déposé au secrétariat de l'administration, *art*. 12.

Les fonctions de *répartiteur* ne peuvent être refusées que pour des causes légitimes énoncées dans les articles 13, 14, et 15. Une de ces causes est l'exercice des fonctions de *Commissaires du Directoire exécutif* près les administrations centrales, municipales et autres, et près les tribunaux. Les articles 16, 17 et 18 prescrivent les formalités à remplir par les citoyens qui acceptent ou refusent les fonctions de répartiteurs. Les articles 19 et 20 déterminent la manière de citer devant l'administration municipale les répartiteurs qui ont refusé les fonctions sans donner des motifs légitimes et les peines à infliger à ceux qui n'ont pas répondu à la citation.

Les refusans doivent être remplacés dans la même séance.

D'après l'article 21, » celui qui ne se sera point présenté devant l'administration municipale, sera en outre cité par le Commissaire du Directoire exécutif près cette administration, devant le juge de paix de l'arrondissement dans lequel elle se trouve, qui, pour ce fait de désobéissance à la loi, le condamnera à une amende de la valeur locale de trois journées de travail agricole, et aux frais de l'affiche du procès-verbal de l'administration municipale qui sont réglés à trois francs, non compris le papier timbré, et seront payés au secrétariat de ladite administration, sans préjudice des frais légitimement faits devant le juge de paix, et de ceux de signification et de mise à exécution du jugement, dont il sera pareillement tenu.

» Les sept répartiteurs délibèrent en commun à la majorité de suffrages. Ils ne peuvent prendre aucune détermination s'ils ne sont au nombre de cinq, au moins, présens. Ils sont convoqués et présidés par l'agent municipal ou son adjoint, ou par l'un des officiers municipaux désignés dans les communes ayant pour elles seules une administration municipale; et à leur défaut, par le plus âgé des autres répartiteurs, *art.* 23.

» Les Commissaires du Directoire exécutif près les administrations centrales et municipales, et les inspecteurs de l'agence des contributions directes remplissent auprès des répartiteurs, les fonctions qui leur sont déléguées par la loi, *art.* 24.

§ III.

Répartition de la contribution foncière.

Nous avons observé que les administrations centrales é aient chargées de la répartition de la contribution foncière pour le contingent assigné à leur département.

» Elles la feront chaque année, dans la décade qui

suivra la publication de la loi portant fixation de la contribution foncière, entre les cantons et les communes
ayant pour elles seules une administration municipale,
et elles en enverront de suite le tableau au Ministre des
finances. *Loi du 3 Frimaire, tit. 3, art.* 25.

Comme l'exécution de toutes les autres dispositions
des articles qui composent ce titre, sont entièrement
confiées aux administrations centrales et municipales,
nous nous dispenserons de les rapporter pour nous occuper du titre V de la même loi, relatif aux changemens annuels à faire aux matrices des rôles, qui fera le
sujet du paragraphe suivant.

§ I V.

Des changemens annuels à faire aux matrices des rôles.

» Les matrices des rôles existantes continueront à
servir de bases à la répartition de la contribution foncière entre les contribuables de chaque commune, sauf
les changemens ou renouvellemens, comme il est dit en
l'article 32 ci-après, et sans préjudice, pour les contribuables qui se prétendraient surtaxés, de se pourvoir en
décharge ou réduction dans les formes légales. *Loi du 3
Frimaire, tit.* 4, *art.* 31.

» Dans la première décade de Thermidor de chaque
année, l'agent municipal de chaque commune, ou son
adjoint, et l'un des deux officiers municipaux désignés dans
les communes ayant pour elles seules une administration
municipale, convoqueront les répartiteurs pour examiner
la matrice du rôle, y faire les changemens convenables
d'après les mutations survenues parmis les propriétaires,
la renouveller même s'il y a lieu.

» Les *Commissaires du Directoire exécutif* près les
administrations municipales, seront appellés à cette assemblée de répartiteurs; ils en requerront même la convocation, en cas de négligence de la part des agens et
adjoints municipaux, *art.* 32.

» Les changemens annuels dont il s'agit aux deux articles précédens, consisteront en la formation d'un

simple état ou relevé des mutations de propriétés survenues parmi les contribuables, et dont il aura été tenu
note par le secrétaire de l'administration municipale, sur
un registre particulier ouvert à cet effet, sous le nom de
livre de mutations art. 33.

» L'état et relevé des mutations sera arrêté et signé
par les répartiteurs, visé tant par l'administration municipale que par le Commissaire du Directoire exécutif
près cette administration.

» Le *Commissaire du Directoire exécutif* en prendra copie, qu'il certifiera conforme, et qu'il enverra sur-le-
champ au *Commissaire* près l'administration centrale,
après l'avoir fait viser par l'administration municipale,
art. 34.

En conséquence de cet article, « Le Commissaire du
Directoire exécutif près la municipalité, en sa qualité
d'agent particulier des contributions, est chargé du travail
matériel des matrices et des états de changemens ; il doit
donc se transporter successivement dans les communes
de son ressort, y écrire sous la dictée de répartiteurs,
l'état des changemens à faire à la matrice, en prendre
copie, le faire viser par l'administration municipale et
l'envoyer aussi-tôt après au Commissaire agent général.

La formation et transcription de ces états demandant très-peu de temps, le Commissaire agent particulier s'en occupera sans désemparer, et les terminera
pour toutes les communes qui en seront susceptibles, se
réservant pour la fin les matrices à renouveller, s'il y
en avait. *Lettre du Ministre des Finances*, *du* 11 *Ventose
an* 7.

§ V.

Du renouvellement et de la formation des matrices des rôles.

Le mode de renouvellement des matrices est déterminé par le titre 5 de la loi du 3 Frimaire, articles 37, 38,
39, 40, 41, 42, 43 et 44.

» Les propriétés nationales, de toute nature, seront
portées dans les états de sections, et désignées de la

même manière que celles des particuliers. Le *Commissaire du Directoire exécutif* près l'administration municipale, surveillera spécialement l'exécution du présent article. *art.* 45.

» Les propriétés appartenant à des communes, portions de communes, à des hospices ou autres établissemens publics, seront aussi désignés de la même manière, et portées dans les états des sections au compte desdites communes, portions de communes, ou autres établissemens. *art.* 46.

» Il sera laissé dans chaque état de section, une colonne en blanc, suffisante pour recevoir l'évaluation du revenu imposable des différentes propriétés. *art.* 47.

» Aussitôt que ces tableaux indicatifs des propriétés renfermées dans chaque section, seront achevés, les répartiteurs s'assembleront, appelleront le *Commissaire du Directoire exécutif* près l'administration municipale, et les examineront avec lui ; ils rectifieront ou feront rectifier par ceux qui les auront formés, ceux desdits tableaux qui seront reconnus inexacts ; ils arrêteront et signeront sur le champ les autres, et ceux-là ensuite, après qu'ils auront été rectifiés. *art.* 48.

Les articles 49 et 50 déterminent le mode d'évaluation des revenus imposables, et de la confection des états qui doivent être remis au *Commissaire du Directoire exécutif* près l'administration municipale, pour servir à la rédaction de la matrice du rôle.

L'article 51 prescrit la même forme de cette rédaction.

» Aussitôt que le *Commissaire* près l'administration municipale aura rédigé la matrice du rôle, il la présentera aux répartiteurs, qui, après l'avoir comparée aux états de sections, et s'être assurés de son exactitude, l'arrêteront et le signeront avec lui, ou déclareront la cause pour laquelle quelqu'un d'entre eux ne l'aurait pas signée.

» Le *Commissaire* près l'administration municipale en prendra copie, qu'il certifiera et enverra sur-le-champ au *Commissaire* près l'administration centrale ; et il remettra l'original à l'agent ou officier municipal qui aura présidé aux évaluations, ou autre qui le remplacera :

il lui remettra en même temps les états de sections, et retirera de ses mains le reçu qui lui en avait été donné.

« L'agent ou officier municipal déposera le tout dans la décade, au secrétariat de l'administration municipale, et fera faire, en sa présence, mention du dépôt sur le registre d'ordre : cette mention sera signée tant par lui que par le secrétaire.

» Les états des sections et les matrices des rôles seront soigneusement conservés : les secrétaires et gardes des archives des administrations en répondront personnellement. *art.* 52.

» Lors qu'un inspecteur de l'agence des contributions directes sera chargé des opérations relatives à la formation de quelque matrice de rôle, dans le cas prévu par la loi du 22 Brumaire de l'an 6, portant création de la dite agence, il agira en tous points et de la même manière et d'après les mêmes règles que les Commissaires du Directoire exécutif près les administrations municipales. *art.* 53.

» L'expédition des rôles de la contribution foncière et leur mise en recouvrement, continueront d'avoir lieu dans les formes et délais prescrits par la loi et l'instruction du 22 Brumaire an 6, portant création d'une agence des contributions directes. *art.* 55.

§ VI.

Du mode d'évaluation du revenu imposable des propriétés foncières.

Chaque Commissaire agent particulier (suivant la circulaire du ministre des finances du 11 ventose an 7) doit faire une étude approfondie de la loi du 3 Frimaire an 7, pour développer aux répartiteurs les dispositions relatives à diverses natures de propriétés ; cette partie intéressante de la loi, dont elle forme le titre 6, renferme des dispositions claires, précises, et des principes positifs, dont l'application est très facile ; elles sont contenues dans les articles 56, 57 et suivans, jusques et compris l'article 97.

§ VII.

Des exceptions.

« Les rues, les places publiques, servant aux foires et marchés, les grandes routes, les chemins publics, vicinaux et les rivières, ne sont point cotisables. » *Art.* 103.

« Les canaux destinés à conduire les eaux à des moulins, forges ou autres usines, ou à les détourner pour l'irrigation, seront cotisés, mais à raison seulement de l'espace qu'ils occupent et sur le pied des terres qui les bordent. » *Art.* 104.

« Les *domaines nationaux non productifs exceptés de l'aliénation* ordonnée par les lois, et réservés pour un service national, tels que les deux palais du Corps législatif, celui du Directoire exécutif, le Panthéon, les bâtimens destinés au logement des ministres et de leurs bureaux, les arsenaux, magasins, casernes, fortifications et autres établissemens dont la destination a pour objet l'utilité générale, ne seront portés aux états de sections et matrices de rôles que pour *mémoire ;* ils ne seront point cotisés. » *Art.* 105.

« Les *domaines nationaux non productifs déclarés aliénables* par les lois, tels que les ci-devant églises non louées, tours, châteaux abandonnés ou en ruine, et autres semblables, seront compris, désignés et évalués aux états de sections et matrices de rôles, en la même forme et sur le même pied que les propriétés particulières de même nature ; mais ils ne seront point cotisés tant qu'ils n'auront point été vendus ou loués. » *Art.* 106.

« La cote de contribution des *domaines nationaux productifs exceptés* de l'aliénation, tels que les forêts, salines, canaux, etc. ne pourra surpasser, en principal, le cinquième de leur produit net effectif résultant des adjudications ou locations légalement faites, ou autre quotité de ce même produit, selon la proportion générale de la contribution foncière avec les revenus territoriaux.

« En cas de plus forte cotisation, la régie en poursuivra le remboursement contre les communes de la situation des biens. » *Art.* 107.

« Les *domaines nationaux productifs déclarés aliénables*, seront évalués et cotisés comme les propriétés particulières de même nature et d'égal revenu.

« En cas de surtaxe, la régie poursuivra le dégrèvement, soit d'office, soit sur la dénonciation du fermier, en la forme ordinaire. » *Art.* 108.

Le *Commissaire du Directoire exécutif*, étant chargé par l'article 45 de cette loi du 3 frimaire, de surveiller spécialement l'exécution de cet article, qui porte que les propriétés nationales de toute nature seront portées dans les états des sections au compte de la République, et désignées de la même manière que celles des particuliers, il doit fixer son attention sur les dispositions relatives à l'évaluation des domaines nationaux que la loi distingue en quatre classes :

1.º *Les domaines nationaux qui ne sont ni productifs ni aliénables* ; les répartiteurs doivent les porter pour mémoire dans la matrice de rôle.

2.º *Les domaines nationaux non productifs, mais aliénables* ; les répartiteurs doivent les comprendre dans la matrice et les évaluer comme les autres biens.

3.º *Les biens nationaux productifs non aliénables* ; les répartiteurs doivent les comprendre dans la matrice ; mais ils n'ont plus, pour l'évaluation de leurs produits, à suivre les mêmes regles que pour les autres biens ; ils doivent, s'il y a des adjudications ou locations légales, les évaluer d'après le produit qui en résulte.

Pour l'exécution de cette disposition, il est convenable que les employés de la régie des domaines fournissent, à chaque commissaire agent particulier, un état des biens, avec l'indication de la commune où ils sont situés, et du prix auquel ils sont loués on affermés. Si un domaine étendu dans plusieurs communes était affermé en masse, le préposé de l'enregistrement devra faire la ventilation du revenu imposable dans chaque commune, de manière que les revenus réunis des divers articles arrivent au montant du bail ou de l'adjudication légale et authentique.

4.º *Les domaines nationaux productifs et aliénables* ; les

répartiteurs

répartiteurs doivent en agir à leur égard comme pour les autres biens.

Pour exécuter ces dispositions, le commissaire agent particulier devra toujours, sous la dictée des répartiteurs, terminer son *état* de mutations par la désignation des biens nationaux qui doivent être portés pour mémoire, ensuite de ceux qui doivent être évalués, mais non cotisés, et enfin de ceux qui doivent être évalués d'après les locations ou adjudications.

Si pour cette dernière espèce, il n'avait pas reçu les renseignemens du préposé de la régie des domaines, il laisserait en blanc le produit de ces biens, et enverrait toujours les états de mutations au commissaire agent général, qui se procurerait sur-le-champ les renseignemens de la régie, et remplirait les sommes laissées en blanc; il ne faut pas en effet que le retard de quelques préposés arrête un seul instant la confection des rôles. *Circulaire du ministre des finances*, du 11 ventose an 7.

Les articles 109, 110 et suivans, jusques et compris l'article 123, statuent sur la contribution foncière des propriétés appartenant aux communes, aux hospices et établissemens publics, des marais desséchés, des terres vaines et vagues, en friche ou défrichées, et des canaux de navigation.

§ VIII.

De la perception et du recouvrement des contributions.

Les formes de procéder à l'adjudication des contributions, les moyens d'en accélérer le recouvrement, et la responsabilité des percepteurs, sont déterminés par le titre 8 de la loi du 3 frimaire an 7, articles 124 et suivans, jusques et compris l'article 152.

Des contraintes et poursuites.

« Les contraintes et poursuites contre les contribuables

en retard d'acquitter leurs rôles, et contre les percepteurs, préposés et receveurs en retard de faire les versemens de fonds dont ils sont respectivement tenus, continueront d'avoir lieu selon les lois actuelles non contraires à la présente, tant qu'il n'aura point été autrement ordonné. »

Art. 153.

Ces lois sont l'instruction du 22 brumaire an 6, celles des 2 octobre 1791 et 17 brumaire an 5.

La première porte (§ 1.er) que « dans ses relations avec chaque percepteur, le Commissaire près l'administration municipale se fera représenter les rôles des deux contributions, et constatera les contribuables en retard de s'acquitter ; il en dressera un état nominatif, qu'il fera passer au Commissaire du département.

» Celui-ci fera, sur cet état, expédier des projets de contrainte qu'il présentera à l'administration départementale, pour être par elle examinés, approuvés et rendus exécutoires lorsqu'elle les croira justes. Le Commissaire du département les fera alors repasser à celui près l'administration municipale, qui les remettra à cette administration, pour être par elle mis à exécution. Celui-ci surveillera cette exécution et toutes les suites qu'elle pourrait avoir. »

» Lorsque les huissiers ou autres, qui auront été chargés des contraintes, auront rédigé leurs bulletins de frais, il les adresseront à l'administration municipale qui les communiquera au commissaire établi près d'elle. Celui-ci donnera son avis ; l'administration municipale règlera les frais, et fera passer le tout à l'administration départementale, qui fixera définitivement les frais, sur l'avis du commissaire du département. »

Il ne faut pas croire que ces dispositions de l'instruction du 22 Brumaire an 6, aient introduit un nouveau mode de contraintes, et qu'elles aient abrogé les lois du 2 Octobre 1791 et du 17 Brumaire an 5 ; elles ont seulement déterminé la part que l'Agence des contributions directes doit prendre dans cette partie si essentielle au recouvrement : en attendant que le Corps législatif ait rendu une loi complette et générale sur les contraintes, elles doivent continuer à être décernées comme elles l'étaient avant la loi du du 22 Brumaire an 6, et on doit s'en tenir conséquemment aux seules dispositions des lois des 2 Octobre 1791 et 17 brumaire an 5. *Circulaire du Ministre des finances, du 21 prairial an 6.*

La loi du 2 Octobre 1791 s'exprime ainsi :

» A défaut de paiement de la contribution foncière, à l'échéance de chaque trimestre, le percepteur de la commune pourra faire toutes les saisies de fruits ou de loyers, et tous les actes conservatoires propres à accélérer et assurer le paiement de la contribution. *art* 12.

» Ne pourront être saisis pour contributions arriérées, les lits, vêtemens nécessaires, pain et pot au feu, les portes et fenêtres, les animaux de trait servant au labourage, les harnais et instrumens servant à la culture, ni les outils et métiers à travailler.

» Il sera laissé au contribuable en retard, une vache à lait ou une chèvre à son choix, ainsi que la quantité de grains ou graines nécessaires à l'ensemencement ordinaire des terres qu'il exploite.

» Les abeilles, les vers à soie, les feuilles de mûrier, ne seront saisissables que dans les temps déterminés par les décrets sur les biens ruraux. (*Pendant les mois de décembre, janvier et février*, suivant l'article 4 de la section 2 du titre 1.er de la loi du 6 Octobre 1791.)

» Les porteurs de contraintes qui contreviendront à ces dispositions, seront condamnés à cent livres d'amende *art*. 16.

» Les receveurs de district remettront chaque année dans les premiers jours de janvier aux directoires de district, un état nominatif des porteurs de contraintes qu'ils proposeront d'employer; ils ne pourront les choisir que parmi les citoyens domiciliés dans le district, sachant lire et écrire.

» Les directoires de district en fixeront le nombre, les choisiront parmi ceux qui auront été proposés, et leur donneront des commissions conformes au modèle ci-dessous. (1) Ces porteurs de contraintes feront les fonctions d'huissiers pour les contributions foncière et mobiliaire ; ils prêteront serment devant les directoires de district. *art.* 17.

» Les porteurs de contraintes pourront être destitués par délibération du directoire du district qui en donnera avis au directoire du département, et lui en fera connaître les motifs. *art.* 18.

» Ils seront tenus en arrivant dans chaque communauté de faire constater par un officier municipal, ou le procureur de la commune, le jour et l'heure de leur arrivée, et de même en se retirant, le jour et l'heure de leur départ. *art.* 19.

» Les municipalités donneront assistance et protection aux porteurs de contraintes ; en cas de refus, ceux-ci dresseront procès-verbal qu'ils enverront au directoire du district, lequel, après en avoir donné communication

---

(1) Commission de porteur de contrainte.

DÉPARTEMENT de

DISTRICT de

Le nommé....remplira les fonctions de porteur de contrainte, pour le recouvrement des contributions foncière et mobiliaire du district de.....et se conformera exactement aux dispositions de la loi du·...dont il lui sera remis un exemplaire en même temps que la présente commission.

Le nommé.....obéira aux ordres qui lui seront donnés par les administrateurs du directoire du district, et fera tout ce qui lui sera prescrit par le receveur du district pour raison des poursuites relatives à la perception des contributions directes. Ledit.....sera tenu de se présenter devant le directoire du district de.....pour y prêter serment conformément à l'article 17 de la même loi.

Fait à   le   l'an

Les administrateurs du district de

aux officiers municipaux, prononcera, s'il y a lieu, contre eux la responsabilité solidaire du montant total de l'arriéré des contributions foncière et mobiliaire : signification de l'arrêté du directoire du district sera faite sans délai aux officiers municipaux à la requête du receveur du district. *Art.* 22.

» En cas de rebellion, le porteur de contraintes en dressera procès-verbal, qu'il fera viser par un officier municipal ou le procureur de la commune, et l'enverra sur-le-champ au directoire du district. Le *procureur syndic* dénoncera les faits à l'officier de police ou au directeur du juré. *Art.* 23.

» Les receveurs de district et les officiers municipaux pourront dresser des procès-verbaux des plaintes qui leur auront été faites contre les porteurs de contraintes, et ils adresseront sur-le-champ ces procès-verbaux au *procureur-syndic*, qui en rendra compte au directoire du district, lequel révoquera ces employés, s'il y a lieu.

» Si les plaintes étaient telles qu'il y eût lieu à poursuites criminelles contre ces porteurs de contraintes, les directoires de district feront remettre par leurs *procureurs-syndics* ces plaintes à la police ou au directeur du juré. *Art.* 24. »

La loi du 17 brumaire an 5, (B. 87. n.° 841.) ajoute aux dispositions ci-dessus, sur ses contraintes et saisies, les disposition suivantes.

» Les receveurs de départemens et les percepteurs des communes seront responsables du recouvrement des sommes imposées, dans les dix jours qui suivront l'échéance des délais fixés par les lois. Ils y seront contraints dans les dix jours suivans, par la privation de toutes leurs remises sur les sommes non recouvrées, pour lesquelles ils ne pourront justifier avoir fait les diligences prescrites par la loi, et dans les délais qu'elle aura déterminés.

» Ces dix jours écoulés, et à défaut de diligences, il sera procédé par saisie et ventes des biens desdits percepteurs et de leurs cautions. *Art.* 2.

» Les contribuables qui n'auront pas acquitté le montant de leur taxe en contributions directes, dans les dix jours qui suivront l'échéance des délais fixés par les lois, y seront contraints dans les dix jours suivans, par la voie des *garnisaires* envoyés dans leur domicile, et auxquels ils seront tenus de fournir le logement et les subsistances, et de payer un franc par jour. Ce premier délai expiré, le paiement sera poursuivi par la saisie et vente des meubles des contribuables en retard, même des fruits pendans par racines.

» Les garnisaires seront nommés par les administrations municipales, sur la demande des percepteurs. » *Art.* 3.

Voyez *Percepteurs* et *Receveurs des contributions.*

CONTRIBUTION PERSONNELLE,

MOBILIAIRE ET SOMPTUAIRE.

Les commissaires du Directoire exécutif près les administrations municipales, sont chargés par la loi et l'instruction du 22 brumaire an 6, en leur qualité d'agens particuliers des contributions directes, de rédiger la matrice du rôle ou l'état des mutations de la contribution personnelle, mobiliaire et somptuaire avec les répartiteurs pour cette contribution.

La même instruction confie aux commissaires près les administrations centrales le soin de faire expédier les rôles de cette contribution, à mesure que les matrices de rôles ou les états de mutations leur sont envoyés par les commissaires près les administrations municipales.

Il est donc nécessaire que ces commissaires connaissent les différentes dispositions qui règlent le mode d'assiète, de perception et de dégrèvement de la contribution personnelle, mobiliaire et somptuaire.

Deux lois ont été rendues le 3 nivose an 7, par le Corps législatif, pour la répartition de cette contribution pendant l'an 7.

La première de ces lois, insérée dans le 150ᵉ Bulletin des Lois, n.° 2269, contient les dispositions suivantes, sur la répartition de la contribution personnelle, mobiliaire et somptuaire.

ART. I.er « La contribution personnelle, mobiliaire et somptuaire, fixée par la loi du 26 fructidor dernier, pour l'an 7, à trente millions, sera perçue, 1.º en contribution personnelle, 2.º en contribution mobiliaire, 3.º en taxe somptuaire, 4.º en contribution par retenue du vingtième sur les salaires et traitemens publics. »

ART. V. « Tous fonctionnaires publics, employés, commis et autres salariés des deniers publics, tant de ceux de la trésorerie nationale que des centimes additionnels et de toute autre caisse publique, sont, pour leurs traitemens, salaires et remises, assujétis à une contribution mobiliaire, qui sera fait par retenue de cinq centimes par franc. Ladite retenue sera exempte de centimes additionnels.

VI. » La *contribution somptuaire* sera perçue à raison des domestiques, hommes et femmes, âgés de moins de soixante ans.

VII. La *contribution somptuaire* sera aussi perçue à raison des chevaux, mulets et des voitures de luxe. »

Les articles 8, 9, 10, 11, 12 et 13 déterminent la taxe à raison des domestiques mâles et femelles, des chevaux et mulets, des voitures et litières.

Les articles 14, 15 et 16 indiquent quels sont les domestiques, chevaux, mulets, voitures et litières qui ne doivent pas être compris dans la taxe.

La seconde loi, du 3 nivose an 7, (B. 250. n.º 2270.) règle le mode d'assiète, de perception et de dégrevement de la contribution personnelle, mobiliaire et somptuaire de l'an 7, par les dispositions suivantes.

I. *Agens de la répartition.*

ART. I.er « Les administrations centrales et municipales, et les répartiteurs chargés, en exécution du titre 2 de la loi du 3 frimaire dernier, de la répartition de la contribution foncière, sont pareillement chargés, chacun en ce qui le concerne, d'opérer la répartition de la contribution personnelle, mobiliaire et somptuaire de l'an 7.»

II. *Répartition de la contribution personnelle et mobiliaire.*

1.º *Opérations dans les administrations centrales.*

Art. II. Dans les cinq jours de la réception de la loi, les administrations centrales feront entre les cantons de leur territoire, la répartition du contingent attribué à leur département dans la contribution personnelle et mobiliaire de l'an 7.

III. » Les mandemens seront adressés de suite à chaque administration municipale; ils comprendront tant le principal que les centimes additionnels.

IV. » Pour opérer leur répartition, les administrations centrales procéderont ainsi qu'il est dit ci-après.

V. » Elles détermineront le prix moyen de la *journée de travail* dans chaque canton ou commune ayant pour elle seule une administration municipale, sans néanmoins pouvoir fixer la *journée de travail* au-dessous de cinquante centimes ni au-dessus d'un franc cinquante centimes.

VI. Après la fixation du prix de la journée de travail, les administrations centrales régleront sur cette base la *contribution personnelle* de chaque canton.

VII. » Le contingent de chaque canton dans la contribution personnelle, sera la somme que produira le prix de trois journées de travail dans ledit canton, multiplié par le sixième de la population du même canton.

VIII. » La somme totale de la contribution personnelle du département étant connue, il en sera fait distraction sur le contingent attribué par la loi au département; le restant sera réparti en *contribution mobiliaire.*

IX. » La *contribution mobiliaire* de chaque département sera répartie entre les cantons, un tiers à raison de la population, et les deux autres tiers à raison de la somme des patentes de chaque canton.

2.º *Opérations des administrations de canton.*

X. « Dans les cinq jours de la réception du mandement de l'administration centrale, les administrations de
canton feront, entre les communes de leur canton, la
répartition du contingent attribué à leur canton dans la
contribution personnelle et mobiliaire.

XI. « La contribution personnelle de chaque commune sera la somme que produira le prix des trois jour-
nés de travail du canton, multiplié par le sixième de la
population de chaque commune.

XII. « La contribution mobiliaire de chaque canton
sera répartie entre les communes, un tiers à raison de la
population, et les deux autres tiers à raison de la somme
des patentes de chaque commune.

XIII. « Une copie du tableau de la répartition de la
contribution personnelle et mobiliaire entre les communes de chaque canton, sera sur-le-champ adressée à
l'administration centrale du département.

XIV. « L'administration centrale visera de suite, s'il
n'y a pas de réclamation, chaque état ou tableau de
répartition, et en fera trois expéditions, dont l'une sera
envoyée à l'administration municipale, l'autre au receveur général du département, et la troisième au ministre
des finances.

XV. « En cas de réclamation d'une commune, l'administration centrale y statuera sans délai, approuvera ou
réformera le tableau de répartition, le visera ensuite pour
être exécuté, et l'expédiera conformément aux dispositions de l'article précédent.

« La réclamation d'une commune ne pourra être faite
que par l'agent municipal, ou, à son défaut, par l'adjoint, et
de l'avis des répartiteurs.

XVI. « Aussi-tôt que l'administration municipale aura
reçu l'état de répartition visé par l'administration centrale, elle enverra à chaque agent municipal le mandement contenant la fixation du contingent de sa commune, 1.º en principal, 2.º en centimes additionnels
pour les fonds de non-valeur et les dépenses départe-

mentales, 3.º en centimes additionnels pour les dépenses municipales, 4.º en centimes additionnels pour les dépenses communales.

3.º *Opérations dans les communes.*

XVII. » Dans les cinq jours qui suivront la publication de la présente loi, tout citoyen sera tenu de faire, par lu-même ou par un fondé de pouvoir, en présence de l'agent municipal ou de l'adjoint de la commune, une déclaration qui indiquera,

1.º Son nom et son prénom ; 2.º son domicile ; 3.º la valeur du loyer de son habitation personnelle ; 4.º le montant de son traitement, s'il est fonctionnaire public, commis ou employé salarié des deniers publics ; 5.º Le nombre d'hommes ou de femmes qu'il a à ses gages ; 6.º Celui des chevaux, mulets ou voitures de luxe qu'il possède ; 7.º Enfin, s'il est célibataire, marié ou veuf.

XVIII. » Le jour où le délai prescrit par l'article précédent sera expiré, l'agent de la commune et les répartiteurs se réuniront ; ils procéderont à l'examen des déclarations, suppléeront à celles qui n'auront pas été faites, d'après leurs connaissances locales et les preuves qu'ils pourront se procurer.

XIX. » Dans les cinq jours de la réception du mandement de la contribution personnelle et mobiliaire de la commune tant en principal qu'en centimes additionnels, l'agent et les répartiteurs procéderont à l'assiette du contingent de la commune.

XX. » La contribution personnelle de trois journées de travail sera établie sur chaque habitant de tout sexe domicilié dans la commune depuis un an, jouissant de ses droits, et qui ne serait pas réputé indigent.

XXI. » La contribution personnelle étant répartie, ce qui pourra rester sur le contingent de la commune, sera réparti en contribution mobiliaire, au marc le franc de la valeur du loyer d'habitation personnelle de chaque habitant déjà porté à la contribution personnelle.

XXII. » Au moyen de la retenue sur les salaires, les fonctionnaires et employés ne seront point assujétis à la contribution mobiliaire pour les salaires, mais seulement à raison de leurs autres facultés s'ils en ont; auquel cas les loyers d'habitation des fonctionnaires seront diminués d'un quart, à cause de la contribution mobiliaire exercée par la retenue du vingtième sur leur traitement.

XXIII. » Les loyers d'habitation des célibataires seront surhaussés de moitié de leur valeur.

XXIV. » Seront réputés célibataires les hommes seulement âgés de trente ans, et non mariés ni veufs.

» Les femmes, de quelque âge qu'elles soient, ne seront point assujéties aux dispositions concernant les célibataires.

XXV. Dans les loyers d'habitation on ne comprendra que la partie des bâtimens servant à l'habitation.

XXVI. » N'y seront pas compris les magasins, boutiques, auberges, usines et ateliers pour raison desquels les habitans payent patente.

XXVII. » Les distractions et surhaussemens ordonnés dans les articles précédens étant opérés, et les loyers d'habitation personnelle dans la commune étant connus, la répartition de la contribution mobiliaire, prélèvement fait de la personnelle, se fera au marc le franc desdits loyers.

XXVIII. » Aussi-tôt que les opérations seront terminées, les rôles de la contribution personnelle et mobiliaire seront expédiés et mis en recouvrement dans les formes et dans les délais prescrits par la loi et par l'instruction du 22 brumaire an VI, portant création d'une agence des contributions directes.

XXIX. » La contribution personnelle et mobiliaire ne sera payable et exigible qu'au lieu du domicile du contribuable.

III. *Assiette et perception de la taxe somptuaire.*

XXX. » Dans les dix jours de la publication de la présente loi, les agens et répartiteurs de chaque commune seront tenus de dresser le tableau des habitans de leur commune sujets à la taxe de luxe, et de remettre ce tableau au *Commissaire du Directoire exécutif près de l'administration municipale*, ou de lui certifier par écrit, s'il y a lieu, qu'il n'y a point matière à la taxe de luxe dans leur commune.

XXXI. » Le tableau contiendra par colonnes les noms et prénoms des contribuables, leur demeure, la quantité et la désignation des domestiques employés à leur service, ainsi que des chevaux et mulets qu'ils ont en leur possession, et des voitures de luxe dont ils font usage : trois colonnes seront réservées en blanc.

XXXII. » Le Commissaire présentera le tableau mentionné en l'article ci-dessus, à l'administration municipale, dans la séance qui suivra immédiatement la remise, pour faire remplir la première des colonnes restées en blanc, de la somme dûe suivant le tarif de la taxe de luxe portée en la loi.

Il fera arrêter par l'administration municipale le montant des sommes fixées dans le tableau de chaque commune : il pourra faire, lors de ladite opération, telles observations qu'il jugera convenables.

XXXIII. » Lorsque les tableaux fournis par l'agent de chaque commune auront été arrêtés par l'administration municipale, et que ladite administration aura suppléé aux tableaux ou aux cotes qui n'auraient pas été fournis par les agens, le Commissaire enverra copie desdits tableaux au Commissaire du Directoire exécutif près l'administration centrale.

XXXIV. » Le Commissaire du Directoire exécutif près l'administration centrale, soumettra sans retard à cette administration les tableaux et rôles de la contribution somptuaire de chaque canton, pour être arrêtés par elle, tant en principal qu'en centimes additionnels; il fera toutes les réquisitions et observations qu'il jugera nécessaires.

XXXV. » Aussitôt que les administrations centrales auront arrêté lesdits tableaux, elles en enverront trois copies, l'une au ministre des finances, l'autre au receveur général du département; et la troisième sera adressée au Commissaire du Directoire exécutif près l'administration municipale, qui la remettra aux percepteurs des communes du canton, à l'effet d'en opérer le recouvrement, ainsi que des contributions foncière, personnelle et mobiliaire.

XXXVI. » La taxe de luxe sera acquittée en entier dans les deux mois qui suivront la confection du rôle et sa mise en recouvrement. Les contribuables seront en conséquence avertis par le percepteur, dans les dix jours de la mise en recouvrement du rôle.

XXXVII. » Les deux mois expirés, les redevables en retard seront contraints par voie de saisie.

XXXVIII. La contribution somptuaire sera exigible dans les lieux où existeront les objets de luxe.

XXXIX. » Tout possesseur d'objets de luxe sera tenu de justifier, dans la commune où il transférerait lesdits objets de luxe, qu'il a payé la taxe de luxe dans la commune où ils ont été cotisés.

IV. *Mode de retenue à faire sur les salaires des fonctionnaires publics et employés.*

XL. » Dans les dix jours de la publication de la présente loi, les agens et répartiteurs de chaque commune seront tenus de dresser le tableau nominatif des fonctionnaires publics, employés et salariés des deniers publics, habitant dans le territoire de leur commune, et de remettre ce tableau au Commissaire près l'administration municipale.

» Le tableau contiendra, par colonnes, les noms des fonctionnaires et la somme de leurs salaires ou remises annuelles : il sera laissé trois colonnes en blanc.

XLI. » Le Commissaire présentera le tableau mentionné en l'article ci-dessus à l'administration municipale, dans la séance qui suivra immédiatement la remise, pour faire remplir la première des colonnes restées en blanc, de la somme due par retenue sur les salaires, suivant le taux prescrit par la loi pour l'an 7.

XLII. » Le Commissaire fera arrêter par l'administration le montant des sommes fixées dans le tableau de chaque commune; il pourra faire, lors de ladite opération, telles observations et requisitions qu'il jugera convenables.

XLIII. » Lorsque les tableaux fournis par l'agent de chaque commune auront été arrêtés par l'administration municipale du canton, le *Commissaire du Directoire exécutif* réunira avec le même ordre, et en laissant deux colonnes en blanc, dans un tableau général, tous les tableaux de chaque commune de canton, et l'enverra au Commissaire du Directoire exécutif près l'administration centrale.

XLIV. » Le Commissaire près l'administration centrale soumettra sans retard à cette administration les tableaux généraux de chaque canton, pour être par elle arrêtés; il proposera les observations et fera les réquisitions qu'il jugera convenables.

XLV. » Aussitôt après l'arrêté et *visa* du rôle des fonctionnaires par l'administration centrale, le Commissaire du Directoire exécutif en fera expédier trois copies, l'une au ministre des finances, l'autre au receveur général du département, et la troisième à l'administration du canton, qui en donnera connaissance aux fonctionnaires publics et employés de son arrondissement.

XLVI. » La retenue à faire sur les salaires publics, traitemens et remises, sera faite par les payeurs desdits salaires, à peine par eux d'en demeurer responsables, et de payer deux fois.

XLVII. » La retenue sera faite au fur et à mesure des paiemens, et proportionnellement sur chacun d'eux.

XLVIII. » Le montant des retenues sera désigné dans chaque ordonnance de paiement.

XLIX. » Le versement des retenues se fera tous les trois mois, par chaque payeur directement, chez le receveur général du département ou chez ses préposés. »

Les articles 50, 51 et suivans déterminent le mode d'obtenir des décharges et réductions.

Lorsqu'un citoyen se croit lésé dans sa cote, ou par

double emploi, ou à cause de surtaxe, ou pour toute autre raison, l'article 53 dit que le Commissaire du Directoire sera entendu.

V. *De la perception et recouvrement de la contribution personnelle, mobiliaire et somptuaire.*

LIX. « Les dispositions du titre 8 de la loi du 3 frimaire dernier, concernant la perception de la contribution foncière et l'adjudication des rôles, la surveillance et la vérification des recouvremens, demeurent communes et applicables à la perception des contributions personnelle, mobiliaire et somptuaire.

LX. » L'annonce de la mise en recouvrement du rôle, sera publiée et affichée dans la commune. Voyez l'article *Contribution foncière*, § VIII.

VI. *Dispositions générales.*

LXI. » En cas de négligence constatée de la part des répartiteurs, dans l'assiette et répartition de la contribution personnelle et mobiliaire, les répartiteurs pourront être poursuivis pour être condamnés à faire l'avance du montant des termes échus du rôle qui ne serait pas mis en recouvrement, et les administrations centrales nommeront, aux frais des répartiteurs, des commissaires chargés de faire la répartition à leur lieu et place.

LXII. » Les sommes payées en à-compte sur la contribution personnelle, mobiliaire et somptuaire de l'an 7 en exécution de la loi du 13 vendémiaire dernier, seront précomptées aux contribuables sur le montant de leur cote personnelle, mobiliaire, somptuaire, et sur la retenue des fonctionnaires.

LXIII. » L'excédant que la contribution de luxe et celle de la retenue des fonctionnaires et employés, pourront opérer sur les quatre millions cinq cent mille francs attribués à ces deux contributions, sera employé, 1.º à remplacer les centimes additionnels des trois millions de contribution affectés à la retenue sur les salaires; 2.º le surplus sera ajouté aux fonds des dépenses imprévues.

LXIV. » Les administrations centrales et les commissaires du Directoire exécutif près les administrations centrales, demeurent chargés d'envoyer au ministre des finances, d'ici au 1.er ventose prochain, le tableau détaillé de l'assiette par chaque canton, des contributions personnelle, mobiliaire, somptuaire, et de la retenue sur les salaires.

LXV. » Le nombre des cotes et la somme totale de chacune desdites parties de contribution seront désignés.

LXVI. » Le Directoire exécutif est chargé d'adresser aux administrations centrales et à ses Commissaires, les formules de tableaux détaillés, que les administrations et les Commissaires rempliront uniformément, en exécution de ce qui est prescrit aux articles précédens.

LXVII. » Aussitôt que le Directoire exécutif aura reçu les tableaux remplis, ci-dessus mentionnés, il en adressera un double au Corps législatif : ce double sera déposé aux archives nationales, pour y avoir recours au besoin.

LXVIII. » Toutes lois ou dispositions de loi contraires à la présente, demeurent abrogées. »

CORRESPONDANCE.

Si les Commissaires du Directoire exécutif sont chargés de surveiller l'exécution des lois et les différentes parties de l'administration, ils doivent rendre compte des résultats de leur surveillance aux autorités dont émanent leur mission.

Ainsi « chaque Commissaire de canton devra donc correspondre directement, et au moins une fois par décade, avec le Commissaire général du département. Ils pourront dans les cas pressans, dans les événemens extraordinaires, écrire directement au ministre.

» Chaque Commissaire central correspondra journellement avec le ministre de l'intérieur, et lui donnera le dépouillement méthodique et substantiel des rapports qui lui auront été faits ; il y joindra ses observations, sa critique, ses vues et ses découvertes personnelles.

« Il correspondra rarement, et seulement dans les cas

extraordinaires,

extraordinaires, avec le Directoire exécutif. Le Directoire exécutif est la pensée du gouvernement, et si les détails d'une correspondance minutieuse venait l'embarrasser, il en résulterait que l'esprit et le texte de la Constitution, qui crée des ministres, seraient éludés, et le Directoire exécutif ne pourrait point donner aux affaires du dehors, à la guerre et aux armées, la portion d'attention qu'elles exigent. En passant par la filière du ministère chaque affaire réduite, par un mûr examen, à sa valeur et à son véritable degré d'importance, laisse au ministre la responsabilité qu'il ne doit point éluder, et au Directoire des momens précieux, dont il ne saurait être trop avare.

» L'esprit de la Constitution et le texte des lois défendent impérieusement aux Commissaires d'établir une correspondance entre eux; il faudrait un événement bien extraordinaire, bien menaçant pour leur faire passer par-dessus cette observation. » *Instruction du Directoire exécutif, du 12 frimaire an 4.*

En conséquence des dispositions de cette instruction, les Commissaires près les administrations municipales se rendraient répréhensibles, et manqueraient à la hiérarchie des pouvoirs et à la subordination si nécessaire pour simplifier et accélérer le mouvement de la machine politique, s'ils refusaient de correspondre avec le Commissaire près l'administration centrale, et de lui fournir tous les renseignemens qui peuvent diriger la marche de l'administration. Non seulement ils doivent répondre à toutes ses demandes, mais encore prévenir sa sollicitude, en l'instruisant par leur compte décadaire de tout ce qui peut intéresser l'ordre public dans l'étendue de leur canton. *Lettre du ministre de l'intérieur du 15 ventose an 4.*

Les principaux objets sur lesquels doivent porter les comptes que les Commissaires près les administrations centrales et municipales doivent rendre chaque décade, et dont ils doivent faire connaître jour par jour, en détail, mais par des faits précis, la situation, sont l'esprit public, l'instruction publique, la police générale, la police champêtre, la police des cultes, les hospices et établissemens de bienfaisance, les épidémies et épizooties, les maisons d'arrêts et prisons, le recouvrement des contributions et revenus publics, les biens nationaux, régies, les grandes routes et chemins vicinaux, l'agriculture, les plantations, les forêts, le commerce et l'industrie, la force armée, le concours entre les diverses autorités constituées pour opérer la sûreté publique, la répression des délits.

» Ils doivent garder la minute des rapports de chaque décade, et en faire un registre où l'on puisse toujours revoir la progression et suivre la série des travaux administratifs.

» L'administration centrale ne peut refuser au commissaire un secrétaire à son choix et des expéditionnaires pour la transcription des comptes qui lui sont demandés, la formation des états et des divers tableaux qu'on exige de lui, et généralement pour tous les détails de ce genre que le gouvernement confie à son zèle. Il faut que l'on distingue ses attributions légales, et son travail subsidiaire qu'on lui impose par surcroît. *Surveiller*, *requérir*, porter la parole aux séances, viser les arrêtés, les lettres circulaires, les actes administratifs, voilà l'essentiel de son ministère, et qui doit être fait sans coopérateurs; mais quand il est obligé de rendre un compte au ministère, ou de rédiger des tableaux, des états, il doit être aidé d'un secrétaire digne de sa confiance.» *Lettre du ministre de l'intérieur, du* 21 *fructidor an* 5. Voyez *Lois*.

Le ministre de la police générale prescrit, par sa lettre du 2 brumaire an 6, aux Commissaires près les administrations municipales, d'entretenir une correspondance suivie avec les Commissaires près les administrations centrales, qui, eux-mêmes sont obligés de lui rendre compte des objets qui intéressent la sûreté intérieure de l'État, et qui sont confiés à sa surveillance. Voyez *Police générale*.

Si les uns et les autres sont chargés de prévenir les troubles et de surveiller les ennemis intérieurs qui tentent de les exciter, ils sont aussi chargés de veiller à ce que les défenseurs de la patrie dont la mission est de repousser et de vaincre les ennemis extérieurs, rejoignent leurs drapeaux. C'est dans cette occasion que les commissaires près les administrations centrales doivent entretenir la correspondance la plus active avec le ministre de la guerre. Voyez *Désertion*, *Conscription* et *Réquisition*.

Pour une correspondance aussi étendue, les Commissaires du Pouvoir exécutif jouissaient de la franchise et du contre-seing; mais la loi du 9 vendémiaire an 6 (B. 148. n.° 1447.) l'ayant supprimé par l'article 64, le Directoire exécutif a réglé, par un arrêté du 27 vendémiaire an 6, (B. 153. n.° 1497.) ce qui suit :

« A compter du 1.er brumaire prochain il y aura un timbre particulier, mais à la charge du compte des frais de port d'avance sur les dépêches adressées aux Commissaires près les administrations centrales par le Directoire exécutif, le secrétaire général, par les ministres de la justice, de l'intérieur, des finances, de la guerre, de la marine et de la police. *Art.* 3.

» Les Commissaires du Directoire exécutif auxquels les lettres seront adressées, écriront, chacun respectivement au Directoire exécutif, au secrétaire général et aux ministres, sans être tenus d'affranchir leurs paquets, lettres et dépêches, à la charge d'apposer leur signature sur l'adresse, au-dessous de la désignation de leurs fonctions. *Art.* 4.

» Les Commissaires du Directoire exécutif pourront, mais seulement pour les affaires relatives à leurs attributions, correspondre entre eux, autant que les lois le permettent, sans être tenus de payer d'avance le port des lettres, dépêches et paquets qu'ils expédieront; mais à la charge de payer les frais de celles qu'ils recevront; ils feront, en ce cas, remettre leurs lettres aux préposés des postes, qui les taxeront en la forme ordinaire, pour les faire parvenir à leur destination. Il en sera tenu état sommaire au bureau de l'arrivée, avec mention de la taxe; le montant sera porté au débet de ceux à qui ils seront adressés, pour être par eux acquittés. *Art.* 5 et 6.

» S'il arrive que quelques fonctionnaires publics abusent de la faculté qui leur est donnée par le présent, en mettant à la charge de la République des objets qui lui sont étrangers, leurs noms seront rendus publics, sans préjudice des autres peines et condamnations auxquelles ils auront pu s'exposer. » *Art.* 9.

Pour se conformer aux dispositions de cet arrêté du 27 vendémiaire an 6, le ministre de l'intérieur a réglé, par sa circulaire du 12 brumaire suivant, que « toutes les expéditions, renseignemens et états qu'auront désormais à lui transmettre les Commissaires près les administrations municipales seraient expédiés par l'intermédiaire des commissaires près les départemens. »

Le Directoire exécutif ajouta, par un arrêté du 27 brumaire an 7, (B. 157. n.º 1552.) aux dispositions de celui du 27 vendémiaire précédent, les dispositions suivantes.

« Les Commissaires près les tribunaux de police comprendront dans les frais de procédure les ports des lettres qui concerneront chaque affaire en particulier; ils leur seront passés en taxe. *Art.* 1.ᵉʳ

» Ils rédigeront chaque mois un état sommaire des dépêches qui leur seront parvenues sur des objets particuliers et auxquels il n'est pas donné de suite. Les frais leur en seront remboursés comme il sera dit ci-après. *Art.* 2.

» Les frais de procédures mentionnés dans l'article 1.ᵉʳ, et le montant des états mentionnés dans l'article 2, seront ordonnancés par le président du tribunal criminel, et acquittés par les receveurs des domaines, lorsqu'il s'agira d'un objet placé dans les dépenses générales de la République, ou par le receveur du département, lorsque l'objet sera à la charge des dépenses départementales. *Art.* 3.

» Les lettres et paquets adressés par les autorités constituées aux Commissaires du Directoire exécutif auprès des administrations centrales et municipales, par les fonctionnaires publics autorisés à leur envoyer sans en payer le port d'avance, seront portés en dépense de la même manière que ceux adressés aux administrations elles-mêmes, sur l'état certifié que lesdits Commissaires leur remettront. » *Art.* 8

« Les paquets contenant des rôles, des matrices de rôles et autres imprimés relatifs aux fonctions des administrations centrales, municipales et de canton, expédiés respectivement par elles dans l'arrondissement de chaque département, ne seront taxés que comme objet de librairie. *Loi du 29 pluviose an 6, art.* 1.er (B. 184. n.º 1734.)

» Lesdits paquets seront, à cet effet, mis sous bandes, de manière à pouvoir être facilement vérifiés pour la taxe, et contresignés par le Commissaire du Directoire exécutif, ou par un membre de l'administration en son absence. » *Même loi*, *art.* 2.

Si les Commissaires du Directoire exécutif sont tenus d'entretenir une correspondance suivie avec le gouvernement, ils ne doivent point pour cela négliger de répondre aux mémoires, pétitions et lettres que leur adressent leurs concitoyens. Leur correspondance à cet égard doit avoir lieu suivant les dispositions de l'arrêté du 21 fructidor an 4, (B. 74. n.º 692.) dont la teneur suit.

ART. Ier « Aucun mémoire, pétition ou lettre ne pourront être adressés aux Commissaires du Directoire exécutif près les administrations, qu'il ne soit écrit en marge, sur une double feuille, et étiqueté en tête de chacune des deux feuilles, d'un ou deux mots indicatifs de la nature d'affaires à laquelle il appartient, et d'un numéro.

II. » Dans le cas où le mémoire, lettre ou pétition serait susceptible d'être réduit à une série de questions, il suffira qu'il soit écrit sur une simple feuille, sauf à y joindre, sur feuille double, la série de questions à laquelle il donnera lieu.

III. » La disposition des articles précédens s'applique aux mémoires, lettres et pétitions que les autorités s'écriront entre elles, comme à ceux que leur adresseront les citoyens. Elle ne s'applique pas aux pièces jointes à ces mémoires, lettres ou pétitions.

IV. Chaque autorité à laquelle il aura été adressé un mémoire, lettre ou pétition, consignera la minute de sa réponse à la marge de chacun des doubles qu'elles aura pardevers elle.

» Elle gardera l'un de ces doubles pardevers elle, pour minute, et enverra l'autre à l'autorité ou au citoyen qui les lui aura adressés tous deux.

» Si le mémoire, lettre ou pétition, contient plusieurs articles, la réponse sera couchée à la marge de chacun.

» Tout mémoire, lettre ou pétition qui contiendrait plusieurs objets distincts, qui ne serait pas écrit à mi-marge, ou qui ne serait pas étiqueté, ainsi que le prescrit l'article 1.er, sera renvoyé sans réponse à celui ou ceux de qui il proviendra. »

« Toutes personnes autres que les fonctionnaires publics, sont tenus, aux termes de l'article 1.er de l'arrêté du 27 vendémiaire an 6, (B. 153. n.º 1497.) de payer d'avance les ports des lettres et paquets, et dépêches qu'elles adresseront aux Commissaires du Directoire exécutif; faute de ce préalable, les lettres, dépêches et paquets ne seront point expédiés pour leur destination, ni remis à leur adresse, mais resteront au contraire au rebut dans les bureaux des postes où ils auront été déposés.

» Et les lettres adressées par les Commissaires près les administrations aux particuliers non revêtus de fonctions publiques, seront expédiées (d'après l'article 2 du même arrêté) sans contre-seing, et taxées à la poste pour le port en être acquitté par les personnes à qui elles seront adres-sées.

» Les citoyens indigens, et non inscrits, à cause de leur pauvreté, sur les rôles des contributions directes, qui auront à écrire au Directoire exécutif, au secrétaire général ou aux ministes, sont dispensés (par l'article 8 de cet arrêté) de payer les frais de port d'avance, à la charge de mettre leur nom sur les lettres et paquets, et de les faire certifier par les Commissaires par la municipalité du lieu du départ; il en sera compté au lieu de l'arrivée, comme si elles étaient écrites par les fonctionnaires publics. »

» Les Commissaires du Directoire exécutif, ne peuvent employer la gendarmerie au port des lettres et paquets de leur correspondance. « *Lettre du ministre de l'intérieur, du 26 nivose an 7.*

« Les Commissaires du Directoire exécutif sont auto-risés à ne pas recevoir une lettre dont ils ne voudraient pas acquitter le port; mais ils ne peuvent, sous aucun prétexte, se dispenser de donner par écrit, sur le dos de la lettre, le nom et la demeure de celui qui l'aura adressée, afin qu'elle puisse être de suite expédiée vers le lieu du départ. » *Arrêté du 5 vendémiaire an 7, art. 3.* (B. 229. n.º 2046.)

» Dans le cas où la suscription ne mettrait pas celui à qui elle est adressée, en état de reconnaître l'auteur, il aura la faculté d'ouvrir la lettre, et il placera les renseignemens sur le dos après l'avoir décachetée. Si l'auteur ne pouvait être reconnu à défaut de signature, la lettre restera définitivement au rebut. » *Ibid, art. 5.*

COSTUMES.

Suivant l'article 3 de la loi du 20 avril 1790, les officiers municipaux portent pour marque distinctive, par-dessus leur habit et en baudrier, une écharpe aux trois couleurs de la nation, bleu, rouge et blanc, attachée d'un nœud, et ornée d'une frange de couleur d'or, pour le maire, blanche, pour les officiers municipaux, et violette, pour le procureur de la commune.

La loi du 3 brumaire an 4, (B. 202. n.º 1208.) règle que « les officiers municipaux porteront l'écharpe tricolor comme ils ont fait jusqu'à présent, et que les présidens des administrations municipales porteront un chapeau rond orné d'une petite écharpe tricolor, surmonté d'une plume panachée aux trois couleurs. »

CRÉANCES NATIONALES.

Les inscriptions relatives aux créances appartenant à la République, soit pour constitution de rentes, fermages, sommes dues aux émigrés, au clergé et autres corporations supprimées, doivent être faites à la diligence des préposés de l'enregistrement, chargés par les lois de suivre le recouvrement de ces mêmes créances, qui sont une suite de l'administration des biens nationaux qui leur est confiée. Ainsi les Commissaires près les administrations se dispenseront de faire former les inscriptions hypothécaires relatives à ces créances nationales. *Lettre du ministre des finances, du mois de ventose an 7.* Voyez *Hypothèques.*

CULTES.

Aux termes de la Constitution, nul ne peut être empêché d'exercer, en se conformant aux lois, le culte qu'il a choisi; nul ne peut être forcé de contribuer aux dépenses d'aucun culte; la République n'en salarie aucun.

Ces bases fondamentales du libre exercice des cultes ainsi posées, il importait d'une part de réduire en lois les conséquences nécessaires qui en dérivent, et à cet effet de réunir en un seul corps, de modifier ou compléter celles qui ont été rendues, et de l'autre d'y ajouter des dispositions pénales qui en assurassent l'exécution.

Ces motifs déterminèrent la Convention nationale à rendre la loi du 7 vendémiaire an 4, (B. 186. n.º 1134.) dont les dispositions de sûreté publique sont confiées, par son article 32, à la surveillance des Commissaires près les administrations centrales et municipales. Les dispositions de cette loi sont si intéressantes pour la tranquillité publique, qu'on ne peut se dispenser d'en rapporter la teneur qui suit.

TITRE PREMIER.

Surveillance des cultes.

ART. I.er « Tout rassemblement des citoyens pour l'exercice d'un culte quelconque, est soumi à la surveillance des autorités constituées.

» Cette surveillance se renferme dans des mesures de police et de sûreté publique.

TITRE II.

Garantie du libre exercice de tous les cultes.

II. » Ceux qui outrageront les objets d'un culte quelconque, dans les lieux destinés à son exercice, ou ses ministres en fonctions, ou interrompront par un trouble public les cérémonies religieuses de quelque autre culte que ce soit, seront condamnés à une amende qui ne

pourra excéder 500 francs, ni être moindre de 50 francs
par individu, et à un emprisonnement qui ne pourra excéder deux ans, ni être moindre d'un mois, sans préjudice
aux peines portées par le Code pénal, si la nature du fait
peut y donner lieu.

III. » Il est défendu, sous les peines portées en l'article précédent, à tous juges et administrateurs d'interposer
leur autorité, et à tous individus d'employer les voies de
fait, les injures et les menaces, pour contraindre un ou
plusieurs individus à célébrer certaines fêtes religieuses, à
observer tel ou tel jour de repos, ou pour empêcher lesdits individus de les célébrer ou de les observer, soit en
forçant à ouvrir les ateliers, boutiques, magasins, soit en
empêchant les travaux agricoles, ou de telle autre manière. Voyez au mot *Annuaire*, § I.er, *les articles* 8, 10
de la loi du 17 *thermidor, et les articles* 7 *et* 9 *de la loi du*
23 *fructidor an* 6.

IV. » Par la disposition de l'article précédent, il n'est
point dérogé aux lois qui fixent les jours de repos des
fonctionnaires publics, ni à l'action de la police pour
maintenir l'ordre et la décence dans les fêtes civiques.

V. » Nul ne pourra remplir le ministère d'aucun culte,
en quelque lieu que ce puisse être, s'il ne fait préalablement, devant l'administration municipale ou l'adjoint municipal du lieu où il voudra exercer, une déclaration dont
le modèle est dans l'article suivant. Les déclarations déjà
faites ne dispenseront pas de celle ordonnée par le présent article. Il en sera tenu registre. Deux copies conformes, en gros caractères très-lisibles, certifiées par la signature de l'adjoint municipal ou du greffier de la municipalité, et par celle du déclarant, en seront et resteront
constamment affichées dens l'intérieur de l'édifice destiné
aux cérémonies, et dans les parties les plus apparentes et
les plus à portée d'en faciliter la lecture.

VI. » La formule de la déclaration exigée est celle-ci :

Le.......,devant nous est comparu N... (le nom et prénom
seulement) *habitant à....., lequel a fait la déclaration dont
la teneur suit :*

Je reconnais que l'universalité des citoyens français est le

*souverain, et je promets soumission et obéissance aux lois de
la République.*

*Nous lui avons donné acte de cette déclaration, et il a
signé avec nous.*

Au lieu de cette déclaration et du serment de haine à
la royauté et à l'anarchie que l'article 25 de la loi du 19
fructidor an 7 (B. 142. n.º 1400) lui avait substitué, les
ministres des cultes prêteront celui consacré par la loi du
12 thermidor an 7, (B. 297. n.º 3151.) dans la forme
suivante :

*Je jure fidélité à la République et à la Constitution de
l'an III ;*

*Je jure de m'opposer de tout mon pouvoir au rétablisse-
ment de la royauté en France, et à celui de toute espèce de
tyrannie.*

» Cette déclaration (ou plutôt ce serment) qui contiendra quelque chose de plus ou de moins, sera nulle
et comme non avenue. Ceux qui l'auront reçue, seront
punis chacun de 500 livres d'amande, d'un emprisonnement qui ne pourra excéder un an, ni être moindre de
trois mois.

VII. » Tout individu qui, une décade après la publication du présent décret, exercera le ministère d'un culte
sans avoir satisfait aux deux articles précédens, subira la
peine portée en l'article 6, et en cas de récidive, il sera
condamné à dix ans de gêne.

VIII. » Tout ministre du culte qui après fait la déclaration dont le modèle est donné article 6, l'aura rétracté
ou modifié, ou aura fait des protestations ou restrictions
contraires, sera banni à perpétnité du territoire de la
République.

» S'il y rentre, il sera condamné à la gêne aussi à
perpétuité.

———————

TITRE IV.

De la garantie contre tout culte qu'on tenterait de rendre exclusif ou dominant.

SECTION PREMIERE.

Concernant les frais des cultes.

IX. » Les communes ou sections de communes, ne pourront en nom collectif, acquérir ni louer de local pour l'exercice des cultes.

X. » Il ne peut être formé aucune dotation perpétuelle ou viagère, ni établi aucune taxe pour acquitter les dépenses d'aucun culte, ou le logement des ministres.

XI. » Tous actes, contrats, délibérations, arrêtés, jugemens ou rôles, faits, pris ou rendus en contravention aux articles précédens, seront nuls et comme non avenus. Les fonctionnaires publics qui les signeront seront condamnés chacun à 500 livres d'amende, et à un emprisonnement qui ne pourra être moindre d'un mois, ni en excéder six.

XII. » Ceux qui tenteront, par injures ou menaces, de contraindre un ou plusieurs individus à contribuer aux frais d'un culte, ou qui seront instigateurs desdites injures ou menaces, seront punis d'une amende qui ne pourra être moindre de 50 livres ni excéder 500 livres.

» S'il y a voie de fait ou violence, la peine sera celle portée au Code pénal. Si la voie de fait commise n'y est pas prévue, le coupable sera puni d'un emprisonnement qui ne pourra excéder deux ans, ni être moindre de six mois, et d'une amende qui ne pourra excéder 500 livres, ni être moindre de 100 livres.

SECTION II.

Des lieux où il est défendu de placer les signes particuliers à un culte.

XIII. » Aucun signe particulier à un culte ne peut

être élevé, fixé, attaché en quelque lieu que ce soit, de manière à être exposé aux yeux des citoyens, si ce n'est dans l'enceinte destinée aux exercices de ce même culte, ou dans l'intérieur des maisons des particuliers, dans les ateliers ou magasins des artistes ou magasins, des artistes et marchands, ou les édifices publics destinés à recueillir les monumens des arts.

XIV. » Ces signes seront enlevés de tout autre lieu, de l'autorité municipale ou de l'adjoint municipal, et à leur défaut, du *Commissaire du Directoire exécutif* près du département. Ils auront attention d'en prévenir les habitans, et d'y procéder de manière à prévenir les troubles.

XV. » Tout individu qui, postérieurement à la publication du présent décret, aura fait placer ou rétablir de tels signes par-tout ailleurs que dans les lieux permis, ou en aura provoqué le placement ou rétablissement, sera condamné à une amende qui ne pourra excéder 500 liv., ni être moindre de 100 livres, et à un emprisonnement qui ne pourra excéder six mois, ni être moindre de dix jours.

Section III.

Des lieux où les cérémonies des cultes sont interdites.

XVI. Les cérémonies de tous cultes sont interdites hors l'enceinte de l'édifice choisi pour leur exercice.

» Cette prohibition ne s'applique pas aux cérémonies qui ont eu lieu dans l'enceinte des maisons particulières, pourvu qu'outre les individus qui ont le même domicile, il n'y ait pas, à l'occasion des mêmes cérémonies, un rassemblement excédant dix personnes.

XVII. » L'enceinte choisie pour l'exercice d'un culte sera indiquée et déclarée à l'adjoint municipal dans les communes au-dessous de cinq mille ames ; et dans les autres, aux administrations municipales du canton ou arrondissement. Cette déclaration sera transcrite sur le registre ordinaire de la municipalité ou de la commune, et il en sera envoyé expédition au greffe de la police correctionnelle du canton. Il est défendu à tous ministres de culte et à tous individus d'user de ladite enceinte avant d'avoir rempli cette formalité.

XVIII. » La contravention à l'un des articles XVI et XVII sera punie d'une amende qui ne pourra excéder 500liv., ni être moindre de 100liv., et d'un emprisonnement qui ne pourra excéder deux ans, ni être moindre d'un mois.

» En cas de récidive, le ministre du culte sera condamné à dix ans de gêne.

XIX. » Nul ne peut, sous les peines portées en l'article précédent, paraître en public avec les habits, ornemens ou costumes affectés à des cérémonies religieuses, ou à un ministre du culte.

SECTION IV.

Concernant les actes de l'état civil.

XX. » Il est défendu à tous juges, administrateurs et fonctionnaires publics quelconques, d'avoir aucun égard aux attestations que des ministres du culte, ou des individus se disant tels, pourraient donner relativement à l'état civil des citoyens; la contravention sera punie comme en l'article XVIII. Ceux qui les produiront, soit devant les tribunaux, ou devant les administrations, seront condamnés aux mêmes peines.

XXI. » Tout fonctionnaire public chargé de rédiger les actes de l'état civil des citoyens, qui fera mention dans lesdits actes des cérémonies religieuses, ou qui exigera la preuve qu'elle ont été observées, sera également condamné aux peines portées en l'art. XVIII.

TITRE V.

De quelques délits qui peuvent se commettre à l'occasion ou par abus de l'exercice du culte.

XXII. » Tout ministre du culte qui, hors de l'enceinte de l'édifice destiné aux cérémonies ou exercices d'un culte, lira ou fera lire dans une assemblée d'individus, ou qui affichera ou fera afficher, distribuera ou fera distribuer un écrit émané, ou annoncé comme émané d'un

ministre de culte qui ne sera pas résidant dans la république française, ou même d'un ministre de culte résidant en France, qui se dira délégué d'un autre qui n'y
résidera pas, sera, indépendamment de la teneur dudit
écrit, condamné à six mois de prison; et en cas de récidive, à deux ans.

XXIII. Sera condamné à la gêne à perpétuité tout
ministre de culte qui commettra un des délits suivans,
soit par ses discours, ses exhortations, prédications, in-
vocations ou prières en quelque langue que ce puisse
être, soit en lisant, publiant, affichant, distribuant, ou
faisant lire, publier, afficher et distribuer dans l'enceinte
de l'édifice destiné aux cérémonies, ou à l'extérieur, un
écrit dont il sera, ou dont tout autre sera l'auteur :

Savoir, si, par ledit écrit ou discours, il a provoqué
au rétablissement de la royauté en France, ou à l'ané-
antissement de la république, ou à la dissolution de la
représentation nationale ;

Ou s'il a provoqué au meurtre, ou a excité les défenseurs de la patrie à déserter leurs drapeaux, ou leurs pères
et mères à les rappeler ;

Ou s'il a blâmé ceux qui voudraient prendre les armes
pour le maintien de la Constitution républicaine, et la
défense de la liberté ;

Ou s'il invite des individus à abattre des arbres consacrés à la liberté, a en déposer ou avilir les signes et
couleurs ;

Ou enfin, s'il a exhorté ou encouragé des personnes
quelconques à la trahison ou à la rébellion contre le gouvernement.

XXIV. » Si, par des écrits placards ou discours, un
ministre de culte cherché à égarer les citoyens, en leur
présentant comme injustes ou criminelles les ventes ou
acquisitions de biens possédés ci-devant par le clergé ou
les émigrés; il sera condamné à 1,000 liv. d'amende, et
à deux ans de prison.

» Il lui sera défendu de continuer ses fonctions de
ministre du culte.

» S'il contrevient à cette défense, il sera puni de dix
ans de gêne.

XXV. » Il est expressément défendu aux ministres d'un culte et à leurs sectateurs, de troubler les ministres d'un autre culte ou prétendu tel, ou leurs sectateurs, dans l'exercice de l'usage commun des édifices, réglé en exécution de l'article IV de la loi du 11 prairial (B. 150. n.° 878.) à peine de 500 liv. d'amende et d'un emprisonnement qui ne pourra excéder six mois, ni être moins de deux.

D A T E.

La loi du 23 fructidor (B. 225. N.° 2003.) défend (art. 1.er) d'employer dans tous les actes ou conventions, soit publics, soit privées, aucune autre date ou indication que celle tirée de l'annuaire de la République. *Voyez Annuaire*, § 1.er N.° 2.

D É C A D I S.

La loi du 17 thermidor an 6 (B. 216. N.° 1943.) porte que le décadi est un jour de repos dans la République ; celle du 13 fructidor suivant (B. 221. N.° 1980.) indique la manière dont le décadi sera célébré.

Ces deux lois, contenant des dispositions dont l'exécution est particulièrement confiée aux administrations municipales et aux Commissaires près d'elles, se trouvent à l'article *Annuaire*, § 1 et 2.

D E F A U T.

« La personne citée devant le tribunal de police qui ne comparaît au jour et à l'heure fixés par la citation (qui lui a été signifiée à la requête du Commissaire près l'administration municipale) est jugée par *défaut. Loi du 3 brumaire an* 4. (B. 204. N.° 1221.) *art.* 158.

» La condamnation par *défaut*, est comme non avenue si dans les dix jours de la signification qui en a été faite à la personne citée, celle-ci se présente et demande à être entendue.

» Néanmoins les frais de la signification du jugement demeurent à sa charge. *Même loi, art.* 159.

» Si la personne ne comparaît pas dans les dix jours de la signification du *jugement par défaut,* ce jugement demeure définitif. *Même loi,* art. 160. » Voyez *Jugemens de police.*

DEFENSEURS OFFICIEUX.

» La personne qui comparaît par elle-même ou un fondé de procuration spéciale devant le tribunal de police, ne peut être assistée d'un *défenseur officieux* ou conseil. » *Loi du 3 brumaire,* art. 161. (B. 204. N.º 1221.)

DEFENSEURS DE LA PATRIE.

La conservation des propriétés, la défense des droits civils de ces citoyens utiles, qui se dévouent à la défense de la liberté et à l'affermissement du régime constitutionnel, ont été l'objet de la juste sollicitude du législateur.

» Dans toutes les communes de la République où il y a des terres qui n'ont pas encore reçu la culture nécessaire pour la semaille, à raison du départ des citoyens pour les armées, la municipalité désignera les propriétaires, fermiers et habitans de la commune qui devront cultiver lesdites terres, en observant une répartition proportionnée à leurs moyens relatifs. On commencera par celles des citoyens les plus aisés. » *Loi du 16 septembre* 1793, *art.* 1 *et* 2.

» Si les cultivateurs manquent de bras, la municipalité requerra les journaliers-manouvriers de la commune pour aider les laboureurs jusqu'à leurs semailles, *art.* 3.

» Les journaliers et manouvriers qui se refuseraient aux réquisitions qui leur seraient faites d'aider les cultivateurs, moyennant salaire, y seront contraints sous peine de *trois jours de prisons* et de trois mois en cas de récidive, *art.* 4.

» Les journaliers-manouvriers qui se coaliseront pour refuser

refuser leur travail, seront punis de deux ans de fers, *art.* 5.

» Les agens nationaux (*les Commissaires près les admi-nistrations municipales*) sont chargés de surveiller l'exé-cution des dispositions précédentes, et d'en rendre compte au Ministre de l'intérieur. *Loi du 23 Nivose an 2, art.* 1er.

Après avoir pourvu à la conservation et à la culture de terres des défenseurs de la patrie pendant leur absence, la Convention nationale prit le 11 ventose an 2, des mesures pour leur assurer les successions qui leur seraient échues par le décès de leurs pères et mères et autres pa-rens dont ils seraient héritiers.

Elle charge à cet effet l'agent national de la commune (*le Commissaire près l'administration municipale*) dans laquelle les pères et mères seraient décédés, de convo-quer, sans frais, devant le juge de paix, la famille, et à son défaut, les voisins et amis, à l'effet de nommer un curateur au défenseur de la patrie qui n'aurait pas donné de ses nouvelles, ou n'aurait pas envoyé de procuration dans le délai d'un moi. *Loi du 11 ventose an 2.*

Il faut observer que cette disposition est étendue aux officiers de santé et à tous les citoyens attachés au ser-vices des armées et aux prisonniers de guerre. *Lois du 16 fructidor an 2* (B. 51. N.º 278.) *et 10 vendémiaire an 3.*

Ces mesures ne paraissant point suffisantes pour mettre les propriétés des défenseurs de la patrie et des autres citoyens attachés au service des armées, à l'abri des atteintes que la cupidité ou la mauvaise foi pourraient y porter pendant leur absence, le Corps législatif y a ajouté par une loi du 6 brumaire an 5 (B. 85. n.º 811.) celles qui suivent.

Après avoir chargé les tribunaux civils de nommer trois citoyens probes et éclairés qui formeront un conseil officieux chargé de consulter et de défendre gratuitement sur la demande des fondés de pouvoirs, les affaires des *défenseurs de la patrie* et autres citoyens absens pour le service des armées de terre et de mer, et après avoir

fixé le temps pendant lequel il n'y aurait contre eux aucune prescription, expiration de délais ou péremption
d'instances, cette loi porte que « les jugemens pronon-
cés contre eux ne peuvent donner lieu au décret, ni à
la dépossession d'aucun immeuble pendant les délais
prescrits. *art.* 4.

» Aucun de ces jugemens ne pourra être mis à exécution qu'autant que la partie poursuivante aura présenté
et fait recevoir par le tribunal qui aura rendu le jugement
une caution solvable de rapporter le cas échéant, *art.* 5.

» Pour l'exécution de l'article précédent, les administrations municipales déposeront dans les cinq jours de
la publication de la présente loi, aux greffes du tribunal
civil, du tribunal de commerce et de la justice de paix,
desquels relève le canton, une liste contenant les noms
et prénoms de tous les citoyens de leurs arrondissemens,
absens de leur domicile pour le service des armées de
terre et de mer, *art.* 6.

. » Les propriétés des défenseurs de la patrie et des
autres citoyens absens pour le service public, sont mises
sous la surveillance des agens et adjoints municipaux de
chaque commune ; ils seront tenus de dénoncer, sous
leur responsabilité personnelle, *au Commissaire du Directoire exécutif* près l'administration municipale du canton,
les atteintes qui pourraient y être portées. Le Commissaire du Directoire exécutif poursuivra en indemnité devant les tribunaux, les communes qui ne les auraient pas
prévenues ou repoussées conformément aux lois existantes. *art.* 7.

» Les Commissaires auprès des administrations sont
chargés de veiller à l'exécution de ces dispositions, *art.* 8. »

D E G A T S.

Conformément à l'article 605 du code des délits et des
peines du 3 brumaire an 4, (B. 204. N.° 1221.) les
dégats faits aux propriétés rurales, soit par les hommes,
soit par les animaux, doivent être poursuivis devant le
tribunal de police, par le *Commissaire* près l'administra-

tion municipale, quand ils ne sont susceptibles que d'être punis d'une amende qui n'excède pas la valeur de trois journées de travail ou la durée de trois jours d'emprisonnement. Voyez *Délits ruraux*.

DÉGRÉS DE PARENTÉ.

« Les parens et alliés jusqu'au degré de cousin-germain inclusivement, ne peuvent être en même temps, l'un receveur de district, et l'autre *agent national* (ou commissaire près l'administration.) *Loi du* 17 *frimaire an* 3, *art.* 1.ᵉʳ, (B. 97. N.º 499.)

» Le parent ou allié au degré prohibé, qui aura été nommé le dernier à l'une des places de receveur ou *d'agent national*, est tenu de se démettre de ses fonctions, *ibid*, *art.* 2. »

DÉLAIS.

Exigés par la loi du divorce, doivent être scrupuleusement observés. Voyez *Divorce*.

DÉLIBÉRATIONS.

Les Commissaires du Directoire exécutif près les administrations tant municipales que départementales, assisteront à toutes les délibérations, et il n'en sera pris aucune qu'après qu'ils auront été ouïs; ils n'auront, en aucun cas, voix délibérative. *Loi du* 21 *fructidor*, *art.* 15. (B. 185. N.º 1128.) Voyez *Arrêtés*.

DÉLITS EN GÉNÉRAL.

La surveillance des Commissaires du Directoire exécutif près les administrations centrales et municipales, doit s'étendre sur tous les délits qui peuvent troubler la tranquillité publique ou favoriser les entreprises des ennemis de l'ordre et de la Constitution, qui peuvent porter atteinte à la sûreté individuelle et aux propriétés publiques et particulières. Leur zèle doit se porter à les prévenir ou à les réprimer. Cette obligation leur est imposé aux uns et aux autres, par l'article 83 de la loi du 3 brumaire an 4, (B. 204. N.º 1221.) qui s'exprime ainsi :

« Tout fonctionnaire public et officier qui, dans l'exercice de ses fonctions, acquiert la connaissance ou reçoit la dénonciation d'un délit de nature à être puni, soit d'une amende au-dessus de la valeur de trois journées de travail, soit d'un emprisonnement de plus de trois jours, soit d'une peine afflictive ou infamante, est tenu d'en donner avis sur-le-champ au juge de paix dans l'arrondissement duquel il a été commis, ou dans lequel réside le prévenu, et de lui transmettre tous les renseignemens procès-verbaux et actes qui lui sont relatifs. » Voyez *Police générale.*

Outre cette surveillance généra'e qui est attribuée aux *Commissaires* près les administrations, il est des délits dont la poursuite est spécialement confiée aux *Commissaires près les administrations municipales.* Ces délits sont ceux dont la peine n'excède pas, soit la valeur de trois journées de travail, soit un emprisonnement de trois jours, et dont l'article 233 de l'acte constitutionnel délègue la connaissance au juge de paix qui prononce en dernier ressort, ce sont ces délits que nous allons traiter sous la dénomination de *Délits de police, Délits ruraux et forestiers.*

1.º *Délits de police.*

« La justice, pour la repression de ces délits, est administrée par les tribunaux de police. *Loi du 3 brumaire an 4. art.* 150. (B. 204. n.º 1221.)

» Les Commissaires de police exercent la police judiciaire relativement à tous les délits commis dans leurs arrondissemens respectifs, dont la peine n'excède pas une amende égale à la valeur de trois journées de travail ou trois jours d'emprisonnement, *idem, art.* 28.

» En conséquence, ils sont spécialement chargés de les dénoncer au *Commissaire du pouvoir exécutif* près l'administration municipale, lequel fait citer les prévenus au tribunal de police, *idem. art.* 29.

» Dans le cas où le commissaire de police remettrait au *Commissaire du pouvoir exécutif* près l'administration municipale de son arrondissement, des dénonciations, procès-verbaux ou autres pièces relatives à un délit dont la peine excède la valeur de trois journées de travail, ou trois jours d'emprisonnement, le *Commissaire du pouvoir exécutif*, est tenu de les renvoyer au juge de paix, *idem*, *art.* 37.

» Le *juge de paix* devant lequel est amené une personne pour délit de nature à n'être puni que d'une amende de la valeur de trois journées de travail ou d'un emprisonnement de trois jours, est tenu de le mettre en liberté, et de le renvoyer devant le tribunal de police pour y être entendue et jugée à jour et heure fixes, en communiquant préalablement la dénonciation et les pièces au *Commissaire du pouvoir exécutif* près l'administration municipale dans l'étendue de laquelle le délit a été commis, *idem*, *art.* 72. Voyez *Tribunal de police*.

2.º *Délits ruraux et forestiers.*

» Les gardes champêtres et les gardes forestiers, considérés comme officiers de police judiciaire, sont chargés de rechercher respectivement tous les délits qui portent atteinte aux propriétés rurales et forestières;

» De dresser des procès-verbaux indicatifs de leur nature et de leur circonstance, du temps et du lieu où ils ont été commis, des preuves et indices qui existent sur les prévenus;

» De suivre les objets volés dans les lieux où ils ont été transportés et de les mettre en séquestre, sans pouvoir néanmoins s'introduire dans les maisons, ateliers, bâtimens et cours adjacentes, si ce n'est en présence soit d'un officier ou agent municipal, ou de son adjoint, soit d'un commissaire de police. *Loi du 3 brumaire an 4, art.* 41. (B. 204. n.º 1221.) Voyez *Bois*.

» Les *gardes forestiers* remettront leurs *procès-verbaux* à *l'agent de l'administration forestière* désigné par la loi.

» La loi règle la manière dont cet agent doit agir en conséquence suivant la nature du délit. *Idem*, *art.* 42.

» Les *gardes champêtres* remettront leurs *procès verbaux* au *Commissaire du Pouvoir exécutif* près l'administration municipale. *Idem*, *art.* 43.

» La *remise* de chaque *procès-verbal* se fait au plus tard le troisième jour après la reconnaissance du délit qui en est l'objet. *Idem*, *art.* 44.

» Si le délit est de nature à mériter une peine au-dessus de la valeur de trois journées de travail ou de trois jours d'emprisonnement, le Commissaire du Pouvoir exécutif envoie le procès-verbal au juge de paix, qui agit en conséquence comme officier de police judiciaire. *Idem*, *art.* 45.

» Si le procès - verbal a pour objet un délit dont la peine n'excède pas la valeur de trois journées de travail ou trois jours d'emprisonnement, le Commissaire du Pouvoir exécutif fait citer le prévenu devant le tribunal de police. *Idem*, *art.* 46. »

« Les Commissaires près les administrations municipales établies dans chaque arrondissement de tribunal correctionnel, demanderont au Commissaire du Directoire exécutif près ce tribunal, tous les éclaircissemens dont ils auront besoin pour les diriger dans la poursuite des délits qui sont de la compétence des tribunaux de police.

» Le Commissaire du Directoire exécutif près le tribunal correctionnel sera tenu de leur répondre dans les trois jours.

» En cas de négligence de sa part, ils en avertiront le Commissaire du Directoire exécutif près le tribunal criminel, lequel en fera mention dans l'état qu'il doit adresser chaque mois au ministre de la justice des Commissaires qui n'auraient point obtempéré à cet article. » *Arrêté du Directoire exécutif*, du 4 *frimaire an* 5, *articles* 3 *et* 9. (B. 93 n.° 884.)

Comme les Commissaires près les administrations municipales sont chargés de donner leurs conclusions et de requérir l'application de la loi, il est nécessaire qu'ils connaissent les peines qu'elle prononce contre les délits de simple police, forestiers et ruraux.

Le Code des Délits et des Peines, (Art. 600 et 605.) s'exprime ainsi sur ces espèces de délits.

Peines contre les délits de police.

« Sont punis des peines de simple police, qui consistent dans une amende de la valeur de trois journées de travail ou au-dessous, ou dans un emprisonnement qui n'excède pas trois jours, 1.º ceux qui négligent d'éclairer ou de nétoyer les rues devant leurs maisons, dans les lieux où ce soin est à la charge des habitans;

» 2.º Ceux qui embarrassent ou dégradent les voies publiques;

» 3.º Ceux qui contreviennent à la défense de rien exposer sur leurs fenêtres, de rien jeter qui puisse nuire ou endommager par sa chûte, ou causer des exhalaisons nuisibles;

» 4.º Ceux qui laissent divaguer des insensés ou furieux, ou des animaux malfaisans ou féroces;

» 5.º Ceux qui exposent en vente des comestibles gâtés, corrompus ou nuisibles;

» 6.º Les boulangers et bouchers qui vendent le pain ou la viande au-delà du prix fixé par la taxe légalement faite et publiée.

» 7.º Les auteurs d'injures verbales dont il n'y a point de poursuites criminelles;

» 8.º Les auteurs de rixes, attroupemens injurieux et nocturnes, voies de fait et violences légères, pourvu qu'ils n'aient blessé ni frappé personne, et qu'ils ne soient point notés, d'après les dispositions de la loi du 19 - 22 juillet 1791, comme *gens sans aveu, suspects* ou *mal intentionnés*, auxquels cas ils ne peuvent être jugés que par le tribunal correctionnel »

Peines contre les délits ruraux.

» 9.º Sont punies de ces peines, les personnes coupables des délits mentionnés dans le titre II de la loi du 28 septembre - 6 octobre 1791 sur la police rurale, lesquels étaient dans le cas d'être jugés par la voie municipale. »

Ce titre, intitulé *de la Police rurale*, contient les dispositions qui suivent.

ART. I.er « La police des campagnes est spécialement sous la juridiction des juges de paix et officiers municipaux, et sous la surveillance des gardes champêtres et de la gendarmerie nationale.

II. » Tous les délits ci-après mentionnés sont, suivant leur nature, de la compétence du juge de paix ou de la municipalité du lieu où ils ont été commis.

III. » Tout délit rural, ci-après mentionné, sera punissable d'une amende ou d'une détention, soit municipale, soit correctionnelle, ou de détention et d'amende réunies, suivant les circonstances et la gravité du délit, sans préjudice de l'indemnité qui pourra être due à celui qui aura souffert le dommage. Dans tous les cas cette indemnité sera payable par préférence à l'amende. L'indemnité et l'amende sont dues solidairement par les délinquans.

IV. » Les moindres amendes seront de la valeur d'une journée de travail au taux du pays, déterminée par le directoire du département. Toutes les amendes ordinaires qui n'excéderont pas la somme de trois journées de travail, seront doubles en cas de récidive dans l'espace d'une année, ou si le délit a été commis avant le lever ou après le coucher du soleil; elles seront triples quand les deux circonstances précédentes se trouveront réunies; elles seront versées dans la caisse de la municipalité.

V. » Le défaut de paiement des amendes et des dédommagemens ou indemnités, n'entraînera la contrainte par corps que vingt-quatre heures après le commandement. La détention remplacera l'amende à l'égard des insolvables, mais sa durée en commutation de peine ne pourra excéder un mois. Dans les délits pour lesquels cette peine n'est point prononcée, et dans les cas graves où la détention est jointe à l'amende, elle pourra être prolongée du quart du temps prescrit par la loi.

VI. » Les délits mentionnés au présent décret, qui entraîneraient une détention de plus de trois jours dans les campagnes, et de plus de huit jours dans les villes, seront jugés par voie de police correctionnelle ; les autres le seront par voie de police municipale.

VII. » Les maris, pères, mères, tuteurs, maîtres, entrepreneurs de toute espèce, seront civilement responsables des délits commis par leurs femmes et enfans, pupilles, mineurs n'ayant pas plus de vingt ans et non mariés, domestiques, ouvriers, voituriers et autres subordonnés. L'estimation du dommage sera toujours faite par le juge de paix ou ses assesseurs, ou par des experts par eux nommés.

VIII. Les domestiques, ouvriers, voituriers, ou autres subordonnés, seront à leur tour responsables de leurs délits envers ceux qui les emploient.

IX. » Les officiers municipaux veilleront généralement à la tranquillité, à la salubrité et à la sûreté des campagnes ; ils seront tenus de faire, au moins une fois par an, la visite des fours et cheminées de toutes maisons et de tous bâtimens éloignés de moins de cent toises d'autres habitations : ces visites seront préalablement annoncées huit jours d'avance.

» Après la visite ils ordonneront la réparation ou la démolition des fours et des cheminées qui se trouveront dans un état de délabrement qui pourrait occasionner un incendie ou d'autres accidens ; il pourra y avoir lieu à une amende au moins de 6 liv., et au plus de 24 liv. »

L'article 10 et les suivans, jusques et compris l'article 44, déterminent tous les délits avec les peines à prononcer contre les délinquans.

Voyez le *Manuel des Agens municipaux* au mot *Police*, dans lequel l'auteur a donné la nomenclature la plus exacte de tous les délits dont la connaissance est attribuée aux juges de police, en vertu des lois du 22 juillet et 6 octobre 1791.

» Le tribunal de police gradue selon les circonstances et le plus ou moins de gravité du délit (quant aux délits de police) les peines qu'il est chargé de prononcer, sans néanmoins qu'elles puissent, en aucun cas, ni être audessous de la valeur d'une journée de travail ou d'un jour d'emprisonnement, ni s'élever au-dessus de la valeur de trois journées de travail ou de trois jours d'emprisonneme t. *Loi du 3 brumaire, art.* 606.

Cette disposition n'est plus applicable aux coupables de délits forestiers et ruraux. Car la loi du 23 thermidor an 4 (B. 66. n.º 601.) porte (art. 2) que « la peine de la valeur d'une journée de travail ou d'un jour d'emprisonnement, fixée comme la moindre, par l'article 606 du code des délits et des peines, ne pourra, pour tout délit rural ou forestier, être au-dessous de trois journées de travail ou de trois jours d'emprisonnement. »

» En cas de récidive, les peines suivent la proportion réglée par les lois des 19 juillet et 28 septembre 1791, et ne peuvent en conséquence être prononcées que par le tribunal correctionnel. *Loi du 3 brumaire an 4, art.* 607.

» Pour qu'il y ait lieu à une augmentation de peine pour cause de récidive, il faut qu'il y ait eu un premier jugement rendu contre le prévenu de pareil délit, dans les douze mois précédens, et dans le ressort du même tribunal, *idem, art.* 608.

Les Commissaires près les administrations municipales doivent observer que quand un délit de police ne se trouve point énoncé dans les lois des 19 juillet et 28 septembre 1791, et quelques autres, il faut recourir aux anciennes ordonnances. C'est d'après la nécessité d'une pareille mesure, que la loi du 19 juillet 1791 ordonne l'exécution d'anciens réglemens dans certaines parties de police dont elle ne contient pas les détails, et que le code du 3 brumaire renvoie à l'ordonnance de 1669, pour les peines encourrues par les délits forestiers.

Il existe d'ailleurs, sur cette matière, une disposition plus générale dans le décret du 21 septembre 1792, il porte que « jusqu'à ce qu'il en ait été autrement ordonné, les lois non abrogées seront provisoirement exécutées. »

Il résulte delà que si le délit non prévu par les lois nouvelles, est puni par un ancien réglement, d'une peine qui n'excède pas la valeur de trois journées de travail ou un emprisonnement de trois jours, il suffit qu'il soit

constaté par le procès-verbal d'un commissaire de police,
d'après la remise duquel le Commissaire du pouvoir exécutif près l'administration municipale, fera citer le délinquant devant le tribunal de police, et poursuivra contre
lui la peine portée par l'ancien réglement. *Lettre du Ministre de la justice du* 12 *vendémiaire an* 7.

DÉMOLITIONS.

Les démolitions doivent être un des objets de la surveillance des Commissaires du Directoire, pour prévenir
les accidens et les encombremens de la voie publique qui
peuvent en résulter. Voyez le *Manuel des Agens municipaux*.

DÉNONCIATION. Voyez *Délits* et le *Manuel des
Agens municipaux*.

DÉPENSES ET RECETTES. Voyez *Recettes*.

DÉPORTÉS. Voyez *Prêtres*.

DÉPOTS.

« Les agens nationaux (représentés actuellement par
les Commissaires du Directoire exécutif près les administrations) ont droit de surveillance sur tous les *dépôts*
des titres judiciaires et domaniaux, et ils adresseront au
Ministre leurs observations sur le mode de conservation,
sur le nombre et la qualité des concierges et sur les frais
de garde. *Loi du* 7 *messidor an* 2, *art.* 28. (B. 11. -
N.º 51.) »

DÉSERTION.

« La surveillance contre la *désertion*, l'examen des passe-
ports et congés des militaires ou autres citoyens employés
près les armées, sont directement confiés à la gendarmerie nationale et aux *Commissaires* près les administrations départementales et municipales, qui auront le droit

de requérir la force armée pour l'arrestation des *déserteurs* ; et en cas de négligence à cet égard, ils seront punis de la *destitution*, et de plus fortes peines, s'il y a lieu. *Loi du 4 frimaire an 4, art. 1.ᵉʳ* (B. 6. N.° 32.) »

» En exécution de cette disposition, les *Commissaires* près les administrations municipales sont tenus, sous peine de *destitution*, de rechercher et faire arrêter, sans délai, dans leurs arrondissemens respectifs, tous les jeunes gens qui se seraient soustraits à la *première réquisition*, ou seraient restés dans leurs foyers sans autorisation légale. *Arrêtés du Directoire exécutif, du 8 pluviose an 4, art. 1ᵉʳ.* (B. 22. N.° 138.) et 2 *germinal an 4, art.* 2. (B. 35. - N.° 261.)

» Il leur est enjoint à chacun d'eux d'adresser le compte de leurs diligences et de leur résultat, au commissaire près l'administration centrale du département qui demeure chargé de le transmettre aussi-tôt après sa réception au Ministre de la guerre. *Arrêté du 8 pluviose an 4, art.* 2 et 3. (B. 22. N.° 138.)

Cependant l'exécution des dispositions ci-dessus était par-tout entravée ou éludée par l'espèce de conflit qui existait entre les Commissaires du Directoire exécutif et la gendarmerie. Pour les faire exécuter avec plus d'ensemble et avec plus d'énergie, le Directoire a ordonné, par un arrêté du 3 fructidor an 6, (B. 219. N.° 1964.) ce qui suit :

» L'exécution des lois et arrêtés relatifs aux militaires, *réquisitionnaires* et *déserteurs*, qui doivent être renvoyés à l'armée, est confiée directement à la gendarmerie, sous la surveillance des généraux divisionnaires, des administrations centrales et municipales, et des *Commissaires* près d'elles, *art.* 1ᵉʳ.

» Les administrations centrales et municipales, les *Commissaires* du Directoire exécutif près d'elles et les agens municipaux, seront tenus, sous leur *responsabilité* personnelle, de coopérer de tout leur pouvoir à assurer l'effet des mesures qui seront prises par la gendarmerie pour l'arrestation des militaires, réquisitionnaires et déserteurs, soit en fournissant la liste de ceux qui se trouveront dans leurs ressorts respectifs, soit en prêtant main-forte, en cas de besoin, conformément à la loi du 4 frimaire an 4, sous les peines portées par cette loi et celle du 24 brumaire an 6, *art.* 2. »

Cette loi du 24 brumaire an 6, (B. 157. N.º 1551.) porte que « tout administrateur de département ou de canton..... tout *Commissaire du Directoire exécutif.....* qui n'exécutera pas ponctuellement, en ce qui le concerne, les lois relatives aux *déserteurs*, aux fuyards de la réquisition et à leurs complices, ou qui en empêchera ou entravera l'exécution, sera puni de deux années d'emprisonnement, *art.* 1.

» Tout fonctionnaire public convaincu d'avoir favorisé la désertion, empêché ou retardé le départ des déserteurs et des citoyens de la réquisition, soit par des écrits, soit par des discours, sera, outre *l'emprisonnement*, condamné à une amende qui ne pourra être moindre de 500 francs, ni excéder 2000 francs.

» Ils sera de plus *destitué* de ses fonctions, *art.* 2.

» Les Commissaires près les administrations municipales sont tenus, aux termes de l'article 2 de l'arrêté du 8 pluviose an 4, (B. 22. N.º 138.) de dénoncer les citoyens qui donneraient asyle aux jeunes gens qui se seraient soustraits à la première réquisition, et de provoquer à leur égard, l'application des dispositions de la loi du 24 brumaire an 6, (B. 157. - N.º 1551.) qui suivent.

» Tout habitant de l'intérieur de la République, convaincu d'avoir *recélé* sciemment la personne d'un *déserteur* ou *réquisitionnaire*, ou d'avoir favorisé son évasion ou de l'avoir soustrait, d'une manière quelconque, aux poursuites ordonnées par la loi, sera condamné par voie de police correctionnelle, à une amende qui ne pourra être moindre de 300 francs, ni excéder 3000 francs, et à un emprisonnement d'un an.

» L'emprisonnement sera de deux ans, si le déserteur ou réquisitionnaire a été recélé avec armes et bagages, *art.* 4.

» Celui qui aura reçu chez lui un déserteur ou réquisitionnaire fugitif, ne sera pas admis à proposer comme excuse valable, que ledit déserteur ou réquisitionnaire était entré chez lui en qualité de serviteur à gages, à moins qu'il ne l'ait préalablement présenté à l'administration municipale de son canton, pour l'interroger, examiner ses papiers et passe-ports, et s'assurer par tous les moyens possibles, qu'il n'était pas dans le cas de la désertion ni de la réquisition, *art.* 5.

» La négligence des administrateurs à cet égard, sera puni de deux années d'emprisonnement.

» En cas de connivence pour favoriser la désertion, les peines de deux années d'emprisonnement, de l'amende qui ne pourra être moindre de 500 francs, ni excéder 2000 francs et de la destitution, leur seront appliquées. *art.* 6.

» Ceux qui seraient convaincus d'avoir fait de fausses déclarations à l'administration du canton, pour favoriser la désertion, seront poursuivis et punis des mêmes peines que les recéleurs, *art.* 7. »

» Le Directoire exécutif, en rappellant aux Commissaires près les administrations centrales et municipales, les dispositions pénales prononcées par la loi du 24 brumaire an 6, leur rappelle leurs devoirs et la responsabilité qu'elle leur impose. Il attend de leur zèle et de leur patriotisme, la plus grande surveillance dans son exécution, relativement aux *gens de mer* et *novices* de la réquisition. *Proclamation du* 25 *nivose an* 6. (B. 178. - N.° 1668.) » Voyez *Marine.*

» Lorsqu'un *déserteur* aura emporté des objets d'armement, d'habillement ou d'équipement, le jugement rendu contre lui par contumace ou autrement, en fixera le prix, il portera en outre le montant des frais de recherche, de capture et de conduite de la personne du déserteur. *Loi du* 4 *nivose an* 4, *art.* 2. (B. 14. N.° 79)

» Une expédition du jugement sera adressée au *Commissaire du Directoire exécutif* près l'administration du département où le déserteur avait son domicile. *Même loi, art.* 3.

» Le *Commissaire* près l'administration départementale

est tenu, dans les trois jours qui suivront la réception du jugement, de faire toutes les poursuites et diligences nécessaires pour obtenir sur les biens meubles ou immeubles du condamné, la somme à laquelle aura été fixée la valeur des objets emportés, et les dépenses occasionnées pour la recherche, la capture et la conduite de sa personne. *Même loi*, *art.* 4

» Les sommes dont il est parlé aux articles précédens, seront versées dans la caisse du receveur des contributions directes du département. *Même loi*, *art.* 5. » Voyez *Congés*, *Conscription* et *Réquisition* (1ʳᵉ.).

DESSÉCHEMENS.

» Si les propriétaires renoncent à faire eux-mêmes le desséchement de leurs marais, où s'ils ne remplissent pas l'engagement qu'ils auront contracté, le directoire du district fera exécuter le desséchement, en payant aux propriétaires la valeur actuelle du sol du marais à leur choix, soit en argent, soit en partie du terrain qui sera desséché, le tout à dire d'experts, dont l'un sera nommé par le *Procureur-syndic du district*, et l'autre par le propriétaire. *Loi du 5 janvier 1791, art.* 5.

DESTITUTION.

Quoique, suivant l'article 191 de l'acte constitutionnel, le Directoire nomme auprès de chaque administration, un Commissaire qu'il révoque, lorsqu'il le juge convenable, cependant il est des cas où la loi prononce formellement leur destitution; ces cas sont :

1.º Lorsque le Commissaire près l'administration centrale n'informe pas le Directoire exécutif de l'ouverture et de la clôture des assemblées électorales. *Constitution*, *art.* 43.

2.º Si les commissaires s'absentent sans en avoir obtenu la permission soit du Ministre de l'intérieur, soit de l'Administration centrale. Voyez *Absence*.

3.º S'ils négligent de remplir les fonctions qui leur sont

confiées pour l'arrestation des militaires ou réquisitionnaires déserteurs, et pour la poursuite des individus qui les recèlent. Voyez *Désertion.*

4.ᵉ Cette peine est prononcée contre les commissaires qui ne dénonceraient pas les malversations et les dilapidations qui se commettraient dans leur arrondissement. Voyez *Abus.*

DÉTENTION

ET ARRESTATION ARBITRAIRE.

» Tout homme, quelle que soit sa place ou son emploi, autres que ceux à qui la loi donne le droit d'arrestation, qui donnera, signera, exécutera ou fera exécuter l'ordre d'arrêter un individu, ou quiconque, même dans le cas d'arrestation autorisée par la loi, conduira, recevra ou retiendra un individu dans un lieu de détention non publiquement et légalement désigné, sera coupable de détention arbitraire. *Constitution*, *art.* 231.

» Quiconque a connaissance qu'un individu est illégalement détenu dans un lieu, est obligé d'en donner avis à l'un des agens municipaux, ou au juge de paix du canton. Il peut aussi en faire la déclaration signée de lui, au greffe de l'administration municipale ou du juge de paix. *Loi du 3 brumaire an 4*, *art.* 581. (B. 204. N.º 1221.) »

DÉTENUS.

» Les administrateurs municipaux, et tous autres ayant la police des maisons d'arrêt, de justice et des prisons, ne pourront faire passer dans les hospices de santé, sous prétexte de maladie, les *détenus*, que du consentement, pour les maisons d'arrêt, du *directeur du jury* ; pour les maisons de justice, du président du tribunal criminel ; et pour les prisons, de l'administration centrale du département, si elle siége dans le lieu où se trouvent les prisons ; à défaut, l'on prendra l'avis et le consentement du

Commissaire

Commissaire du pouvoir exécutif auprès de la municipalité. *Loi du* 4 *vendémiaire an* 6, *art.* 15. (B. 149. N.º 1452.)

» Dans le cas où la translation dans les hospices de santé sera reconnue nécessaire, il sera pourvu, dans les hospices, à la garde des *détenus* ou *prisonniers*, à la diligence de ceux qui auront autorisé ou consenti la translation. *Même loi, art.* 16. »

DETTES DES COMMUNES. Voyez le *Manuel des Agens municipaux.*

DILAPIDATIONS.

Les Commissaires du Directoire exécutif sont tenus de dénoncer celles qui pourraient être commises dans leur arrondissement, sous peine de *destitution. Arrêté du Directoire, du* 7 *pluviose an* 5. (B. 104. N.º 981.) Voyez *Abus.*

DISPENSES DE SERVICE MILITAIRE.

Conformément à l'article 51 de la loi du 19 fructidor an 6, concernant la conscription militaire, les *dispenses* pour cause d'incapacité de service doivent être faites et jugées dans les formes établies par une loi particulière. Cette loi rendue le 28 nivose an 7, (B. 253. n.º 2370.) contient les dispositions suivantes, qui sont communes aux conscrits et aux jeunes gens de la première réquisition.

Aat. I.er » Les dispenses de service militaire sont provisoires ou définitives.

II. » Elles ne peuvent être accordées que pour cause d'*infirmité,* d'*incapacité* ou de *maladie* constatées.

III. » Les *dispenses* provisoires ne peuvent excéder le terme de trois mois.

IV. » Les motifs de *dispenses* sont jugés par les administrations municipales, ou par les administrations centrales de département, sur le rapport d'*officiers de santé* nommés par elles à cet effet.

V. » Les administrations municipales ne peuvent accorder de *dispenses définitives* que dans les cas d'*infirmités* palpables et notoires.

VI. » Elles ne peuvent accorder de *dispenses provisoires* que dans le cas de maladies aiguës ou d'accidens survenus à un conscrit, qui le mettraient dans l'impossibilité évidente de se transporter au chef lieu du département.

VII. » Les décisions d'une administration municipale pour toutes dispenses, ne peuvent être prises qu'après avoir entendu le *Commissaire du Directoire exécutif*; et l'expédition desdites décisions doit être signée par la majorité des membres de l'administration municipale.

VIII. » Elles doivent faire mention du rapport de la visite faite par un officier de santé, en présence de l'administration municipale, ou de celle d'un commissaire pris dans son sein, et délégué par elle à cet effet pour se transporter chez le malade ou l'infirme qui serait dans l'impuissance absolue de se rendre au local de ses séances.

IX. » Le *Commissaire du Directoire exécutif*, ainsi que chacun des membres de l'administration, peut, après le rapport de l'officier de santé, requérir une *contre visite*, s'il a des doutes sur la gravité de la maladie et sur la nature de l'infirmité qu'il allègue.

X. » Lorsque l'administration municipale juge une réclamation non fondée, le réclamant est tenu de rejoindre l'armée sans délai.

» Lorsqu'elle juge seulement que la réclamation est étrangère à la compétence qui lui est attribuée, le *Commissaire du Directoire exécutif* donne au réclamant une autorisation pour se présenter de suite à l'administration centrale du département, qui prononce sur sa demande ainsi qu'il sera ci-après détéminé.

XI. » Les décisions de l'administration municipale portant dispense définitive ou provisoire, sont adressées ensuite à l'administration centrale du département.

XII. » Dans le cas ou l'administration centrale refuse de ratifier la décision de l'administration municipale, elle ordonne le départ du réclamant, ou elle lui enjoint de se rendre de suite auprès d'elle pour y être examiné.

XIII. » Lorque l'administration centrale confirme la *dispense définitive* accordée par une administration municipale, *le Commissaire du Directoire exécutif* l'adresse de suite au *ministre de la guerre*, qui fait expédier au conscrit un *brevet* de *dispense absolue*, ou prononce, ainsi qu'il sera ci-après déterminé, l'annullation de la dispense. En attendant la décision du ministre, le réclamant demeure autorisé à rester dans ses foyers.

» Lorsque l'administration centrale confirme la dispense provisoire accordée par une administration municipale, le *Commissaire du Directoire exécutif* près l'administration centrale le notifie au *Commissaire du Directoire exécutif près l'administration municipale*, qui demeure chargé d'obliger le conscrit, après le délai expiré, de rejoindre de suite l'armée, sauf à lui à se pourvoir dans les formes prescrites par la présente loi, s'il a des motifs légitimes de réclamer une dispense définitive, ou une prolongation de dispense provisoire.

XIV. » Toute réclamation de dispense définitive ou provisoire motivée sur des infirmités cachées, ou pour cause de maladie qui ne réduirait pas le malade à l'impossibilité de se transporter au chef-lieu du département, est jugée par l'administration centrale du département.

XV. » Nul ne pourra se présenter à l'administration centrale du département pour y réclamer une dispense dans les cas prévus par l'article précédent, que muni d'une autorisation du *Commissaire du Directoire exécutif* près l'administration municipale de son canton, motivée sur le certificat d'un officier de santé désigné par lui à cet effet, qui attestera que le réclamant est réellement affecté d'un infirmité ou maladie qui lui paraît susceptible de donner lieu à réclamation.

XVI. « Le *Commissaire du Directoire exécutif* près l'administration municipale est tenu de faire partir sans délai pour l'armée tout conscrit auquel l'officier de santé déclarerait ne pouvoir délivrer ledit certificat.

XVII. » Les décisions de l'administration centrale mentionnent le rapport de deux officiers de santé, et constatent que la visite a été faite en présence de l'administration et du *Commissaire*. Elles ne peuvent être prises qu'après avoir entendu le *Commissaire du Directoire exécutif*; et l'expédition desdites décisions doit être signée par la majorité des membres de l'administration centrale.

XVIII. » Sur la demande, soit des *Commissaires du Directoire exécutif*, soit d'un seul de ses membres, l'administration est tenue de faire procéder à une contre-visite et à un nouveau rapport d'officier de santé.

XIX. » Lorsque l'administration centrale a prononcé une dispense définitive, le *Commissaire du Directoire exécutif* l'adresse au ministre de la guerre, qui fait expédier au conscrit un brevet de dispense absolue, ou qui annulle, dans les formes qui seront ci-après déterminées, la décision de l'administration centrale. En attendant le réclamant demeure autorisé à rester dans ses foyers.

XX. » Lorsque l'administration centrale a prononcé une dispense provisoire, le *Commissaire du Directoire exécutif* près l'administration centrale la notifie au *Commissaire* près l'administration municipale du canton du réclamant; et celui-ci demeure chargé, sous sa responsabilité, après l'expiration du délai accordé, d'obliger le conscrit de joindre de suite l'armée, ou de le renvoyer à l'administration centrale du département, s'il est dans le cas de solliciter une dispense définitive, ou une prolongation de dispense provisoire.

XXI. » Les demandes de dispenses seront faites dans les canton et département du domicile ordinaire du réclamant.

» Ceux qui en sont absens peuvent néanmoins former leur demande dans les canton et département dans lesquels ils se trouvent, en rapportant un certificat signé par le *Commissaire du Directoire* et l'administration municipale du lieu de leur domicile ordinaire, visé par le *Commissaire* et l'administration centrale de leur département, constatant que celui qui réclame n'a pas été déjà jugé à cet égard, et qu'il n'est pas en état de désertion.

» Dans le cas où la demande de dispense est faite et jugée ailleurs qu'au domicile du déclarant, la décision qui admet ou qui rejette la demande de dispense doit être notifiée, par ceux qui ont prononcé, aux administrations municipale et centrale du domicile ordinaire du réclamant et aux *Commissaires du Directoire* près ces administrations.

XXII. » Le ministre de la guerre accorde des brevets de dispense absolue aux conscrits jugés incapables de rejoindre l'armée, d'après toutes les formalités prescrites par la présente loi. Aucune autorité ne peut, sous quelque prétexte que ce soit, dispenser de rejoindre l'armée un conscrit qui ne s'y serait pas conformé.

XXIII. » Néanmoins le ministre de la guerre, dans le cas où il soupçonnerait que des conscrits auraient été indûment dispensés, peut suspendre l'expédition des brevets de dispense absolue, et faire procéder à des contre-visites pardevant tels commissaires extraordinaires qu'il jugera convenable de déléguer à cet effet.

XXIV. » Si d'après ces contre-visites et le rapport des commissaires extraordinaires, le ministre de la guerre, acquiert la conviction que des officiers de santé, des *Commissaires du Directoire exécutif* ou des administrateurs centraux ou municipaux ont favorisé des lâches qui voudraient se soustraire à l'obligation de marcher à la défense de la patrie, il casse les décisions des autorités, et il les dénonce au Directoire exécutif, qui demeure chargé de sévir, par tous les moyens que la Constitution et les lois mettent en son pouvoir, contre les fonctionnaires qui se seraient rendus coupables de faiblesse ou de négligence, et même de faire poursuivre devant les tribunaux les officiers de santé, commissaires du Directoire et administrateurs qui auraient attesté des faits reconnus faux.

XXV » Tout conscrit dont la dispense est annullée par le ministre de la guerre, est tenu de rejoindre l'armée sans délai.

XXVI » Le ministre de la guerre adresse les brevets de dispense absolue aux *Commissaires du Directoire exécutif* près les administrations centrales de département, qui les transmettent à ceux qui les ont obtenus, après les avoir fait enregistrer au secrétariat de l'administration. Les brevets sont numérotés, et portent en marge la page du registre où ils sont inscrits.

K 3

XXVII. » Le Directoire exécutif est chargé de faire rédiger une instruction qui détermine, d'une manière claire et précise, les cas d'exemption, et qui distingue ceux qui sont dans les attributions des administrations municipales d'avec ceux dont la connaissance est réservé aux administrations centrales de département. Voyez ci-après cette *instruction*.

XXVII. » Les conscrits autorisés par le *Commissaire* près l'administration municipale de leur canton, conformément à l'article X de la présente loi, à se rendre au chef-lieu de l'administration centrale pour y être examinés, recevront comme les autres militaires la subsistance et le logement pour leur voyage, séjour et retour ; et à cet effet, il leur est délivré des ordres de route.

XXIX. » Les officiers de santé sont choisis, autant que possible, parmi ceux salariés par la République attachés au service militaire. S'il en est employé d'autres, ils sont payés à raison d'un franc par visite, sur les fonds des dépenses extraordinaires de la guerre, par les payeurs des départemens, sur les états dressés par les *Commissaires du pouvoir exécutif* près les administrations municipales et centrales, visés par un commissaire des guerres, et ordonnancés par le commissaire-ordonnateur de la division.

XXX. » Les officiers de santé, *Commissaires du Directoire exécutif* et administrateurs convaincus d'avoir attesté à faux des infirmités ou incapacités, ou d'avoir, à raison de leurs visites ou fonctions, reçu des présens ou gratifications, soit avant, soit après, sont punis par voie de police correctionnelle, d'une peine qui ne peut être moindre d'une année d'emprisonnement, ni excéder deux ans, et en outre d'une amende qui ne peut être moindre de trois cents francs, ni excéder mille francs.

XXXI. » Lorsque, par l'effet d'une mutilation ou de toute autre manière, un conscrit sera atteint d'une infirmité assez grave pour l'empêcher d'être employé dans une arme, et qu'il pourra néanmoins être employé à toutes autres fonctions près les armées ou dans la marine, il en sera fait mention dans les rapports des officiers de santé ; et le Directoire exécutif est autorisé à l'employer de telle manière ou dans telle arme qu'il jugera convenable

XXXII. » Toutes dispenses pour cause d'infirmité ou d'incapacité, soit provisoires, soit définitives, accordées jusqu'à ce jour à des conscrits, ainsi que toutes décisions d'administrations ou de jurys provisoirement chargés de prononcer sur ces demandes, sont nulles et de nul effet ; sauf à ceux qui les auraient obtenus, à se pourvoir par nouvelle demande aux autorités déclarées compétentes par la présente loi.

XXXIII. » Toutes les dispositions de la présente loi sont communes aux réquisitionnaires rappelés aux armées par la loi du 23 fructidor dernier, et qui n'auraient pas encore rejoint leurs drapeaux. En conséquence, toutes dispenses définitives et provisoires à eux accordées par les *Commissaires du Directoire exécutif*, les administrations ou toutes autres autorités, sont nulles et de nul effet ; et ceux qui en sont porteurs sont tenus de rejoindre sans délai, sauf à eux à se pourvoir devant les autorités déclarées compétentes par la présente loi, s'ils ont de justes motifs de réclamation.

En conséquence de l'article 19 de cette loi, le ministre a rédigé et le Directoire a approuvé le 11 germinal an 7, l'instruction suivante :

Art. I.ᵉʳ » Tout conscrit, réquisitionnaire et autre militaire absent de son corps, partira dans les vingt-quatre heures de la publication de la présente instruction, pour se rendre à son poste ; à défaut, il sera arrêté, jugé et puni comme déserteur.

II. » Ceux qui croiraient avoir des titres d'exemption seront tenus de se présenter, dans le même délai, aux administrations municipales, et de suite aux administrations centrales s'il y a lieu. Lesdites administrations municipales et centrales seront tenues de statuer dans les trois jours pour tout délai.

III. » Pour prévenir toute connivence entre les officiers de santé et les réclamans qu'ils doivent examiner, les administrations ne nommeront lesdits officiers de santé qu'au moment où l'examen aura lieu; quelque soit l'avis de l'officier de santé, *elles n'en demeurent pas moins responsables de leurs décisions.*

IV. » Les administrations municipales observeront avec soin les dispositions des articles 5, 6 et 15 de la loi du 28 nivose qui déterminent les cas relatifs aux dispenses définitives ou provisoires : toutes leurs décisions devant être soumises aux administrations centrales, celles - ci joindront aux dispenses définitives confirmées, qui seront envoyées au ministre de la guerre, le procès-verbal de visite, où les causes d'invalidité absolue seront portées par l'officier de santé.

» Les pièces concernant chaque individu seront séparées.

VI. » Il sera fait mention dans le procès - verbal, si le réclamant est conscrit, réquisitionnaire ou autre militaire, afin que celui qui a joint déjà les drapeaux soit rayé du contrôle du corps auquel il appartient, et reçoive un congé absolu, dans le cas où il serait reconnu incapable de servir.

VII. » Sont exceptés des articles précédens, conformément à la loi du 23 fructidor an 6, 1.° ceux qui sont porteurs de congés absolus légalement délivrés et revêtus de toutes les formalités prescrites.

» 2.° Ceux qui étant restés ou rentrés dans leurs foyers, s'y étaient mariés avant le premier germinal an 6.

» 3.° Ceux qui, d'après les lois, étant destinés ou employés au service de la marine, sont inscrits immatriculés ou brevetés comme tels.

» 4.° Ceux qui, étant officiers ou sous - officiers, étaient autorisés à faire et ont donné leur démission, et dont la démission a été acceptée.

» 5.° Ceux qui étaient officiers ou sous-officiers, et qui ont été renvoyés provisoirement comme surnuméraires : mais ils sont tenus de rejoindre, lorsqu'ils sont rappelés par le Ministre de la guerre pour être employés dans leur grade.

VIII. » Les administrations centrales présenteront au Ministre de la guerre l'état sommaire des dispenses provisoires qui auront été maintenues de trimestre en trimestre.

IX. » Tout militaire désigné par l'article 4 de la présente instruction, non fondé dans sa réclamation, devra partir pour rejoindre l'armée dans les trois jours de l'ordre qui lui en sera donnée par le *Commissaire du Directoire* près l'administration municipale du lieu de son domicile.

» Ce délai expiré, il sera poursuivi comme déserteur, ainsi qu'il est prescrit par les lois, et notamment par les lettres du Ministre de la guerre, en date du 13 nivose an 7, concernant cet objet. Voyez *Conscription*, § 7.

» Ceux des déserteurs qui ne pourront être saisis, seront jugés par contumace, leur signalement sera, à cet effet, adressé par ces administrations au général commandant la division militaire, qui donnera les ordres nécessaires. Le jugement sera affiché dans la commune du domicile du condamné. Il sera adressé au Ministre de la guerre, par les administrations centrales, un état de tous les individus considérés comme déserteurs.

L'article 10 rend les administrations et les Commissaires du Directoire, responsables de toute négligence à l'exécution, en ce qui les concerne, de la présente instruction : à la même instruction sont annexés deux tableaux.

Le premier indique les infirmités évidentes, emportant invalidité absolue pour le service militaire, et dont le jugement est attribué aux administrations municipales de canton, telles que la privation totale de la vue, du nez, de la voix, de l'ouie, les goîtres volumineux, les écrouelles ulcérés, la phtisie pulmonaire confirmée, la perte du membre viril, des deux testicules, d'un bras, d'une jambe, d'un pied, d'une main, les anévrismes des principaux troncs artériels, la courbure des os longs, la claudication bien marquée, l'atrophie d'un membre, et le marasme.

Le second tableau présente les infirmités ou maladies qui donnent lieu à l'invalidité absolue ou relative pour le service militaire, et dont la connaissance ainsi que le jugement sont réservés aux administrations centrales.

CONSCRIT

ou

RÉQUISITIONNAIRE.

MODELE.

DÉPARTEMENT

d

CANTON

d

Nom propre. } { Conscrit ou Réquisit

SIGNALEMENT.

âgé de
taille de
cheveux
sourcils
yeux
front
nez
bouche
menton
visage

BON pour être visité conformément à l'article XV de la Loi du 28 Nivose an 7.

LE citoyen   officier de santé nommé par moi, en vertu de l'article 15 de la loi du 28 nivose an 7, pour l'examen des conscrits et réquisitionnaires soumis à la susdite loi, prétendant à être exempté du service, est autorisé à visiter le citoyen (*indiquer les noms, prénoms, profession et domicile,*)   conscrit (*ou* réquisitionnaire.

Il déclarera, sous sa responsabilité, si ce réclamant lui paraît affecté d'une maladie ou infirmité susceptible d'être jugée par l'administration centrale, et il me fera passer directement, et dans le plus court délai, sa déclaration motivée au bas du présent Bon de visite qu'il me renverra cacheté.

Fait à   le   de l'an   de la République française, une et indivisible.

Le Commissaire du Directoire,

MODÈLE.

AUTORISATION donnée par le Commissaire du Directoire près l'Administration municipale, à un Conscrit ou Réquisitionnaire, pour que, conformément à l'article XV de la loi, il puisse se présenter à l'Administration centrale.

JE soussigné, Commissaire du Directoire près l'Administration municipale du canton d
atteste que le citoyen
officier de santé nommé par moi, a déclaré que le citoyen
(*réquisitionnaire* ou *conscrit*)
natif d
département d
canton d   domicilié
à   est atteint de
(*telle maladie ou infirmité*) qui le met dans le cas d'être renvoyé par-devant l'Administration centrale : en conséquence de cette déclaration, j'autorise ledit   à se présenter à l'Administration centrale du département pour y être examiné.

Fait à   le
de l'an   de la République.

La loi du 27 messidor an 7, (B. 295. n.º 3145.) en annullant tous les congés absolus, toutes les dispenses et exemptions de service militaire, soit provisoires, soit définitives accordés depuis le 23 août 1793 jusqu'à ce jour à des conscrits ou réquisitionnaires, prescrit les cas et les formes dans lesquels ceux qui les ont obtenus seront admis à réclamer de nouvelles dispenses.

Ces demandes seront portées (dit l'article 5 de cette loi) devant un jury établi dans chaque département, pour prononcer sur les dispenses de service militaire qui pourront être réclamées pour cause d'infirmité ou d'incapacité. Ce jury sera composé des trois plus anciens capitaines désignés par le Directoire exécutif pour l'organisation des bataillons auxiliaires : il procédera de la manière suivante.

ART. VIII. « Le jury s'adjoindra deux officiers de santé pris sur les lieux et choisis de préférence parmi ceux salariés par la République ; il procédera à ses opérations publiquement dans le lieu désigné par l'administration centrale, en présence du *Commissaire du Directoire exécutif* près la même administration, ou d'un administrateur chargé d'en faire les fonctions.

IX. » Les officiers de santé feront leur rapport verbalement, et sans déplacer, conjointement ou par avis séparé ; et le jury prononcera de suite, après avoir entendu le *Commissaire du Directoire exécutif* sur chaque demande, sans que le jury soit tenu de déférer à leur avis.

X. » Nulle dispense de service militaire ne sera accordée que pour défaut de conformation, blessures, mutilations ou infirmités habituelles, et autant que celui qui en est atteint sera reconnu hors d'état de porter les armes.

XI. » Si le jury reconnaît dans le réclamant des infirmités qui ne produisent qu'un empêchement momentané, il fixera le délai après lequel le réclamant sera tenu de rejoindre.

XII. » Si un individu a des défauts de conformation ou des blessures ou mutilations qui le mettent d'une manière patente hors d'état de se transporter devant le jury, l'administration municipale de son domicile lui en délivrara une attestation visée par le *Commissaire du Directoire.*

» Au vu de cette attestation, le jury nommera sur les lieux deux commissaires pour dresser un rapport circonstancié de l'état des réclamans ; et d'après ce rapport, il accordera ou refusera la dispense.

XIII. » Si un individu est atteint d'une maladie grave qui le mette momentanément hors d'état de se transporter devant le jury ; il en demandera l'attestation à l'administration municipale de son domicile, qui la lui délivrera, s'il y a lieu, d'après un rapport circonstancié d'un officier de santé nommé par elle, après avoir entendu le *Commissaire du Directoire exécutif.*

» D'après cette attestation le jury fixera le délai après lequel le réclamant sera tenu de joindre.

XIV. » Nulle dispense de service ne pourra être accordée par le jury qu'à l'unanimité des suffrages.

» Le certificat en sera délivré à ceux qui les obtiendront, par tous les membres du jury, visé par le *Commissaire du Directoire exécutif,* et conforme au modèle annexé à la présente.

Le délai pour joindre les drapeaux sera accordé à la majorité des suffrages, mais, en aucun cas, il ne pourra être de plus de trois mois.

XV. » Le jury dressera procès-verbal de ses opérations sur un registre qu'il tiendra à cet effet : ce procès-verbal sera signé par tous les membres du jury, par les officiers de santé qu'il aura employés, et par le *Commessaire du Directoire.* Ce registre sera déposé au secrétariat de l'administration centrale du département, aussitôt que les opérations du jury seront terminées.

XVI. » Le jury terminera ses opérations au plus tard dans le mois de sa formation.

XVII. » Dans la décade qui suivra le dépôt du registre, le *Commissaire du Directoire exécutif* près l'administration centrale en enverra une expédition au ministre de la guerre ; il enverra dans le même délai au commandant de la gendarmerie la liste, 1.º de ceux auxquels il aura été délivré des dispenses de service ; 2.º de ceux auxquels elles auront été refusées ; 3.º de ceux auxquels il aura été fixé un délai pour se rendre aux armées.

» Il adressera en même-temps aux administrations municipales le tableau particulier des citoyens de leur arrondissement auxquels il aura été accordé des dispenses, avec indication des motifs ; ce tableau sera publié par les administrations municipales, et restera affiché dans les temples décadaires, et dans les lieux des séances des administrations.

XVIII. » Le ministre de la guerre pourra nommer des commissaires extraordinaires pris dans les départemens, pour vérifier la légitimité des dispenses accordées, et sur le rapport de ces commissaires, annuller celles qui lui paraîtront mal fondées ou abusives ; mais, en aucun cas, ces commissaires, ni le ministre, ni le Directoire exécutif, ne pourront en délivrer eux mêmes.

XIX. » Les membres des administrations municipales, les Commissaires du Directoire exécutif, et les officiers de santé qui, par de faux rapports, ou par toute autre voie, auraient favorisé des citoyens pour les soustraire induement au service militaire, ou pour les faire dispenser de joindre leurs drapeaux dans le délai fixé par la loi, seront poursuivis par la voie de police correctionnelle, et punis d'une amende qui ne pourra être moindre de cinquante francs, ni excéder cinq cents, et d'une détention qui ne pourra être moindre de trois mois, ni excéder deux ans.

» Les membres des jurys, dans le même cas, seront traduits devant un conseil de guerre, pour être destitués, et condamnés en outre aux mêmes peines.

XX. » Les officiers de santé non salariés par la République qui auront été employés par le jury seront payés sur le trésor public, à raison d'un franc par visite.

» Le paiement sera effectué par les payeurs des départemens, d'après les états dressés par le Commissaire du Directoire exécutif près l'administration centrale, visés par le commissaire des guerres, et ordonnancés par le commissaire ordonnateur, sur les fonds affectés aux dépenses imprévues de la guerre. »

DISTRACTION de Communes. Voyez le *Manuel des Agens municipaux.*

D I V O R C E.

« L'officier public qui aura prononcé le divorce, et en aura fait dresser acte sur les registres des mariages,

sans qu'il lui ait été justifié des délais, des actes et jugemens
exigés par la loi sera destitué par voie administrative par
l'administration du département, sur la *dénonciation*, soit
des parties, soit des *Commissaires* près les administrations
municipales, sur la réquisition des *Commissaires* près les
administrations centrales, et condamnés par voie de police correctionnelle à cent livres d'amende et aux dommages et intérêts. » *Loi du* 20 *septembre* 1792, *titre III,
art.* 12, *et titre IV, sect. V, art.* 9. Voyez *Annuaire* et
État civil. Voyez aussi le *Manuel des Agens municipaux.*

DOMAINES CONGÉABLES.

L'exécution de la loi du 7 juin 1791, relative aux *domaines congéables*, situés dans les départemens du Morbihan, des Côtes-du-Nord et du Finistère, ayant été ordonnée par la loi du 9 brumaire an 6, (B. 155. n.° 1527.)
qui a abrogé les décrets des 27 août 1792 et 2 prairial
an 2, le Conseil des Cinq-cents rejeta, dans la séance du
21 vensose an 7, les réclamations élevées contre cette
loi du 9 brumaire. Le Directoire exécutif, déterminé par
ces considérations et voulant détruire les inquiétudes que ces
réclamations avaient élevées, et qui avaient suspendu la
vente des propriétés nationales de cette espèce, provenant
des émigrés et du ci-devant clergé, a prescrit, par un
arrêté du 13 germinal an 7, (B. 269. n.° 2794.) ce qui
suit.

« Les Commissaires près les administrations centrales
des départemens du Morbihan, des Côtes-du-Nord et du
Finistère, enverront chaque mois, au ministre des finances,
un état indicatif des diligences faites pour parvenir aux
ventes des *tenues congéables* appartenant à la République,
et veilleront à ce que celles de cette espèce de domaines
nationaux soient portées par article particulier, dans les tableaux de mois, en exécution de l'article 19 de la loi du
26 vendémiaire dernier. » (B. 233. n.° 2092.)

Cet article de la loi du 26 vendémiaire charge le Directoire exécutif d'adresser chaque mois au Corps législatif le tableau des ventes faites dans les mois précédens

en conformité de cette loi qui ordonne une aliénation de domaines nationaux jusqu'à concurrence de 125 millions.

D O M A I N E S   N A T I O N A U X.

« Tout notaire, tabellion, garde-note, greffier ou autre receveur public, comme aussi tout agent ou receveur, ensemble tout administrateur ou fermier, qui étant requis par un simple acte, soit à la requête d'une municipalité, soit à la requête d'un particulier, refusera de communiquer un bail de biens nationaux existant en sa possession sous sa garde, sera, à la poursuite et diligence du *procureur syndic du district*, (du *Commissaire près l'administration municipale*) condamné, par le juge ordinaire, à une amende de 25 livres.... Si le *procureur syndic* négligeait la poursuite ou le recouvrement, il en demeurerait personnellement garant, et serait poursuivi par le *procureur général syndic* du département. (le *Commissaire près l'administration centrale*.) » *Loi du 25 juillet 1790, art. 20.*

» Lorsque les *procureurs syndics* auront à citer devant les directoires les fermiers ou sous-fermiers des biens nationaux, pour y affirmer la sincérité de leurs baux, ils pourront se servir du ministère des greffiers des municipalités du domicile ou de la situation de l'établissement. » *Loi du 5 janvier 1791, art. 10.*

« Les adjudications des biens nationaux seront faites dans le chef-lieu, à la diligence du *procureur général syndic* ou d'un fondé de pouvoirs de l'administration du département. » *Loi du 25 juillet 1790, titre 3, art. 3.*

« Les actions relatives aux domaines nationaux seront intentées au nom du *procureur général syndic* du département, à la diligence du *procureur syndic* du district de la situation des biens. » *Loi du 27 mars 1791, art. 14.*

« Les *procureurs syndics* doivent dénoncer aux accusateurs publics et feront poursuivre devant les tribunaux quiconque troublerait la liberté des enchères par des menaces, violences ou voies de fait, ou qui dans les mêmes vues donnerait ou recevrait quelques deniers, accepterait ou souscrirait des promesses, billets ou obligations. » *Instruction du 10 juillet 1791, n.º 2.*

A

A cet effet « les commissaires et préposés aux ventes seront tenus de dresser procès-verbal des délits ci-dessus, et de le faire passer sans délai au *procureur syndic ;* celui-ci poursuivra les délinquans pardevant le tribunal de police correctionnelle, lorsque l'objet sera de sa compétence, ou il les dénoncera à l'accusateur public, lorsque les délinquans devront être jugés par les tribunaux criminels. » *Loi du* 24 *avril* 1793, *art.* 15.

« Les *procureurs syndics* donneront successivement connaissance aux *procureurs généraux syndics* de département, des procès-verbaux que lesdits commissaires auront dressés de ces délits et des jugemens qui seront intervenus dans la huitaine de leur date. Les *procureurs généraux syndics* en donneront connaissance dans le même délai à l'administrateur des domaines nationaux. » *Même loi, art.* 16.

« A défaut de paiement du premier à-compte, il sera fait dans le mois à la diligence du *procureur général syndic,* sommation au débiteur d'effectuer son paiement avec les intérêts du jour de l'échéance, et si ce dernier n'y a pas satisfait deux mois après ladite sommation, il sera procédé sans délai à une adjudication nouvelle à la folle enchère.» *Loi du* 25 *juillet* 1790, *tit.* 3, *art.* 8.

« Le *procureur général syndic* de l'administration de département de la partie poursuivante, se portera premier enchérisseur pour une somme égale au prix de l'estimation, ou pour la valeur de ce qui reste dû, si cette valeur est inférieure à l'estimation. » *Même tit., art.* 9.

« Lorsqu'un acquéreur ayant déjà effectué un ou plusieurs paiemens, laissera passer une échéance sans solder le terme et les intérêts échus, il lui sera fait une sommation à la diligence du *procureur syndic,* et sous sa responsabilité, d'acquitter l'échéance. La signification sera faite au lieu de la situation des biens, soit à l'acquéreur, soit, en cas d'absence, à son principal fermier ou régisseur, et au plus tard dans la décade, à compter de l'expiration des termes. *Loi du* 24 *floréal an* 3, *art.* 3. (B. 143. n.º 808.)

« Le cas de non paiement survenu, les *procureurs syndics* feront de suite procéder à la revente des biens à la folle-enchère sur le vu des certificats de non paiement délivrés par les receveurs ou autres institués pour les recouvremens ; auquel effet ces derniers fourniront, dans le courant de chaque décade, aux *procureurs syndics* les tableaux des termes échus non acquittés, contenant les noms des redevables, les lieux de la situation des biens, la quotité du débet et les époques des échéances, sous peine de destitution. » *Même loi, art.* 5.

« Les *procureurs syndics* veilleront à ce que les receveurs et autres chargés de recouvrer les paiemens des domaines nationaux, fassent clorre chaque jour les registres des recouvremens. » *Même loi, art.* 6.

« Les *procureurs syndics*, immédiatement après la consommation des rentrées dans les mains de la nation par la déchéance des adjudicataires, seront tenus de constater le déficit et de liquider les sommes dues par l'acquéreur évincé, à l'effet d'en poursuivre contre lui le recouvrement par les voies de droit, sauf le recours pour les adjudicataires déchus, à raison des améliorations. » *Même loi, art.* 7.

La loi du 28 ventose (B. 34. n.º 251.) et l'instruction du 6 floréal an 4, (B. 42. n.º 340.) avaient prescrit et réglé un mode de vente par soumission des biens nationaux dont le prix devait être payé en mandats. Par une autre loi, du 13 thermidor an 4, (B. 61. n.º 573.) il avait été ordonné que le dernier quart de ce prix serait payé en mandats au cours ; mais la loi du 16 pluviose an 5 (B. 104. n.º 992.) prescrivit de payer en numéraire métallique ce dernier quart, dont le mode de paiement devait, aux termes de l'article 4 de la loi du 13 thermidor an 4, être acquitté en six paiemens égaux, avec l'intérêt de chaque terme, sur le pied de quatre pour cent par an, de manière que le tout fût acquitté dans seize mois.

Cette dernière loi défendait aux acquéreurs d'anticiper les coupes de bois taillis, et les époques de pêches des étangs, d'abattre, et de faire aucune démolition avant d'avoir effectué le paiement définitif de leurs acquisitions. Elle prescrivait à ceux qui avaient fait ou se permettraient de faire de ces dégradations, de parachever, dans les trois mois, le paiement du quatrième quart, sous peine, en cas de déchéance, d'être poursuivis, à la requête du *Commissaire* près l'administration centrale, pour se voir condamnés à la réparation du dommage qu'ils auraient causé.

Le paîement de ce quatrième quart que les acquéreurs devaient payer en numéraire métallique, devait, aux termes de la loi du 16 pluviose an 5, être effectué par des obligations souscrites par les acquéreurs pour chacun des sixièmes dont ils resteraient débiteurs. Ces obligations emportaient privilége et préférence sur les biens pour lesquels elles auraient été souscrites et devaient être payables de trois en trois mois.

En cas de non paiement de ces obligations à leur échéance, le *Commissaire* devait, dans la décade de la dénonciation des porteurs de ces obligations, faire faire sommation au débiteur, avec déclaration que faute de payer dans les dix jours, il serait procédé à la revente du bien par lui acquis. *Loi du 16 pluviose, art.* 2, 6, 8.

Mais la loi du 16 brumaire an 5 (B. 87. n.º 839.) rapporta le mode prescrit par la loi du 28 ventose an 4, et ordonna que cette vente serait faite par les administrations départementales sur enchéres reçues de la manière réglée par les lois antérieures à celles du 28 ventose an 4, en statuant que le prix des acquisitions serait payé de la manière suivante :

« Un dixième en numéraire, moitié dans dix jours et avant la prise de possession, et moitié dans les six mois; quatre dixièmes en quatre obligations ou cédules payables une chaque année, dans les quatre suivantes, et produisant intérêt à cinq pour cent.

» Le restant du prix pourra être acquitté avec des effets de la dette publique, calculés sur le pied de vingt fois la rente, qui ne seront admis que jusqu'au premier messidor prochain. *Art.* 11 *et* 12.

» Il sera, par le *Commissaire du Directoire exécutif* près l'administration centrale, formé sans frais une seule opposition aux hypothèques sur l'acquéreur : elle tiendra au profit de chacun des porteurs de ces obligations.» *Art.* 15.

Les Commissaires du Directoire exécutif observeront que cette disposition cesse d'être en usage, et que la loi du 12 brumaire an 7 (B. 238. n.º 2137.) y a substitué l'inscription sur des registres publics, en statuant que les hypothèques et priviléges n'ont d'activité et d'effet que du jour de leur inscription. Et ainsi quelque précises que soient les dispositions de cet article, confirmé par l'article 16 de la loi du 26 vendémiaire an 7, (B. 233. n.º 2092.) il n'y a plus lieu de suivre le mode de l'opposition ; et les art. 21 et 22 de la loi nouvelle, relatifs à la conservation des droits de la nation sur les *comptables des deniers publics*, doivent s'appliquer à des débiteurs tels qu'acquéreurs de domaines nationaux. La raison de décider est la même, et la loi ne contient aucune disposition qui s'y oppose. *Lettre du ministre des finances, du 28 nivose an 7.*

« A défaut de paiement d'une ou plusieurs obligations le porteur ou les porteurs qui ne voudraient pas suivre les actions personnelles ou en expropriation forcée, dans les formes ordinaires, ne seront tenus, pour toute diligence, qu'à une simple sommation, laquelle ils dénonceront au *Commissaire du Directoire exécutif* près l'administration centrale, qui en donnera son récépissé à l'huissier. *Loi du 16 brumaire an 5, art.* 16.

» Dans la décade qui suivra la dénonciation au *Commissaire*, celui-ci fera faire une nouvelle sommation au débiteur, avec déclaration que faute de payer dans le délai de dix jours, il sera procédé à la revente du bien par lui acquis. *Même loi, art.* 17.

» Faute de paiement dans le délai indiqué, le bien sera revendu dans les formes de la première vente ; le prix sera payable, 1.º comptant pour la partie des obligations échues non payées ; 2.º à la charge d'acquitter à leur échéance les obligations non échues ; 3.º de payer le surplus du prix, s'il y en a, entre les mains du précédent adjudicataire ou de ses ayant-droit, un mois après le paiement de la dernière de ses obligations, le tout avec l'intérêt de cinq pour cent.

» Et dans le cas où le prix de la vente ne couvrirait pas ce qui reste dû par le premier acquéreur, intérêts et frais, il sera poursuivi et ses biens saisis pour en parfaire le paiement. *Même loi, art.* 18.

La loi du 9 vendémiaire an 6 (B. 148. n.º 1447.) ayant ordonné, par le titre 4, art. 93, le remboursement de chaque inscription au grand-livre de la dette publique, tant perpétuelle que viagère, liquidée ou à liquider pour les deux tiers, et la conservation de l'autre tiers en inscriptions, a statué ce qui suit :

ART. CI. « Les bons au porteur délivrés en remboursement de la dette publique, seront reçus en paiement des biens nationaux aux époques et de la manière exprimées ci-après.

CII. » Jusqu'à la conclusion de la paix générale, les biens nationaux seront vendus conformément aux lois subsistantes, et les bons au porteur seront reçus en paiement de la portion du prix payable avec la dette publique.

CIII. » Tout propriétaire de rente, soit perpétuelle, soit viagère, pourra payer le prix d'un domaine national qui lui serait adjugé à dater du jour de la publication de la présente loi de la manière suivante :

» La portion dudit prix, payable tant en numéraire qu'en obligations, pourra être acquittée avec le tiers de l'inscription conservée par la présente loi, et le surplus tant avec les bons de remboursemens provenant de ladite inscription, qu'avec tous bons semblables, et tous autres effets de la dette publique, conformément aux lois sur la vente des domaines nationaux.

» Dans le cas énoncé ci-dessus l'acquéreur sera tenu d'acquitter la totalité de son prix, dans les vingt jours de l'adjudication.

CIX. » Les créanciers qui ne seraient pas encore liquidés seront autorisés à se rendre adjudicataires de domaines nationaux, en justifiant du dépôt des titres de leurs créances, et en s'obligeant, avec le *visa* provisoire des administrations, à en acquitter le prix de la même manière que les créanciers liquidés. Dans ce car les biens resteront sous la main de la nation, et seront administrés pour le compte de l'acquéreur, jusqu'à ce qu'il puisse être mis en possession par le paiement du prix. »

Une loi du 29 fructidor an 6 (B. 224. n.º 1996.) avait sursis jusqu'au 1.er nivose prochain, à l'aliénation des domaines nationaux, en exceptant de ce sursis les usines, les maisons et les bâtimens servant uniquement à l'habitation, et non dépendans des fonds de terre. Elle avait réduit et fixé à un quart de millième en numéraire, ou à 25 centimes par chaque mille francs du prix total de l'adjudication, les droits que l'article 3 de la loi du 16 frimaire an 6 avait fixé à un millième par franc, pour les deux tiers être employés conformément au § IV de la loi du 6 floréal an 4, en indemnité au profit tant des administrateurs que du *Commissaire du Directoire exécutif* et directeur ou préposés de la régie présens, et l'autre tiers en salaire et gratifications aux secrétaires et commis de l'administration.

La nécessité d'assurer les fonds nécessaires aux dépenses extraordinaires des citoyens conscrits mis en activité et au rétablissement de la marine, détermina le Corps législatif à rapporter cette loi, du 29 fructidor an 6, par celle du 26 vendémiaire suivant. (B. 233. n.° 2092.)

Cette loi ordonne l'aliénation d'une quantité suffisante de domaines nationaux pour fournir en l'an 7, en numéraire et valeur effective la somme de 125 millions; ces ventes doivent être faites dans les formes des estimations, affiches et enchères ordonnées par la loi du 16 brumaire an 5.

« Il est accordé aux acquéreurs, à dater du jour de l'adjudication, dix-huit mois pour payer la première mise à prix, et un délai égal après l'expiration du premier pour le paiement du montant des enchères. *Art.* 7.

» Le paiement de la première mise à prix sera faite de la manière suivante. Dans les dix jours de l'adjudication, l'acquéreur paiera en numéraire un douzième, et le surplus en six obligations; la première d'un second douzième, les cinq autres d'un sixième chacune, payables en numéraire de trois mois en trois mois. *Art.* 8.

» Dans les dix jours aussi de l'adjudication, l'acquéreur souscrira pour le montant des enchères trois obligations égales, payables la première six mois après le paiement du dernier sixième de la mise à prix; la seconde, un an après, et la troisième à l'expiration des dix-huit mois;

de manière que la totalité du montant de la mise à prix
et des enchères soit acquittée dans les trois années de
l'adjudication. *Art.* 9.

» Les obligations provenant des enchères produiront un
intérêt de cinq pour cent par an, sans retenue, au profit
du trésor public. *Art.* 10.

» Indépendamment du prix de la vente et du droit
d'enregistrement, l'acquéreur paiera en numéraire, au
moment de la délivrance de l'acte, un demi pour cent
du montant de l'adjudication, tant pour les droits attribués
aux administrateurs, à leurs employés et au directeur des
domaines, que pour les frais à leur charge. » *Art.* 15.

» Les articles 15, 16, 17 et 18 de la loi du 16 brumaire
an 5, (rapportés ci-dessus) relatifs aux mesures à prendre
pour assurer le paiement des obligations, et aux règles à
suivre en cas de déchéance et de revente à la folle-enchère,
sont maintenus et continueront d'être exécutés. » *Art.* 16.

Cependant « les corps administratifs, après avoir entendu le *Commissaire du Directoire exécutif*, pourront remettre à la décade suivante l'adjudication définitive, lorsqu'ils jugeront que les enchères ne sont pas portées à
leur taux véritable, et à la charge que la dernière enchère
subsistera, et servira de mise à prix à la seconde mise en
vente. » *Loi du 1 fructidor an 5, art.* 6. (B. 138. n.º 1366.)

D O M E S T I Q U E S.

Les délits que commettront les domestiques contre les
propriétés rurales seront poursuivis par le Commissaire
près l'administration municipale devant le tribunal de police, pourvu que ces délits n'excèdent pas la peine de la
valeur de trois journées de travail ni la durée de trois
jours d'emprisonnement. *Loi du 6 octobre 1791, tit.* 2,
art. 7 *et* 8. Voyez *Délits ruraux*.

D O M M A G E S ET I N T É R Ê T S.

Le tribunal de police prononce en dernier ressort, par
le même jugement, sur les dommages et intérêts prétendus

pour raison du délit et sur la peine infligée par la loi. *Loi du 3 brumaire an 4, art.* 154. (B. 204. n.º 1221.) Voyez *Jugemens de Police* et le *Manuel des Agens municipaux.*

DOUANES.

L'arrêté du Directoire exécutif, du 9 prairial an 6, (B. 204. n.º 1855.) qui ordonne la translation des bureaux de la régie des douanes dans les communes frontières et dans tous les départemens réunis à la République, porte (*Art.* 3.) que « les Commissaires du Directoire exécutif procureront aux directeurs, inspecteurs, receveurs et autres chefs des douanes, les renseignemens et facilités dont ils auront besoin pour organiser sans délai les nouveaux établissemens, assurer leur service, ainsi que l'exécution de toutes les lois de la République française, relatives aux perceptions et prohibitions.

Les Commissaires du Directoire exécutif sont aussi chargés, sous leur responsabilité, par l'arrêté du 8 nivose an 6, (B. 174. n.º 1646.) de pourvoir sans délai, de la manière prescrite par le titre 5 de la loi du 10 vendémiaire sur la police des communes, à l'entière application des articles ci-après, dans les cas qui y sont prévus.

« En conséquence de l'article 1.ᵉʳ du titre 4 de la loi du 10 vendémiaire an 4, les communes sur le territoire desquelles des attroupemens armés ou non armés se seraient portés au pillage des bureaux des dépôts des douanes, et auraient exercé quelque violence contre des propriétés nationales ou privés, seront responsables de ces délits et des dommages intérêts auxquels ils donneront lieu. » *Art.* 1.ᵉʳ

« Conformément à l'article 6 du même titre, lorsque par suite de ces rassemblemens un individu préposé aux douanes ou autre, domicilié ou non domicilié sur une commune, y aura été pillé, maltraité ou homicidé, tous les habitans seront tenus de lui payer, ou en cas de mort, à sa veuve et enfans des dommages et intérêts. » *Art.* 6. Voyez *Communes.*

DROGUES ET MÉDICAMENS. Voyez le *Manuel des Agens municipaux*.

DROIT DE PASSE et Taxe d'entretien des Routes. Voyez *Routes et Chemins*.

DROIT DE SUITE. Voyez le *Manuel des Agens municipaux*.

ECHANGE. Voyez *ibid*.

ÉCHENILLAGE.

La loi du 26 ventose an 4 (B. 33. n.º 242.) qui ordonne (art. 6.) que l'*échenillage des arbres* sera fait avant le 1.er ventose de chaque année, sera publiée le 1.er pluviose de chaque année, à la diligence des communes, sur le requisitoire des *Commissaires du Pouvoir exécutif ;* elle prescrit ce qui suit :

ART. I.er « Tout propriétaire, fermiers ou locataires, ou autres faisant valoir leurs propres héritages ou ceux d'autrui, seront tenus, chacun en droit soi, d'écheniller ou faire écheniller les arbres étant sur leurs héritages, à peine d'une amende qui ne pourra être moindre de *trois journées de travail* ni plus forte de *dix*.

II. « Ils sont tenus, sous les *mêmes peines*, de brûler sur-le-champ les *bourses* et *toiles* qui sont tirées des arbres, haies et buissons, et ce, dans un lieu où il n'y aura aucun danger de communication de feu, soit pour les bois, arbres, bruyères, soit pour les maisons et bâtimens.

V. » Les *Commissaires du Directoire exécutif* près les municipalités sont tenus de visiter les terrains garnis d'arbres, d'arbustes, haies ou buissons, pour s'assurer que l'*échenillage* aura été fait exactement, et d'en rendre compte au ministre chargé de cette partie. »

Il est d'autres insectes et d'autres animaux nuisibles aux productions des campagnes, contre lesquels il conviendrait que les cultivateurs se liguassent également pour leur faire une guerre commune ; par exemple il serait utile, dans le commencement de la belle saison, de fouiller autour des arbres précieux pour trouver et détruire les *vers blancs*, ou les *mans*, larves des *hannetons*. Cette chasse aux vers blancs, renouvellée plusieurs années, pourrait diminuer les ravages du *hanneton*, le plus malfaisant des insectes, puisque toute sa vie et dans tous ses états, il existe aux dépens du règne végétal. » *Circulaire du ministre de l'intérieur, du 20 ventose an 7.*

ÉCOLES PRIMAIRES ET PARTICULIÈRES.

« Les instituteurs sont sous la surveillance immédiate de la municipalité. *Loi du 29 frimaire an 2, section 2, art. 1.er*

» Tout instituteur ou institutrice qui enseignera dans son école des préceptes ou maximes contraires aux lois et à la morale républicaine, sera dénoncé par la surveillance et puni selon la gravité du délit. » *Art. 2.*

Cette surveillance est étendue aux écoles particulières, maisons d'éducation et pensionnats, par un arrêté du Directoire exécutif, du 17 pluviose an 6, (B. 181. n.º 1710.) conçu dans les termes suivans :

ART. I.er. » Toutes les écoles particulières, maisons d'éducation et pensionnats, sont et demeurent sous la surveillance spéciale des administrations municipales de chaque canton.

» En conséquence, chaque administration municipale sera tenu de faire, au moins une fois par chaque mois, et à des époque imprévues, la visite desdites maisons qui se trouvent dans son arrondissement, à l'effet de constater,

» 1°. Si les maîtres particuliers ont soin de mettre entre les mains de leurs élèves, comme base de la première instruction, les Droits de l'homme, la Constitution, et les livres élémentaires qui ont été adoptés par la Convention ;

» 2°. Si l'on observe les décadis ; si l'on y célèbre les fêtes républicaines, et s'y l'on s'y honore du nom de citoyen ;

» 3°. Si l'on donne à la santé des enfans tous les

soins qu'exige la faiblesse de leur âge ; si la nourriture
est propre et saine ; si les moyens de discipline intérieure
ne présente rien qui tende à avilir et à dégrader le caractère ; si les exercices enfin y sont combinés de manière à développer le plus heureusement possible les facultés physiques et morales.

» II. Les membres des administrations municipales
choisis et nommés par elles pour procéder à ces visites
dans leurs arrondissemens respectifs , s'adjoindront un
membre au moins du jury d'instruction publique ; et ils
seront toujours accompagnés du *Commissaire du Directoire exécutif* près chaque administration municipale de
canton.

III. » Les administrations municipales dresseront procès-verbal de ces visites , et en transmettront copie aux
administrations centrales de leurs départemens : celles-ci
en rendront compte au ministre de l'intérieur.

» Cependant elles pourront provisoirement prendre
telle mesure qu'elles jugeront pour arrêter ou prévenir
les abus , même en ordonnant la suspension ou la clôture de ces écoles, maisons d'éducation ou pensionnats.

IV. » Le Directoire exécutif fait un devoir spécial à
ses commissaires près les administrations municipales de
canton et les administrations centrales de département ,
de surveiller et de requérir l'exécution des dispositions
ci-dessus , et de dénoncer avec courage les infractions ,
omissions ou négligences qu'ils découvriront. »

» Les écoles publiques vaquent les décadis et les jours
de fêtes nationales , ainsi que les écoles particulières et
pensionnats des deux sexes.

» Elles ne peuvent vaquer aucun autre jour que le
quintidi. *Loi du 17 thermidor an 6 , art.* 3 *et* 4. » (B. 216.
N°. 1943.) Voyez *Annuaire*, §. 1er, N°. 1.

» Les instituteurs et institutrices d'écoles soit publiques
soit particulières, sont tenus de conduire leurs élèves ,
chaque jour de décadi ou de fête nationale, au lieu de
la réunion des citoyens. » *Loi du* 13 *fructidor an* 6 , *art.*
2. (B. 211, n°. 1980.) Voyez *Annuaire*, §. 2.

EMEUTES POPULAIRES. Voyez *Attroupemens*, *Force publique* et *Gendarmerie*.

ÉMIGRÉS.

» Les agens nationaux, (les commissaires près les administrations,) sont tenus, sous leur responsabilité, de dénoncer aux accusateurs publics des tribunaux criminels, les fraudes et les faux relatifs aux certificats de résidence. » *Loi du* 25 *brumaire an* 3, *tit.* 2, *art.* 34. (B. 89. n°. 464.)

» Ceux qui, jusqu'à ce jour inclusivement, n'ont pas réclamé contre leur inscription sur des listes d'émigrés, sont définitivement exclus de le faire et réputés émigrés ; il est défendu, à peine de forfaiture, aux corps administratifs, d'accueillir leurs réclamations. » *Loi du* 16 *floréal an* 3, *art.* 3. (B. 144, n°. 811.)

» Cette disposition n'est point applicable aux ecclésiastiques sujets à la réclusion ou à la déportation, (*Loi du* 16 *fructidor an* 4, *art.* 1er. (B. 78, n°. 712.) ni aux individus portés sur les listes d'émigrés après leur mort ; et leurs héritiers sont en conséquence autorisés à se pourvoir jusqu'au 1er. vendémiaire an 6, pour en obtenir la radiation, en se conformant aux lois existantes. *Loi du* 21 *ventose an* 5. (B. 113, n°. 1079.)

» Sont relevés de la déchéance prononcée par la loi, les défenseurs de la patrie, tant de terre que de mer, qui, inscrits sur une liste d'émigrés, prouveront qu'ils étaient présens aux drapeaux, ou en activité de service au moment de leur inscription. » *Loi du* 4 *fructidor an* 4, *art.* 1er. (B. 69, n°. 640.)

» Dans le cas où les parens réclamans et les voisins certifians, seraient convaincus d'avoir fait une fausse déclaration, ils seront solidairement condamnés, sur la poursuite du *commissaire du Directoire exécutif*, à une amende égale à la valeur du quart des biens dont ils auraient indûment suspendu la vente. » *Même loi*, *art.* 7.

» Le commissaire près l'administration municipale
doit veiller à ce que l'administration municipale surveille
et fasse arrêter par tous les moyens mis à sa disposition, les émigrés ; il informera chaque mois, ou plutôt
s'il le juge convenable, le commissaire du département,
de sa surveillance et de ses résultats. » *Arrêté du* 2
germinal an 4, *art.* 5 *et* 9. (B. 35, n°. 261.)

Aux termes de l'article 15 de la loi du 19 fructidor
an 5, (B. 142, n.° 1400.) tous les individus inscrits sur
la liste des émigrés, et non rayés définitivement, ont dû
sortir du territoire de la République, dans les quinze jours
de la publication de cette loi.

Passé ce délai, l'article 16 de la même loi ordonne
que ces individus qui seraient arrêtés sur le territoire de la
République, soyent traduits devant une commission militaire, pour y être jugés dans les vingt-quatre heures,
d'après l'article 11 du titre 4 de la loi du 25 brumaire an 3,
relative aux émigrés.

L'art. 18 rend les dispositions ci-dessus applicables aux
individus, qui ayant émigré, sont rentrés en France, quoi
qu'ils ne soient inscrits sur aucune liste d'émigrés.

» Tout administrateur, ... *commissaire du Pouvoir
exécutif*, officier ou membre de la gendarmerie nationale,
qui ne fera pas exécuter ponctuellement, en ce qui le
concerne, les dispositions ci-dessus, relatives aux émigrés, ou qui en empêchera ou entravera l'exécution,
sera puni de *deux années de fers* ; à l'effet de quoi le
Directoire exécutif est autorisé à décerner tous mandats
d'arrêts nécessaires. » *Même loi*, *art.* 26.

Pour l'exécution de ces dispositions, les *commissaires
près les administrations centrales*, informeront le ministre
de la police, dans les vingt-quatre heures, de l'arrestation de toute personne saisie en contravention à la loi
du 19 fructidor an 5, ainsi que de tous arrêtés d'administration à l'effet de traduire devant une commission
militaire.

Ils requerront la maintenue en arrestation de tout individu (inscrit sur la liste des émigrés, qui n'a pas obtenu sa radiation définitive, ou désigné comme émigré

dans les articles 1 et 6 de la loi du 25 brumaire an 3,) et qui se trouverait actuellement ou par la suite détenu pour fait autre que celui de l'émigration, nonobstant le jugement qui l'aurait acquitté d'un délit étranger à l'émigration.

Ils auront soin de faire parvenir au ministre de la police dans le délai de deux décades, 1°. le relevé des jugemens rendus depuis le 18 fructidor an 5, par les commissions militaires créées dans leur département; 2°. un tableau nominatif des personnes mises en surveillance par les administrations centrales et municipales, avec l'extrait des motifs qui les ont déterminés.

Les commissaires près les administrations centrales l'avertiront, dans les vingt-quatre heures, de tout jugement que les commissions militaires rendraient contraire au vœu de la loi. *Instruction du ministre de la police, du 18 brumaire an 7.*

Le Directoire exécutif voulant s'entourer de tous les moyens propres à prévenir toute espèce d'erreur dans les décisions qu'il est obligé de rendre sur les réclamations des individus inscrits sur la liste des émigrés, a pris différens arrêtés pour parvenir à ce but.

Par un arrêté du 26 fructidor an 5, (B. 147, n°. 1432.) il a chargé le ministre de la police générale de faire imprimer, le premier de chaque mois, un bulletin des demandes en radiation de la liste des émigrés.

» Chaque administration municipale, dans l'arrondissement de laquelle l'un des réclamans inscrit sur la liste des émigrés aura été ci-devant domicilié ou résidant, sera tenue sur le vu du *bulletin* où le nom de celui-ci sera porté, d'annoncer, par une affiche qui restera pendant une décade sur la porte du lieu de ses séances, qu'un tel est prévenu d'émigration, qu'il a été inscrit, en cette qualité, à telle époque, par telle administration, et que les citoyens qui ont des renseignemens à cet égard, sont invités à les transmettre à l'administration municipale, ou à les adresser directement au ministre de la police générale : de tout quoi elle certifiera le ministre de la police générale, par une déclaration visée

par le *commissaire du Pouvoir exécutif*, établi près d'elle. »
Arrêté du 26 fructidor an 5, art. 6.

» Les formalités prescrites par l'article ci-dessus, auront lieu, non seulement dans la commune où le réclamant avait son domicile à l'époque du 14 juillet 1789,
ou avant son inscription sur la liste des émigrés, mais
encore dans celles où il a obtenu ses certificats de résidence. *Arrêté du 20 vendémiaire an 6, art. 1er.* (B. 152,
n°. 1491.)

» Les administrateurs municipaux de la commune où
les certificats de résidence auront été délivrés, feront
comparaître devant eux, et interrogeront isolément chacun des témoins sur toutes les circonstances attestées par
les certificats signés par eux, consigneront leurs réponses
par écrit, en présence du *commissaire Directoire exécutif,*
et en enverront une copie authentique au ministre de la
police générale. » *Même arrêté, art. 2.*

» Les certificats de non-inscription sur la liste des
émigrés seront délivrés par les administrations centrales
du département du dernier domicile ; ils seront visés par
les *commissaires du Directoire exécutif,* et par les directeurs de la régie d'enregistrement et des domaines, établis dans chaque département. » *Arrêté du 18 thermidor
an 6, art. 2.* (B. 217, n°. 1948.)

» Les demandes en délivrance de certificats, contiendront l'indication de l'objet pour lequel on se propose
d'en faire usage ; il en sera fait mention dans le certificat même : il en sera délivré un particulier pour chaque
affaire. » *Même arrêté, art. 2.*

É M I G R É S. (*Biens des*)

Les lois des 9 — 12 février et 8 avril 1792, avaient
ordonné simplement le séquestre provisoire des biens des
émigrés, en les déclarant affectés à l'indemnité due à la
nation. Mais l'obstination de ces mauvais citoyens dans
une désertion coupable, et les pertes incalculables qu'elle
lui a fait éprouver, déterminèrent l'assemblée législative

à en ordonner la confiscation par une loi du 2 septembre 1792, qui contient ce qui suit :

ART. Ier. » Les biens tant mobiliers qu'immobiliers, séquestrés et qui doivent l'être en exécution de la loi du 8 avril dernier, relative aux biens des émigrés, sont acquis et confisqués à la nation, pour lui tenir lieu de l'indemnité réservée par l'art. 27 de ladite loi.

II. » Les meubles seront vendus à la criée, à la poursuite et diligence du *procureur-syndic du district*, après les affiches et publications ordinaires, inventaire préalablement fait, et sur recolement des effets inventoriés.

III. » Les biens immeubles, réels ou fictifs, seront aliénés soit par vente et à prix comptant, soit à bail à rente rachetable.

VI. » Les créances et droits seront liquidés de gré à gré par le département, entre le *procureur-général syndic* et les créanciers ou ayant droit.

XIV. » Le prix des ventes et les capitaux des rentes, lors des rachats, seront versés à la diligence du *procureur-syndic* de la situation des biens vendus, dans les mains du receveur du district. »

» Tous dépositaires publics ou particuliers, tous fermiers comptables et débiteurs sans exception, sont tenus de déclarer dans chaque municipalité, les deniers, sommes échues ou à écheoir, argenterie et effets de toute nature qu'ils auront en leur possession, appartenant à des personnes domiciliés hors du district, qui sont actuellement absentes de leur domicile. *Loi du 25 juillet 1793, sect. 2, art. 11.*

» Ceux qui étant sur les lieux auront négligé de faire lesdites déclarations ou qui en auraient fait de fausses, seront contraints à la restitution des objets non déclarés, et à une amende égale à la valeur desdits objets. *Même sect. art. 16.*

» Les officiers municipaux dénonceront aux *procureurs-syndics* de districts, tout ce qui viendra à leur connaissance, relativement aux contraventions aux dispositions ci-dessus énoncées, et lesdits *procureurs-syndics* seront tenus de poursuivre devant les tribunaux, la condam-

nation

nation des peines et amendes. *Loi du 23 août 1792, art. 5 ; et 26 frimaire an 2, art. 8.* »

» Il est défendu de payer aucune somme de deniers sur des jugemens rendus par défaut contre des absens ou émigrés, à moins que lesdits jugemens par défaut n'aient été rendus contradictoirement avec les *procureurs-généraux-syndics* de département. » *Loi du 20 mars 1793.* »

» Les actions quelconques appartenant aux émigrés, seront exercées par les régisseurs de l'enregistrement, poursuite et diligence des *procureurs - généraux - syndics*, devant les tribunaux qui auraient dû en connaître, si lesdits émigrés avaient exercé eux-mêmes leurs droits. *Loi du 25 juillet 1793, sect. 1er. art. 11.* »

» Lorsqu'il se trouvera dans les successions des émigrés des objets à diviser, soit en propriété, soit en jouissance, auxquels ayent droit les époux survivans, les enfans ou autres, il sera concurremment avec les parties intéressées, et à la diligence du *Commissaire du Directoire* près l'administration centrale, dressé des états ou inventaires desdits objets. *Loi du 13 ventose an 3, art. 6 et 14.* (B. 128. n°. 678.) Voyez *Biens indivis.*

E M P R I S O N N E M E N T.

» La connaissance des délits dont la peine n'excède pas, soit la valeur de trois journées de travail, soit un *emprisonnement* de trois jours, est déléguée au juge de paix, qui prononce en dernier ressort. *Constitution, art.* 233. Voyez *Délits de Police, Peines, et Tribunal de Police.*

Cette peine est prononcée contre les *Commissaires du Directoire exécutif* qui n'exécuteraient point les dispositions de la loi du 24 brumaire an 6, contre les militaires, réquisitionnaires, conscrits, déserteurs, et contre ceux qui les récéleraient. Voyez *Désertion.*

ENCHÈRES.

La loi du 22 juillet 1791, titre II, art. 27, autorise l'arrestation de ceux qui troubleraient la tranquillité des enchères : le procès-verbal contre les délinquans doit être envoyé à l'administration municipale, ou au juge de paix, selon la gravité des circonstances. Voyez *Domaines nationaux*.

ENFANS ABANDONNÉS.

» Le commissaire du Directoire exécutif près l'administration municipale du canton dans l'arrondissement duquel résideront des nourrices ou autres habitans, veilleront à ce que les nourrices et autres habitans, qui se seront chargés jusqu'à l'âge de douze ans des *enfans abandonnés*, les nourrissent et entretiennent convenablement, aux prix et conditions fixés par l'administration centrale, et les envoyent aux écoles primaires pour y participer aux instructions données aux autres enfans de la commune ou du canton ; à l'effet de quoi les commissions administratives lui remettront une liste des enfans où seront inscrits leurs nom et prénoms, celui des nourrices et autres habitans, et le lieu de leur domicile. *Arrêté du 30 ventose an 5, art. 4 et 6.* (B. 114, n°. 2097.)

» Les nourrices et autres habitans chargés d'enfans abandonnés, seront tenus de représenter tous les trois mois les enfans qui leur auront été confiés, à l'agent municipal de leur commune, qui certifiera que ces enfans ont été traités avec humanité, et qu'ils sont instruits et élevés conformément aux dispositions ci-dessus ; ils seront en outre tenus de les représenter à la première réquisition du commissaire du Directoire exécutif près l'administration municipale. » *Même arrêté, art.* 8.

» Les enfans âgé de douze ans révolus, qui ne seront pas conservés chez les nourrices et autres habitans auxquels ils auront été d'abord confiés, seront placés chez des cultivateurs, artistes ou manufacturiers, où ils resteront, jusqu'à leur majorité, sous la surveillance du commissaire du Directoire exécutif près l'administration municipale du canton, pour y apprendre un métier ou profession conforme à leur goût et à leurs facultés. » *Même arrêté, art.* 13.

ENFANS NATURELS. Voyez le *Manuel des Agens Municipaux.*

ENFOUISSEMENT. Voyez *Bestiaux morts.*

ENREGISTREMENT. (*Régie de l'*)

» Les poursuites pour le paiement des amendes que le jugement du tribunal de police pourraient prononcer, seront faites au nom du commissaire du Pouvoir exécutif, par le directeur de la régie des droits d'enregistrement et des domaines. » *Loi du* 3 *brumaire an* 4, *art.* 190. (B. 204, n°. 1221.) Voyez *Amendes* et *Jugement de Police.* Voyez aussi le *Manuel des Agens municipaux.*

ENRÔLEMENT VOLONTAIRE.

Les Commissaires près les administrations municipales doivent surveiller l'exécution des dispositions de la loi du 19 fructidor an 6, (B. 223, n°. 1995.) qui déterminent les formalités que ces administrations doivent remplir lors de l'enrôlement volontaire des citoyens. Ces dispositions prescrivent ce qui suit :

» Les français qui, depuis l'âge de dix‑huit ans accomplis jusqu'à ce qu'ils aient trente ans révolus, desirent s'enrôler volontairement dans l'armée de terre, se font inscrire sur un registre particulier, tenu à cet effet par les administrations municipales, qui dressent procès‑verbal de cette inscription ; ce verbal indique les noms, prénoms, l'âge, la taille, le domicile des enrôlés, et contient leur signalement.

» Ces administrations n'inscriront que les citoyens porteurs d'un certificat de bonne conduite, signé de l'agent municipal de leur commune, et du juge de paix de leur canton, ou de l'administration municipale et du juge de paix de leur commune. » *Art.* 6.

» Les administrations municipales font parvenir des expéditions des enrôlemens volontaires au ministre de la guerre, ainsi qu'aux commissaires des guerres de leurs arrondissemens ou de leurs départemens respectifs; elles leurs donnent des feuilles de routes jusqu'au lieu de la résidence desdits commissaires des guerres; et ceux-ci les continuent jusqu'au corps pour lequel chaque volontaire a été enrôlé, *art.* 8.

Les commissaires près les administrations veilleront à ce que les conscrits mis en activité ne puissent être admis à s'enrôler volontairement. La loi du 19 fructidor veut que l'on n'admette à cet enrôlement que les conscrits non appelés; ils veilleront encore à ce que les conscrits des cinq classes qui se sont enrôlés volontairement soient portés sur leurs tableaux respectifs, avec l'indication du corps qu'ils auront rejoint. *Circulaire du ministre de la guerre du 13 brumaire an 7.*

ÉPIDÉMIES ET ÉPIZOOTIE.

Des mesures ont été prises par la loi du 28 septembre — 6 octobre 1791, pour empêcher ou arrêter la contagion des maladies des troupeaux. L'article 19 de la section 4 du titre 1.er de cette loi veut que » aussitôt qu'un propriétaire aura un troupeau malade, il soit tenu d'en faire sa déclaration à la municipalité; elle assignera sur le terrain du parcours ou de la vaine pâture, si l'un ou l'autre existe dans la commune, une espace où le troupeau malade pourra pâturer exclusivement, et le chemin qu'il devra suivre pour se rendre au pâturage; si ce n'est point un pays de parcours ou de vaine pâture, le propriétaire sera tenu de ne point faire sortir de ses héritages son troupeau malade.

» Un troupeau atteint d'une maladie contagieuse qui sera rencontré au pâturage sur les terres de parcours ou de vaine pâture, autres que celles qui auront été désignées pour lui seul, pourra être saisi par les gardes champêtres et même par toute personne; il sera ensuite mené au lieu du dépôt qui sera indiqué à cet effet par la municipalité.

» Le maître de ce troupeau sera condamné à une amende de la valeur d'une journée de travail par tête de bêtes à laine, et à une amende triple par tête d'autre bétail.

» Il pourra en outre, suivant la gravité des circonstances, être responsable du dommage que son troupeau aura occasionné, sans que cette responsabilité puisse s'étendre au-delà des limites de la municipalité.

» A plus forte raison, cette amende et cette responsabilité aura lieu, si ce troupeau a été saisi sur les terres qui ne sont pas sujètes au parcours et à la vaine pâture, *même loi, tit.* 2, *art.* 22.

Cette même loi charge (art. 20, sect. 4, tit. 1.er) les corps administratifs d'employer particulièrement tous les moyens de prévenir et arrêter les épizooties et la contagion de la morve des chevaux.

Le ministre de l'intérieur ajouta à ces dispositions d'autres mesures qui sont consignées dans son instruction du 23 messidor an 5 dont le Directoire exécutif arrêta le 27 messidor l'insertion au bulletin 233 n.º 1794. L'intérêt si puissant de l'agriculture fait un devoir aux *Commissaires du Directoire exécutif* d'apporter la plus grande surveillance à l'exécution des dispositions contenues dans cette instruction, dont la connaissance ne saurait être trop répandue.

Ainsi les commissaires près les administrations centrales dans les tournées qu'ils feront dans les cantons, rappelleront aux administrations municipales les obligations qu'elles ont à remplir; si leurs contrées ont été dévastées par les épidémies et épizooties, ils doivent leur demander compte des mesures qu'elles ont prises pour les réparer, et de celles qui doivent les prévenir, et les éclairer si elles ont besoin de lumières. *Circulaire du ministre de l'intérieur du 27 fructidor an 6.*

ESPIONS.

Des émissaires et espions de l'Autriche, répandus dans différentes communes de la ci-devant Belgique, excitaient des propriétaires de fonds placés sur la banque de Vienne, à y faire passer les suppléments de trente et de cent pour cent; quelques-uns de ces propriétaires se rendaient complices de ces délits par des envois de fonds, en contravention de la loi du 1.er août 1793 qui défend aux français de placer des fonds sur les comptoirs et banques des pays avec lesquels la République est en guerre, sous peine d'être déclarés traitres à la patrie.

En exécution de cette loi et de l'article 9 de la loi du 13 brumaire an 5 (B. 88. n.º 843.) qui déclare les espions justiciables des conseils de guerre, le Directoire exécutif charge par son arrêté du 7 germinal an 7 (B. 269. n.º 1782.) les commissaires près les administrations centrales et municipales, de dénoncer aux officiers généraux commandans les 24 et 25 divisions militaires, les individus ci-dessus désignés.

ESPRIT PUBLIC.

Le premier objet que les commissaires près les administrations centrales doivent chercher à connaitre lorsqu'ils arriveront dans un canton, est la situation de *l'esprit public*. Pour y parvenir, ils intérogeront l'administration municipale; ils demanderont à chaque agent compte de la situation de sa commune.

Ils s'informeront à tous et recevront les plaintes qui leur seront faites; ils tiendront notes de tous ces renseignemens, qu'ils comprendront dans le compte qu'ils doivent rendre chaque mois au ministre. *Lettre du ministre de l'intérieur du 27 fructidor an 6.*

ÉTAPES.

Les administrations centrales et les commissaires du Directoire exécutif près d'elles doivent veiller à ce que

la direction des détachemens de conscrits qu'ils feront
mettre en marche pour une destination quelconque, n'ait
lieu que par les routes où la ligne d'*étape* est tracée, et
où ils savent que ce service est organisé ; en suivant exactement cette disposition, ils établissent une surveillance
active sur l'exécution de ce service, et ils ont plus de
droits à rappeler à leurs devoirs les préposés, qui, en
étant chargés, le négligeraient par divers motifs. *Lettre
du ministre de la guerre du 25 ventose an 7.*

Les municipalités représentant aux termes des lois
les commissaires des guerres, lorsque ceux-ci sont absens,
ou qu'il n'en existe pas dans leur résidence, doivent,
ainsi que les commissaires du Directoire exécutif près
d'elles, surveiller le service des étapes, en se transpor-
tant chez les étapiers pour y reconnaître les qualités des
denrées qui s'y distribuent journellement, tant en vivres
que fourrages. *Lettre du même ministre du 21 germinal
an 7.*

ÉTAT CIVIL et POPULATION.

» Dans les communes au-dessous de 5000 habitans, l'agent
municipal, ou son adjoint, remplit les fonctions d'officier
de l'état civil ; dans les autres communes, chaque municipalité nomme l'un de ses membres pour en exercer les
fonctions. *Loi du 19 vendémiaire an 4, art. 12.* (B. 194.
n.° 1160.)

» A cet effet il leur est remis trois registres pour
constater, l'un les naissances, l'autre les mariages, et le
troisième pour les décès. *Loi du 20 septembre 1792, tit.
2, art. 1.er.*

» Les trois registres sont doubles, sur papier timbré,
fournis au frais de chaque district, et envoyés aux municipalités par les directoires dans la première décade
de fructidor de chaque année. *même tit., art 2, et loi du
7 frimaire an 2.*

» Les actes de naissances, mariages et décès sont écrits
sur les registres doubles, de suite et sans aucun blanc ;
les renvois et ratures seront approuvés et signés de la même

manière que le corps de l'acte ; rien n'y sera écrit par abréviation, ni aucune date mise en chiffre. *tit.. 2, art. 3.*

» Toute contravention aux dispositions de l'article ci-dessus, sera punie de 100 livres d'amende pour la première fois, de 200 livres d'amende en cas de récidive, et même des peines portées au code pénal, en cas d'altération ou de faux. *Même tit. art. 4.*

» Il est expressément défendu d'écrire ou de signer en aucun cas, les actes sur feuilles volantes, à peine de 100 livres d'amende, de destitution et de privation pendant dix ans de la qualité et des droits de citoyen. *Même tit., art. 5.*

» Dans les 15 jours du mois de janvier (dans la première décade de vendémiaire) de chaque année, il sera fait à la fin de chaque registre, une table par ordre alphabétique des actes qui y sont contenus. *Même tit. art. 8.*

» Dans le mois suivant, les municipalités (les agens municipaux) seront tenus d'envoyer aux administrations municipales, l'un des registres doubles. *Même tit., art. 9.*

» Ces administrations vérifieront si les actes ont été dressés dans les formes prescrites. *Même tit., art 10.*

» Dans les 15 premiers jours du mois de mars (dans la première décade de frimaire les procureurs syndics (les commissaires près les administrations municipales) seront tenus d'envoyer ces registres à l'administration du département avec leurs observations. *Même tit., art. 11.*

» Ces registres seront déposés et conservés aux archives des administrations de département ; et les autres registres seront déposés et conservés aux archives des municipalités. *Même tit., art. 12 et 13.*

» Les procureurs-généraux-syndics (les commissaires près les administrations centrales) sont chargés des dénonciations et poursuites, en cas de contravention au présent décret. *Même tit., art. 14.*

» L'un des doubles registres sur lesquels sera remise la table décennale, dans laquelle seront refondues tous les dix ans les tables annuelles, sera envoyé dans les 15 premiers jours du mois de mai (dans la première décade de pluviose) à l'administration municipale, et transmis dans le mois suivant par le commissaire près cette administration, à l'administration centrale, pour être placé dans le même dépôt. *Même loi, art.* 15 *et* 16. »

» Il est défendu à tous juges, administrateurs et fonctionnaires publics quelconques, d'avoir aucun égard aux attestations que des ministres du culte ou des individus se disant tels, pourraient donner relativement à l'état civil. La contravention sera punie d'une amende qui ne pourra excéder 500 francs, ni être moindre de 100 fr., et d'un emprisonnement qui ne pourra excéder deux ans, ni être moindre d'un mois. *Loi du* 7 *ventémiaire an* 4, *art.* 20. (B. 186. N.º 1134.)

» Tout fonctionnaire public chargé de rédiger les actes de l'état civil des citoyens, qui fera mention dans lesdits actes des cérémonies religieuses, ou qui exigera la preuve qu'elles ont été observées, sera également puni des mêmes. *Même loi, art.* 21.

» Les Commissaires près les administrations, sont tenus de dénoncer les contrevenans aux tribunaux correctionnels. *Même loi, art.* 22.

L'article 5 de la loi du 13 fructidor an 6, (B. 221.-N.º 1980.) ordonne aux agens municipaux ou officiers de l'état civil, de remettre ou de faire parvenir au secrétariat de l'administration municipale de leur canton, la notice des actes de naissance et de décès, ainsi que des actes ou jugemens portant reconnaissance d'enfans nés hors mariage, des actes d'adoption et de divorce.

Cette notice devant servir à la formation des tableaux de population, le Ministre de l'intérieur indique dans sa lettre du 15 fructidor an 6, aux Commissaires près les administrations centrales, l'ordre et le mode de parvenir à la confection de ces tableaux par les dispositions suivantes, dont il leur recommande la stricte observation.

» 1.º Tous les décadis, sans exception, chaque agent municipal ou officier de l'état civil, remettra la notice des actes de l'état civil au secrétariat de l'administration municipale.

» Cette notice devant contenir tous les détails relatifs aux actes sus énoncés, servira de base, et fournira tous les renseignemens nécessaires aux opérations que cette circulaire a pour objet.

» 2.º Le premier de chaque mois, les Commissaires de canton feront procéder au dépouillement des bulletins de chaque commune de leur arrondissement, par le secrétaire de leur administration, et en feront porter le résultat sur les tableaux que les Commissaires centraux auront soin de leur envoyer quelques jours auparavant. Ils additionneront les colonnes, en certifieront la vérité, et les leur feront passer au plus tard dans le courant de la première décade.

» 3.º A mesure que les Commissaires près les administrations centrales recevront ces tableaux, ils en feront porter le résultat sur le tableau général du département, par ordre alphabétique de cantons.

» 4.º Les Commissaires près les administrations centrales feront passer au Ministre, le tableau de leur département, avec les observations qu'ils jugeront utiles d'y insérer, sur les causes principales de l'augmentation ou de la diminution des naissances, des mariages, des décès, et sur leur rapport avec la population effective et locale.

» 5.º Ils doivent s'attacher à ne transmettre que des résultats d'une rigoureuse exactitude, et ils la recommanderont aux Commissaires près les administrations municipales. *Lettre du Ministre de l'intérieur, du 15 fructidor an 6.* »

La stricte et prompte exécution des mesures prescrites par cette circulaire, exécutées dans tous leurs points, atteindra le but de l'article 5 de la loi du 13 fructidor an 6, par le moyen d'une surveillance que les Commissaires près les administrations centrales exercent graduellement sur les opérations dont sont chargés les agens municipaux, en leur qualité d'officiers publics, en même temps qu'elle donnera au gouvernement, avec des résultats intéressans pour la société, la faculté de suivre la population de la République dans son état continuel de variation. *Lettre du Ministre de l'intérieur, du 11 frimaire an 7.*

Les Commissaires près les administrations centrales requerront d'elles qu'elles ne délivrent aucun mandat d'acquit de traitement des Commissaires près les administrations municipales, qu'autant qu'ils auront rempli leurs devoirs en fournissant chaque mois tous les renseignemens qu'ils leur auront demandés sur la population, les naissances, les mariages, adoptions, divorces et décès dont se compose l'état civil des citoyens. *Lettre du même Ministre, du premier nivose an 7.* Voyez le mot *Etat civil, au Manuel des Agens municipaux.*

ETAT DE SECTION, ou second tableau formé par les répartiteurs pour la formation d'une matrice de rôle de la contribution foncière. Voyez *Contributions directes* et le *Manuel des Agens municipaux.*

ETRANGERS.

» Tout étranger, à son arrivée dans un port de mer ou dans une commune frontière de la République, se présentera à la municipalité. Il déposera son passeport qui sera envoyé au comité de sûreté générale, pour y être visé. Il demeurera, en attendant, sous la surveillance de la municipalité, qui lui donnera une carte de sûreté provisoire, énonciative de sa surveillance. » *Loi du 23 Messidor an 3, art. 9.* (B. 162. n.º 947.)

Différentes mesures ont été prises par le Directoire exécutif pour l'exécution de cette disposition, et pour empêcher que, à l'aide des passeports obtenus dans les pays neutres ou alliés, sous des noms empruntés, les émigrés ne pénétrassent dans l'intérieur de la République.

Par l'arrêté du 4 nivose an 5 (B. 98. N.º 925.), « le Commissaire près l'administration municipale de chaque port ou commune frontière de la République, devant laquelle se présentera tout étranger, pour y déposer son passeport, à l'effet d'être envoyé au ministre de la police générale , et être visé par lui , s'il y a lieu, sera tenu d'adresser sur-le-champ copie duement certifiée de ce passe-port à l'accusateur public et au Commissaire du Directoire exécutif près le tribunal criminel du département. *Art*. 1er.

» Il y joindra également copie des pièces étant en la possession de l'étranger qui paraîtront à l'administration municipale devoir être envoyées au ministre de la police générale.» *Même arrêté, art.* 2.

» Il sera pareil envoi au Comissaire du Directoire exécutif près l'administration du département.» *Arrêté du 12 germinal an* 5. » (B. 116. N.º 1117.) *Voyez passeports à l'étranger.*

ÉVASION DE PRISONNIERS. Voyez *Détenus* et le *Manuel des Agens municipaux.*

EXHALAISONS.

Ceux qui contreviennent à la défense de rien jetter qui puisse causer des exhalaisons nuisibles , seront jugés par le tribunal de police, et punis des peines de simple police. *Loi du 3 brumaire an 4, art.* 605. (B. 204. N.º 1221.) Voyez *délits de police.*

FARINES. Voyez *Grains.*

FAUSSE MONNAIE. Voyez *Monnaie.*

FEMMES.

Les maris sont civilement responsables des délits commis par leurs femmes contre les productions de la terre. *Loi du 6 octobre* 1791 , *tit.* 2, *art.* 7. Voyez *délits ruraux.*

FENÊTRES.

La contravention à la défense de rien exposer sur les fenêtres, est un délit punissable des peines de simple police. *Loi du 3 brumaire an 4, art.* 605. (B. 204. N.º 1221.) Voyez *Délits de police* et *Portes et fenêtres.*

FERMIERS.

La coalition des fermiers d'un même canton pour faire baisser ou fixer à vil prix la journée des ouvriers ou les gages des domestiques, est un délit que le Commissaire du Directoire exécutif près l'administration municipale poursuit devant le tribunal de police. *Loi du 6 octobre* 1791, *tit.* 11, *art.* 19. Voyez *délits ruraux.*

FERS (Peine des)

« Les administrateurs qui, sous quelque prétexte que ce soit, refuseront de mettre en vente les biens immeubles des émigrés, et autres domaines nationaux, dans la quinzaine des soumissions faites, seront punis de *dix ans de fers. Loi du* 11 *septembre* 1793. »

Tout administrateur, *tout Commissaire du Directoire exécutif*, qui ne fera pas exécuter les dispositions de la loi du 19 fructidor an 5, relatives aux émigrés ou aux ministres des cultes, ou qui en entravera ou empêchera l'exécution, sera puni de *deux années de fers. Loi du* 19 *fructidor an* 5, *art.* 26. (B. 142. N.º 1400.)

FÊTES DÉCADAIRES ET NATIONALES.

Les décadis et les jours de fêtes nationales étant des jours de repos dans la république, suivant la loi du 17 thermidor an 6 (B. 216. N.º 1943), les bureaux, les écoles publiques et particuliers, doivent vaquer pendant ces jours. Il est défendu d'ouvrir les boutiques, magasins et atteliers, sous les peines de simple police.

Ces jours-là les citoyens, les administrations municipales et les Commissaires près d'elles, se réunissent pour entendre la lecture des lois. Les élèves des écoles publiques et privées doivent assister à cette cérémonie, comme le prescrit la loi du 13 fructidor an 6. (B. 221. N.º 1980.) Voyez *annuaire*, §. I et II.

FÊTES PATRONALES.

Quelques dénominations qu'elles aient dans les différens départemens, tout rassemblement doit être interdit à leur occasion comme illégal, s'il a lieu hors l'enceinte des temples destinés à l'exercice des cultes. *Lettre du ministre de la police, du 26 frimaire an 7.* Voyez le mot *annuaire*, §. 1er.

FEU.

Toute personne qui aura allumé du feu dans les champs, plus près que cinquante toises des maisons et bruyères, doit être poursuivie devant le tribunal de police, par le Commissaire du Directoire exécutif près l'administration municipale, pour être condamné aux peines que l'art. 10 du tit. II de la loi du 6 octobre 1791, prononce contre ce délit. Voyez *délits ruraux.*

FLAGRANT DÉLIT. Voyez *le Manuel des agens municipaux.*

FOIRES et MARCHÉS.

Ils ne peuvent avoir lieu que les jours qui ont été fixés par les administrations centrales de département, autres que les décadis et jours de fêtes nationales, sous les peines portées contre les rassemblemens prohibés par la loi. *Loi du 23 fructidor an 6, art. 5.* (B. 225. N.º 2002.)

Dans les communes où il y a des marchés ou étalages de comestibles ou autres objets, lesdits marchés n'auront lieu qu'à des jours périodiques de la décade, indiqués par l'administration municipale, sous peine d'une amende de la valeur de trois journées de travail, ou d'un emprisonnement qui n'excédera pas trois jours. *Idem . art.* 6.

Les jours indiqués ci-dessus, les marchands sont obligés de tenir leurs boutiques ouvertes, sous les peines portées en l'article précédent, sauf les empêchemens dont les administrations municipales jugeront la légitimité. *Idem, art.* 7. Voyez *annuaire*, §. I, n.º 2.

Les capitaines et les lieutenans de la gendarmerie nationale pourront, sur l'invitation du *Commissaire du Directoire exécutif* près l'administration municipale, porter une ou plusieurs brigades de leurs compagnies ou lieutenances aux foires et marchés, où ils apprendront qu'il doit y avoir un grand concours de citoyens. *Loi du 28 germinal an 6, art.* 145. (B. 197. N.º 1805.)

FORCE PUBLIQUE.

» Aucune partie de la garde nationale sédentaire ni de de la garde nationale en activité de service, ne peut agir pour le service intérieur de la République, que sur la *réquisition par écrit* de l'autorité civile.» *Constitution, art.* 291.

» Le but de l'institution de la force publique étant le maintien de la tranquillité publique, elle doit être requise toutes les fois qu'il y a lieu de craindre que les lois ne soient violées, ou qu'ils soit porté atteinte à la sûreté des personnes ou des propriétés, à la perception des contributions, à la circulation des subsistances : dans ces cas c'est un service habituel et ordinaire exigé de la garde nationale sédentaire.

» Mais si des attroupemens séditieux attaquent les personnes et les propriétés, s'opposent à la perception des contributions et à l'exécution des jugemens ; alors, comme cet état de chose exige non-seulement un plus grand développement de force, mais plus d'intensité dans les moyens de répression, la loi concentre et régularise le droit de mettre en réquisition la force publique.

» Si les forces se trouvent insuffisantes, le Commissaire du Directoire exécutif près l'administration municipale se réunit à elle, et provoque la réquisition de la gendarmerie nationale et de tout ou partie de la troupe de ligne qui se trouve dans son arrondissement. *Loi du 3 août 1791, art.* 6 *et* 12, *et Instruction du 13 floréal an 7, chap.* 3. (B. 276, nº. 2845.)

» Il est à observer que la force publique ne peut être requise par les autorités civiles, que dans l'étendue de leur territoire, et qu'elle ne peut se transporter d'un canton dans un autre, sans y être autorisée par l'administration du département. » *Constitution*, art. 292, *et même Instruction.*

» Cependant, si le danger est imminent, l'administration d'un canton peut requérir la garde nationale des cantons voisins, et en ce cas, l'administration requérante et les chefs requis sont tenus de rendre compte, au même instant, à l'administration départementale. *Constitution*, art. 294.

» Alors, le *Commissaire central*, de concert avec l'administration, requiert la réunion de tout ou partie des brigades de la gendarmerie du département, pour le rétablissement de la tranquillité publique. *Loi du 28 germinal an 3, art.* 144. (B. 197, n°. 1805.)

» Enfin, si des troubles éclatent sur tous les points d'un département, l'administration centrale et le *Commissaire* près d'elle, doivent en informer le Directoire exécutif, qui prescrit les mesures nécessaires pour le rétablissement de l'ordre. S'il est jugé nécessaire de rassembler toute la garde nationale d'un département, le Directoire exécutif peut nommer un commandant temporaire. » *Constitution*, art. 283.

» S'il devient nécessaire pour la répression du brigandage ou pour quelque cause que ce soit, de transporter la force publique d'un département dans un autre, alors le Directoire exécutif l'ordonne. » *Constitution*, art. 292.

» Si le *Commissaire* près l'administration municipale, ou celui près l'administration centrale, sont absens, ou si dûment prévenus, ils négligent ou refusent de prendre les mesures commandées par les circonstances, les administrations centrales et municipales sont respectivement tenues de faire elles-mêmes les réquisitions nécessaires. Dans tous les cas, les administrations centrales ont, sous leur responsabilité, le droit de suspendre l'effet des réquisitions faites par les administrations municipales, par les Commissaires près d'elles, et même par les Commissaires près les départemens ; chaque administration mu-

nicipale

nicipale a le même droit à l'égard de celles faites par le Commissaire du canton.

Nous avons rapporté au mot *Attroupemens*, les cas où la force des armes peut être déployée, et les formalités préliminaires à remplir par les autorités civiles, pour dissiper les émeutes populaires avant de la faire agir ; nous ajouterons seulement que la forme des réquisitions doit être faite de la manière suivante.

» Les réquisitions adressées aux commandans soit des troupes de ligne, soit de garde nationale, soit de la gendarmerie nationale, seront faites par écrit dans la forme suivante :

« Nous .... requérons, en vertu de la loi,
» N......... commandant, etc. de prêter le secours
» de troupes de ligne, ou de la gendarmerie nationale,
» ou de la garde nationale, nécessaire pour repousser
» les brigands, etc. prévenir ou dissiper les attroupemens
» formés, etc. ou pour assurer le paiement de, etc. ou
» pour procurer l'exécution de tel jugement, ou de telle
» ordonnance de police, et pour la garantie dudit com-
» mandant, nous apposons notre signature. Fait à...
» etc. ...... »

Cette formule est consignée dans la loi du 3 août 1791. Celle du 28 germinal an 6, (sur l'organisation de la gendarmerie nationale, exige une formalité de plus dans les réquisitions à ce corps.) Elle veut, art. 147, « que les réquisitions énoncent la loi, l'arrêté du Direc-
» toire exécutif, ou de l'administration, ou de toute
» autorité constituée, en vertu desquels la gendarmerie
» devra agir. »

» On ne doit employer dans les réquisitions d'autres termes que ceux qui sont consacrés par l'Acte constitutionnel. On ne voit dans les articles 291, 292, 293 et 294 de la Constitution que les mots *réquisition*, *requérir* et *autoriser*. Ainsi, l'autorité civile qui met en action la force publique, ne peut pas dire qu'elle *ordonne*, qu'elle *enjoint*, ou se servir d'autres expressions semblables.

» Les autorités civiles, une fois qu'elles ont adressé leur, réquisition conformément aux lois, ne peuvent s'immiscer en aucune manière dans les opérations militaires qui sont ordonnées par les chefs, pour l'exécution desdites réquisitions, les chefs étant chargés, sous leur responsabilité, d'ordonner les mouvemens des brigades et de les diriger dans les opérations qu'elles doivent exécuter. L'autorité civile qui a requis, ne peut exiger qu'un compte ou rapport de ce qui a été fait en conséquence de sa réquisition. *Loi du 28 germinal an 6, art. 138.*

» Les administrateurs municipaux et de département, investis du droit de requérir la force publique, qui négligent d'user de ce droit, lorsque la sûreté publique est compromise, ou qui abusent de ce droit pour vexer les citoyens, encourent, non-seulement la destitution de leurs fonctions, mais encore la traduction devant les tribunaux.

La Constitution (art. 196) délègue exclusivement au Directoire exécutif le pouvoir de cette destitution et de cette traduction.

» Mais si les chefs de la garde nationale refusent d'exécuter les réquisitions qui leur sont faites, ils sont poursuivis à la requête de l'accusateur public, et punis conformément à l'article 4, section 5 de la 2e. partie du Code pénal.

» Les chefs de la gendarmerie nationale, les commandans de brigade et les gendarmes qui n'obtempèrent pas aux réquisitions de l'autorité civile dans les cas prévus par la loi, sont destitués de leurs fonctions d'après le compte rendu au Directoire exécutif.

» A l'égard du refus d'obéissance des citoyens, la peine se gradue suivant le genre de service pour lequel ils avaient été commandés. Voyez les dispositions pénales qui leur sont applicables, à l'article *Garde nationale*, §. V, *Service ordinaire et extraordinaire.*

Toutes les dispositions ci-dessus cités, sont extraites de l'arrêté du Directoire exécutif, du 13 floréal an 7, (B. 176. n.º 2845.) contenant Instruction sur la Garde nationale sédentaire, et les rapports de l'autorité civile avec la force publique. Voyez *Gendarmerie nationale.*

FORFAITURE.

» Les corps administratifs ne peuvent accueillir, sous peine de forfaiture, la réclamation de ceux qui, jusqu'à ce jour, n'ont pas réclamé contre leur inscription sur des listes d'émigrés. *Loi du 26 floréal an 3, art. 3.* (B. 144. n°. 811.) Voyez *Emigrés.*

FOSSÉS.

Le recomblement des fossés est un délit de police rurale, que le Commissaire du Directoire exécutif près le canton poursuit devant le tribunal de Police, et contre lequel il requiert la peine prononcée par l'article 17 du titre 2 de la loi du 6 octobre 1791. Voyez *Délits ruraux.*

FOURNISSEURS.

» Les entrepreneurs, marchands, ouvriers et fournisseurs qui ont passé des marchés avec les ministres ou autres agens de la République, et qui n'ont pas rempli leurs engagemens, seront poursuivis devant le tribunal de leur domicile. *Loi du 4 mars 1793, art. 1er.*

» Les commissaires de la trésorerie nationale feront passer les marchés non exécutés, et l'état des sommes à recouvrer des avances qui auraient été faites aux entrepreneurs et fournisseurs au *procureur-général-syndic,* (actuellement le *Commissaire du Directoire exécutif* près l'administration centrale,) du département du domicile des entrepreneurs, lequel sera tenu, sous sa responsabilité, de faire toutes poursuites nécessaires, et d'en rendre compte aux commissaires de la trésorerie nationale. *Idem,* art. 2. Voyez *Comptables.*

FOURS ET CHEMINÉES.

Si après la visite que les officiers municipaux doivent

faire au moins une fois par an, des fours et cheminées, il s'en trouve dans un délabrement qui pourraient occasionner un incendie ou d'autres accidens, ils en ordonneront la réparation ou la démolition, et sur leur dénonciation, le Commissaire du Directoire exécutif pourra poursuivre devant le tribunal de police, la peine que l'art. 9 du titre 2 de la loi du 6 octobre 1791, prononce contre ce délit. Voyez *Délits ruraux.*

FRAIS D'AGENCE MUNICIPALE. Voyez le *Manuel des Agens municipaux.*

FRAIS DE JUSTICE. Voyez *Jugemens de Polece.*

FURIEUX.

Sur la dénonciation du commissaire de police, le Commissaire du Directoire près l'administration municipale, poursuivra devant le tribunal de police, ceux qui laissent divaguer des furieux, et réquerra contre eux les peines de simple police. *Loi du 3 brumaire an 4, art.* 605. (B. 204, n°. 1221.)

GARDE A VUE.

L'article 25 du titre 2 de la loi du 6 octobre 1791, prononce des peines contre quiconque sera trouvé garder à vue ses bestiaux dans les récoltes d'autrui. Voyez *Délits ruraux.*

GARDE NATIONALE SÉDENTAIRE.

» La garde nationale faisant, aux termes de la Constitution, partie de la force publique, elle doit déférer à toutes les réquisitions qui lui sont faites par les organes légitimes du Souverain.

» Ces organes sont les autorités supérieures, et dans certains cas, les administrations municipales, puisque suivant la loi du 28 décembre 1789, les municipalités, pour l'exercice des fonctions qui leur sont déléguées, ont le droit de requérir le secours nécessaire des *Gardes nationales* et autres forces publiques.

» Cependant quelque soit le motif de la réquisition, elle doit d'abord être exécutée, la garde nationale n'a pas le droit de la juger ; pour juger, il faut délibérer ; et il est écrit dans l'Acte constitutionnel, (art. 275) « *La force publique est essentiellement obéissante, nul corps armé ne peut délibérer.*

1°. *Des cas où le service de la Garde nationale est nécessaire.*

» Le service de la garde nationale est nécessaire, et les fonctionnaires chargés de la police administrative doivent le requérir toutes les fois que l'ordre public est troublé, ou que des symptômes allarmans peuvent faire craindre qu'il ne soit compromis.

» Elle doit être requise pour protéger et assurer l'exécution des lois qui ont pour objet, la sûreté des personnes, la conservation des propriétés, la perception des contributions, la circulation des subsistances, l'exécution des lois sur les passeports, et des jugemens des tribunaux.

» Ainsi, toutes les fois qu'il y a lieu de craindre que les lois ne soient violées, c'est le cas d'exiger de la garde nationale un service habituel et ordinaire.

» Un service extraordinaire devient indispensable lorsque des brigands infestent les routes, dévastent les campagnes et alarment les habitans des communes, lorsqu'une fermentation sourde présage des mouvemens insurrectionnels.

» Alors les citoyens inscrits pour le service des gardes nationales, sont mis en état de réquisition permanente qui les oblige à un service habituel.

» C'est aux administrations municipales à faire cette réquisition, mais seulement dans les communes au-dessus de dix mille ames ; mais dans les autres, ce droit appartient aux administrations centrales. *Loi du 3 août*

1791 , *art.* 44 ; *et Arrêté du Directoire exécutif* , *du* 26 *nivose an* 6 , *art.* 1ᵉʳ. (B. 180 , n°. 1698.)

» Mais s'il se forme des attroupemens séditieux , il faut des mesures encore plus repressives.

» L'attroupement doit être dissipé par la gendarmerie nationale , les gardes soldées et les citoyens qui se trouveront de service dans les gardes nationales. *Loi du* 3 *août* 1791.

» Si ces forces sont insuffisantes , la troupe de ligne doit être requise , et subsidiairement les citoyens inscrits dans la garde nationale du canton où le trouble se manifeste. Les citoyens des communes troublées par les désordres , sont tenus de prêter main-forte pour dissiper l'attroupement , saisir les chefs et les principaux coupables , et pour rétablir la tranquillité publique et assurer l'exécution des lois. Voyez *Attroupement*.

2°. *Fonctionnaires auxquels la loi donne le droit et impose l'obligation de requérir la force publique.*

Nous ne répéterons pas ici les différentes dispositions qui réglent les fonctions des commissaires près les adadministrations centrales et municipales , dans les cas où la loi leur attribue le droit de requérir les gardes nationales. Nous les avons rapportées au mot *Force publique*.

3°. *De la forme des réquisitions.*

» Les réquisitions adressées aux commandans des gardes nationales seront faites par écrit , dans la forme que nous avons rapportée à l'article *Force publique*.

» Quant aux mesures d'exécution dans les cas ordinaires , et même lorsque les circonstances exigent que la garde nationale soit mise en réquisition permanente , c'est à l'autorité civile à les prescrire ; c'est elle qui doit déterminer les postes de service et fixer le nombre d'hommes qu'elle croira nécessaire. L'acte de l'administration municipale ou centrale , qui ordonne les réquisitions permanentes , doit déterminer en même-temps le temps de service dans chaque arrondissement de commune ou de canton, suivant les localités et le besoin de la sûreté. *Arrêté du Directoire exécutif, du 26 nivose an 6, art. 2.* (B. 180, n°. 1698.)

Mais dans les circonstances extraordinaires, c'est au commandant de la force publique qu'appartiennent les mesures d'exécution. Il n'est pas permis à l'autorité civile de s'immiscer dans les dispositions qu'il croit devoir faire, et dans les opérations militaires qu'il juge à propos d'ordonner. *Loi du 14 octobre 1791, section 3, art. 9.*

4°. *Des Colonnes mobiles.*

» Il y aura dans chacun des cantons de la République, un détachement de la garde nationale sédentaire, toujours prêt à marcher, et dont les membres seront désignés d'avance. Ce détachement sera connu sous le nom de *Colonne mobile. Arrêté du 17 floréal an 4, art. 1ᵉʳ.* (B. 49. n.° 410.)

» La force de ce détachement, non compris les officiers et sous-officiers, sera égale au sixième de la totalité de la garde nationale sédentaire de chaque canton. *art. 2.*

» Les citoyens qui devront le composer, seront choisis de nouveau tous les six mois ; mais ce détachement pourra être renouvellé plus fréquemment, si les circonstances l'exigent.

» L'administration centrale du département jugera seule du besoin de ce renouvellement extraordinaire. *art. 3.*

» Les colonnes mobiles seront formées par les officiers municipaux, et renouvelées, chaque année, dans le mois de frimaire et de prairial, et d'après le mode de leur première formation. *Art. 7.*

» En conséquence les officiers municipaux se réuniront les 10 frimaire et 10 prairial de chaque année, pour fixer d'abord le nombre d'hommes auquel, en conformité de l'article 2 ci-dessus, la colonne devra être portée, et élire ensuite les citoyens qui devront la composer. *Art. 8.*

N 4

» Dès que l'organisation sera terminée, le tableau des officiers et fusiliers composant la colonne mobile, sera remis au *Commissaire du Directoire exécutif* près la municipalité ; celui-ci l'adressera, avec ses observations, au *Commissaire du Directoire exécutif* près l'administration centrale, lequel le soumettra, avec ses observations, à l'approbation de ladite administration, qui pourra le rejeter en tout ou partie. Il sera procédé alors par les officiers municipaux à de nouveaux choix, qui seront soumis à la même approbation. *Art.* 15.

» Ce tableau définitivement arrêté, sera renvoyé à l'administration municipale, qui le fera afficher dans le lieu de ses séances et donnera connaissance de leur nomination à chacun des citoyens dont le nom se trouvera inscrit. *Art.* 16.

» Dans les cantons qui sont divisés en plusieurs municipalités, il sera formé une colonne mobile par chaque arrondissement de commune, et les officiers municipaux de chacune d'elles exécuteront toutes les opérations prescrites aux administrations municipales de canton. *Art.* 17.

» Le Directoire exécutif recommande spécialement aux diverses autorités constituées, sous leur responsabilité personnelle, de tenir sévèrement la main à ce que les dispositions des diverses lois relatives au service de la garde nationale soient ponctuellement exécutées. *Art.* 19.

» Les citoyens qui composent les colonnes mobiles, ne peuvent se réunir, en tout ou partie, sous cette dénomination, que d'après une réquisition écrite et formelle des autorités constituées à qui les lois accorde le droit de réquisition. » *Même Arrêté, art.* 16.

5°. DISPOSITIONS PÉNALES.

1°. *Refus d'obéissance de la part des chefs de la Garde nationale.*

» Si les chefs de la garde nationale refusent d'exécuter les réquisitions qui leur sont faites, ils sont poursuivis à la requête de l'accusateur public, sur la dénonciation des Commissaires près les administrations centrales et mucipales.

2°. *Refus des citoyens.*

» Si le refus d'obéissance provient des citoyens, la peine se gradue suivant le service pour lequel ils avaient été commandés.

Service ordinaire.

» S'il s'agit d'un service ordinaire, il faut distinguer entre un service de vingt-quatre heures, et un service momentané pour escorter les autorités civiles dans les fêtes nationales et décadaires.

» Dans le premier cas, le citoyen qui ne se présente pas en personne, ou ne se fait pas remplacer, est soumis à une taxe de remplacement de la valeur de deux journées de travail.

» Dans le second cas, par la considération que ce service a moins de durée, la taxe ne doit être que d'une journée de travail. *Loi du* 14 *octobre* 1791.

» La valeur de la journée de travail est réglée tous les trois mois, par l'administration centrale, sur l'avis de chaque administration municipale.

» Cette taxe ne devant être considérée que comme une contribution personnelle, c'est aux administrations municipales à en prononcer l'application et à en ordonner le recouvrement.

» A cet effet, le commandant dresse l'état nominatif des manquans, avec indication du jour et de la durée du service : il remet cet état au commissaire près l'administration municipale, lequel en sa qualité d'agent particulier des contributions directes, forme un rôle de chaque taxe due.

» Ce rôle est arrêté par l'administration municipale, qui le rend exécutoire.

Service extraordinaire.

» Mais lorsqu'il s'agit d'un service extraordinaire, c'est-à-dire, de dissiper les attroupemens, de faire des patrouilles soit de nuit soit de jour, etc. les citoyens qui ont refusé le service, et ne se sont pas fait remplacer, sont punis par voie de police correctionnelle, et sont condamnés suivant la gravité des circonstances, à un emprisonnement qui ne peut pas excéder un an. *Loi du 3 août 1791, art.* 42 *et* 43.

Le commandant doit sur le champ en faire son rapport au Commissaires du Directoire exécutif près l'administration municipale, lequel dénonce cette contravention au juge de paix de l'arrondissement ; celui-ci, agissant comme officier de police judiciaire, traduit le citoyen désobéissant devant le tribunal correctionnel. *Arrêté du Directoire exécutif, du* 26 *nivose an* 6*, art.* 3.) B. 180. N°. 1698.)

Conseils de Discipline.

» Les conseils de discipline ne connaissent que des fautes et délits contre l'obéissance ou contre le respect dû à la personne du chef, ou contre les règles du service.

» Quant au service commandé, celui qui n'obéit pas, n'est pas justiciable du conseil de discipline ; ses chefs doivent en déférer à l'administration municipale, en remettant au commissaire établi près d'elle, l'état nominatif de ceux qui n'ont pas obéi et ne se sont pas fait remplacer, afin que le commissaire provoque contre eux soit la taxe de remplacement, s'il s'agit d'un service ordinaire, soit la peine correctionnelle, s'il s'agit d'un service extraordinaire. *Loi du* 14 *octobre* 1791*, sect.* 3*, art.* 3.

Si au contraire, pendant la durée du service, un citoyen se rend coupable d'un délit qui emporte une peine autre que celles que les conseils de discipline peuvent appliquer, il doit être renvoyé vers le commissaire du Directoire exécutif près l'administration municipale, s'il s'agit d'un délit punissable par le tribunal de simple police , et vers le juge de paix de l'arrondissement, qui agit comme officier de police judiciaire, s'il s'agit d'un délit qui entraîne une peine correctionnelle ou afflictive. *Instruction du 13 floréal an 7, chap. 7.* (B. 276, n.º 2845.)

Les Commissaires près les tribunaux de police doivent sans ménagement dénoncer aux officiers de police judiciaire les individus qui refuseraient le service des colonnes mobiles. *Lettre du ministre de la justice, du* 10 *nivose an* 5.

Exemption de service.

On ne peut commander pour aucun service... les Commissaires du Directoire exécutif près les administrations centrales et municipales. *Loi du* 14 *octobre* 1791 et 28 *prairial an* 3, *art.* 3. (B. 156. n.º 920.)

» Cependant les fonctionnaires publics salariés par la République doivent être soumis au remplacement.» *Loi du* 14 *octobre* 1791, *section* 1.ere, *art.* 16.

Toutes les dispositions qu'on vient de rapporter ci-dessus, relatives soit au service de la garde nationale, soit au mode de sa réquisition, sont extraites de l'instruc-du 13 floréal an 7. (B. 276. n.º 2845.)

GARDES CHAMPÊTRES.

« Considérés comme officiers de police judiciaire, les gardes champêtres et gardes forestiers sont chargés de rechercher respectivement tous les délits qui portent atteinte aux propriétés rurales et forestières. » *Loi du* 3 *brumaire an* 4, *art.* 41. (B, 204. n.º 1211.)

« Les *gardes forestiers* remettent leurs procès-verbaux à l'agent de l'administration forestière désigné par la loi. *Ibid, art.* 42.

» Les gardes champêtres remettent leurs procès-verbaux au Commissaire du Pouvoir exécutif près l'administration municipale. *Art.* 43.

» La remise de chaque procès-verbal se fait au plus tard le troisième jour après la reconnaissance du délit qui en est l'objet. *Art.* 44. Voyez *Délits ruraux* et *Délits forestiers.*

» Le Commissaire du pouvoir exécutif est tenu de dénoncer au directeur du jury les négligences, abus et malversations des gardes champêtres & forestiers. » *Art.* 47.

En conséquence de cet article les Commissaires du Directoire exécutif doivent veiller 1.º à ce que les administrations municipales près lesquels ils sont respectivement placés, nomment des gardes champêtres à raison d'un par commune au moins, sauf à en établir un plus grand nombre dans les lieux où elles le jugeront nécessaire, ainsi que le prescrit l'article 3 de la loi du 20 messidor an 3. (B. 161. n.º 941.)

2.º A ce que les gardes champêtres qui sont ou seront nommés remplissent avec tout le zéle et toute l'activité les devoirs que la loi leur impose, et à ce qu'ils soient révoqués en cas de négligence, sans préjudice du devoir qui leur est imposé de les dénoncer au directeur du jury. *Lettre du ministre de la justice, du* 10 *prairial an* 5.

Les *Commissaires du Directoire exécutif* près les administrations centrales doivent s'informer, lorsqu'ils parcourrent les cantons, s'il y a par-tout des gardes champêtres, s'ils sont salariés, s'ils remplissent leur devoir avec impartialité et courage, et si les justices de paix soutiennent le zéle de ces gardes. Quoique leur place n'ait aucune influence sur la partie judiciaire, rien de ce qui tient à l'ordre public ne leur est étranger. Ils doivent prendre des renseignemans sur tout ce qui a quelque relation avec le service administratif, et ils peuvent ensuite appeler l'attention des Commissaires près les tribunaux, ou celle de l'accusateur public sur les détails de leur ressort, qui les auront particulièrement frappés.» *Circulaire du ministre de l'Intérieur, du* 27 *fructidor an* 6.

GENDARMERIE NATIONALE.

« Ce corps est une force instituée pour assurer, dans l'intérieur de la République, le maintien de l'ordre et l'exécution des lois. Une surveillance continue et répressive

constitue l'essence de son service. Quoique la garde nationale en activité de service soit plus particulièrement
instituée pour défendre l'Etat contre l'ennemi du déhors,
elle est néanmoins appelée par la Constitution, ainsi que
la garde nationale sédentaire, pour concourir, avec la
gendarmerie nationale, à la répression des délits, et à faire
cesser toute résistance à l'exécution des lois. Le service
de la gendarmerie nationale est particulièrement destiné
à la sûreté des campagnes et des grandes routes. *Loi du 28
germinal an 6, tit. I.er* (B. 197. n.° 1807.)

Cette loi, qui contient l'organisation de ce corps, confie
aux Commissaires près les administrations centrales et
près les administrations municipales, différentes fonctions,
soit quant à l'administration et comptabilité de la gendarmerie nationale, soit quant à sa police et au droit qu'ils
ont de la requérir.

1.° *Administration et comptabilité de la gendarmerie nationale.*

» Le Commissaire du Directoire exécutif près l'administration centrale est membre du conseil extraordinaire
qui est composé d'un chef de division, de deux membres
de l'administration et du commissaire des guerres ayant
la police du corps de la gendarmerie. Ce conseil se tient
tous les ans dans le cours de vendémiaire ou brumaire,
au chef-lieu du département pour l'examen et l'arrêté définitif de la comptabilité de l'année révolue des compagnies de la gendarmerie nationale. » *Loi du 28 germinal
an 6, art.* 94 *et* 95. (B. 197. n.° 1805.)

2.° *Police et discipline de la gendarmerie nationale.*

« Tout officier, sous-officier et gendarme qui n'aura
point rejoint son poste à l'expiration de son congé, et
qui aura outrepassé le terme de dix jours, sera réputé
déserteur à l'intérieur, comme tel traduit au conseil de
guerre, à moins d'empêchement légitime, dont il sera
tenu de justifier par des certificats authentiques des agens
municipaux, visés par le *Commissaire du Directoire exé-*

cutif, ou de maladies constatées par des certificats des officiers de santé, visés par les mêmes autorités civiles. *Ibid*, *art.* 101.

» Il est convoqué chaque année par escadron, un conseil de discipline extraordinaire à l'époque de la revue du chef général de division, pour examiner la conduite des officiers, sous-officiers et gendarmes auxquels il aura été infligés des punitions réitérées de discipline pendant le cours de l'année, dont la mauvaise conduite ou l'incapacité reconnues auront donné lieu à des plaintes graves de la part des autorités civiles ou des chefs respectifs. *Même loi*, *art.* 107.

» Le conseil extraordinaire de discipline est composé du chef de la division, du chef d'escadron, d'un capitaine, d'un lieutenant, d'un maréchal-des-logis et d'un brigadier, d'un membre de l'administration centrale du département, du *Commissaire du Directoire exécutif* près cette administration et de l'accusateur public ; il se tient alternativement dans l'un et l'autre département de l'escadron. » *Même loi*, *art.* 108.

3.º *Des fonctions de la gendarmerie nationale, de ses rapports avec les autorités civiles, la garde nationale en activité et la garde nationale sédentaire.*

§ I.er

Fonctions ordinaires de la gendarmerie.

Il est des fonctions que la gendarmerie nationale exerce habituellement, sans qu'il soit besoin d'aucune réquisition des autorités civiles, à la charge de faire mention de ce service habituel sur les journaux tenus par les commandans des brigades, et qui seront envoyés à la fin de chaque mois aux *Commissaires du Directoire* près les administrations centrales.

Ces fonctions essentielles et ordinaires, sont :

1.º De faire des marches, tournées, courses et patrouilles sur les grandes routes, traverses, chemins vicinaux et dans tous les arrondissemens des lieux respectifs ; de les faire constater jour par jour sur les feuilles de service par les officiers municipaux, agens des communes ou autres *officiers publics*, à peine de suspension de traitement ;

2.º De recueillir et prendre tous les renseignemens possibles sur les crimes et les délits publics, et d'en donner connaissance aux autorités compétentes ;

3.º De rechercher et poursuivre les malfaiteurs ;

4.º De saisir toutes personnes surprises en flagrant délit ou poursuivies par la clameur publique ;

5.º De saisir tous gens trouvés porteurs d'armes ensanglantées, faisant présumer le crime ;

6.º De saisir les brigands, voleurs de grands chemins, chauffeurs et assassins attroupés ;

7.º De saisir les dévastateurs des bois, des récoltes, les chasseurs masqués, les contrebandiers armés, lorsque les délinquans de ces trois genres sont pris sur le fait ;

8.º De saisir et arrêter les émigrés et prêtres déportés qui seront trouvés sur le territoire de la République ;

9.º De dissiper par la force tout *attroupement armé*, déclaré par l'article 365 de l'Acte constitutionnel, être un attentat à la Constitution ;

10.º De dissiper de même, conformément à l'article 366, tout *attroupement non armé*, d'abord par la voie du commandement verbal ; enfin de dissiper tout attroupement qualifié séditieux par les lois, à la charge d'en prévenir sans délai les administrations centrales, municipales et les *Commissaires du Directoire exécutif* près d'elles ;

11.º De saisir tous ceux qui seront trouvés exerçant des voies de fait ou violences contre la sûreté des personnes, des propriétés nationales et particulières ;

12.º De protéger les porteurs de contrainte pour deniers publics, et exécuteurs de mandemens de justice ;

13.º D'assurer la libre circulation des subsistances, et de saisir tous ceux qui s'y opposeraient par la force ;

14.º De saisir et conduire à l'instant devant l'autorité civile tous ceux qui troubleraient les citoyens dans l'exercice de leur culte, de protéger le commerce intérieur en donnant toute sûreté aux négocians, marchands, artisans et à tous les citoyens que leur commerce, leur industrie et leurs affaires obligent de voyager;

15.º De surveiller les mendians, vagabonds et gens sans aveu, de prendre à leur égard les précautions de sûreté prescrites par les lois; a l'effet de quoi les administrations municipales seront tenues de donner connaissance à la gendarmerie nationale des listes sur lesquelles seront portés les individus que la gendarmerie est chargée de surveiller;

16.º De dresser des procès-verbaux de tous les cadavres trouvés sur les chemins, dans les campagnes ou retirés de l'eau, et d'avertir l'officier de gendarmerie le plus voisin, qui sera tenu de se transporter en personne sur les lieux, dès qu'il lui en aura été donné avis;

17.º De dresser pareillement des procès-verbaux des incendies, effractions, assassinats et de tous les crimes qui laissent des traces après eux;

18.º De dresser procès-verbal des déclarations qui seront faites par les habitans, voisins, parens, amis et autres personnes qui seront en état de leur fournir des indices, preuves et renseignemens sur les auteurs des crimes et délits, et sur leurs complices;

19.º De se tenir à portée des grands rassemblemens d'hommes, tels que les foires, marchés, fêtes et cérémonies publiques;

20.º De conduire les prisonniers ou condamnés, en prenant toutes les précautions pour empêcher leur évasion;

21.º De saisir et arrêter les déserteurs et militaires qui ne seraient pas porteurs de passeport ou congé en bonne forme;

22.º De faire rejoindre les militaires absens de leur corps à l'expiration de leurs congés ou permissions limités; à l'effet de quoi les militaires porteurs de congés ou permissions seront tenus de les faire viser par les capitaines ou lieutenans de la gendarmerie nationale, qui en tiendront note pour contraindre les militaires en retard de rejoindre;

23.º

23.º Lorsqu'il passera des troupes dans l'arrondissement d'une brigade de gendarmerie nationale, elle sera tenue de se porter en arrière et sur les flancs desdites troupes; arrêtera les traîneurs, ceux qui s'écarteraient de la route, et les remettra au commandant du corps, de même que ceux qui commettraient des désordres, soit dans les marchés, soit dans les lieux où ils séjourneront;

24.º De s'assurer de la personne de tout étranger circulant dans l'intérieur de la République, sans passeport, ou avec des passeports qui ne seraient pas conformes aux lois, à la charge de les conduire sur-le-champ devant le *Commissaire* près l'administration municipale de l'arrondissement;

25.º De saisir et arrêter les mendians valides, dans les cas et circonstances qui rendent les mendians punissables, à la charge de les conduire sur-le-champ devant le juge de paix, pour être statué à leur égard conformément aux lois sur la répression de la mendicité;

26.º De saisir et arrêter tout individu commettant des dégats dans les bois, dégradant les clôtures des murs, haies et fossés, encore bien que ces délits ne soient pas suivis de vols; tous ceux qui seront surpris en commettant des larcins de fruits et de productions d'un terrain cultivé;

27.º De saisir et arrêter ceux qui, par imprudence, par négligence, par la rapidité de leurs chevaux, ou de toute autre manière, auront blessé un citoyen sur les routes, dans les rues ou voies publiques;

28.º De saisir et arrêter ceux qui tiendront des jeux de hasard et autres jeux défendus par les lois, sur les places publiques ou foires et marchés;

29.º De saisir et arrêter tous ceux qui seront trouvés coupant ou détériorant, en manière quelconque, les arbres plantés sur les grandes routes, de faire la police sur les grandes routes, d'y maintenir les communications et les passages libres en tout temps; de contraindre les voituriers, charretiers et tous conducteurs de voitures, à se tenir à côté de leurs chevaux: en cas de résistance, de saisir ceux qui obstrueront les passages, de les conduire devant l'autorité civile, qui prononcera en ce cas, s'il y a lieu, une amende qui ne pourra excéder 10 fr., sans préjudice de plus forte peine, suivant la gravité du délit. *Loi du 28 germinal an 6, art.* 125 *et* 126.

§ I I.

Service extraordinaire de la gendarmerie.

« La gendarmerie nationale peut être requise par les *Commissaires du Directoire exécutif* près les administrations centrales et municipales, à l'effet d'escorter les deniers publics, convois de poudre de guerre, couriers, voitures et messageries nationales. *Même loi, art.* 134.

» Dans les réquisitions qu'ils adresseront aux commandans de la gendarmerie nationale, ils ne pourront employer d'autres termes que ceux consacrés par l'Acte constitutionnel. *Même loi, art.* 137.

» Une fois qu'ils auront adressés leurs réquisitions conformément aux lois, ils ne peuvent s'immiscer en aucune manière dans les opérations militaires qui seront ordonnées par les chefs pour l'exécution desdites réquisitions. *Même loi, art.* 138.

§ I I I.

Rapports de la gendarmerie avec les autorités civiles et les Commissaires du Directoire exécutif.

» En toutes occasions, les officiers, sous-officiers et gendarmes de la gendarmerie nationale prêteront sur-le-champ la main-forte qui leur sera demandée par réquisitions légales; ils exécuteront et feront exécuter les réquisitions qui leur seront adressées par les administrations centrales, municipales, par les *Commissaires près d'elles...* pour le maintien ou le rétablissement de la tranquillité publique. *Même loi, art.* 140.

» Les capitaines commandans la gendarmerie nationale sont tenus de faire connaître aux *Commissaires du Directoirt exécutif* près les administrations centrales, les tribunaux civils et criminels, tous les objets qui pourront intéresser la sûreté et la tranquillité publique ; ils recevront de ces Commissaires les réquisitions et instructions relatives à l'exécution des arrêtés du Directoire exécutif, des administrations, des jugemens et ordres supérieurs, et leur communiqueront exactement tous les renseignemens qu'ils auront extraits, tant des feuilles de service que des procès-verbaux dressés par les sous-officiers et gendarmes.» *Même loi, art.* 141.

« A cet effet, les commandans de gendarmerie se rendront chaque jour, *à une heure réglée*, chez les Commissaires du Pouvoir exécutif, pour recevoir ces instructions.» *Arrêté du 20 pluviose an 4, art.* 2. (B. 26. n.º 175.)

Il faut observer que dans les communes chefs-lieux de département, et où siégent les tribunaux criminels et correctionnels, ce sera le capitaine qui se rendra chaque jour chez les Commissaires du Directoire exécutif. Ainsi ces Commissaires ne peuvent appeler auprès d'eux les chefs d'escadron ou de division, qui n'étant pas officiers de police judiciaire, comprenant d'ailleurs plus d'un département dans leur commandement, et n'appartenant pas à l'un plus qu'à l'autre, ne sont point autant à même que les capitaines de leur donner des instructions précises sur ce qui intéresse l'ordre public.

Cette obligation imposée aux chefs de la gendarmerie de se rendre chaque jour près les Commissaires près les administrations, ne s'étend pas aux *Commissaires près les administrations municipales de canton*, ni aux agens municipaux. Les Commissaires centraux doivent faire cesser à cet égard les prétentions de ces fonctionnaires, et leur prescrire de se renfermer dans des communications réciproques, franches et suivies sur ce qui intéresse la tranquillité intérieure, sur les moyens de prévenir les dangers dont elle peut être menacée, et de la garantir de la malveillance et du brigandage. » *Circulaire du ministre de la guerre, du 24 pluviose an 7.*

« En cas de contravention aux dispositions ci-dessus, les *Commissaires du Directoire exécutif*, après avoir prévenu les chefs d'escadron ou de division, afin qu'il y

soit mis ordre de suite, en instruiront le ministre de la
police générale, afin qu'il en soit promptement référé au
Directoire exécutif. » *Loi du 28 germinal*, *art.* 142. *Arrêté
du 20 pluviôse an* 4, *art.* 3.

 « La gendarmerie nationale ne pourra être requise par
les administrations centrales, municipales et par les Commissaires du Directoire près ces administrations, que dans
l'étendue de leurs territoires. » *Loi du 28 germinal an* 6,
art. 143.

 « Le *Commissaire du Directoire exécutif près l'administration centrale* du département, pourra, en vertu de
l'arrêté de cette administration, et dans les cas urgens,
requérir que tout ou partie des brigades de la gendarmerie
du département soit rassemblé pour le rétablissement
de la tranquillité publique ; il pourra aussi requérir qu'il
soit formé momentanément de nouvelles brigades composées de gendarmes tirées de diverses brigades du département ; mais dans l'un et l'autre cas, le commandant
de la gendarmerie en rendra compte au général de division dans les vingt-quatre heures, et si les déplacemens
durent plus de trois jours, il en sera rendu compte aux
ministres de la police générale et de la guerre, tant par
le Commissaire du Directoire exécutif que par le chef
d'escadron ; le même compte sera rendu tous les dix jours,
jusqu'à ce que les brigades soient rentrées dans leurs résidences respectives. *Même loi*, *art.* 144.

 » Les capitaines et les lieutenans de la gendarmerie
nationale pourront, sur l'invitation d'une administration
municipale ou du Commissaire du Directoire exécutif près
d'elle, porter une ou plusieurs brigades de leurs compagnies ou lieutenances aux foires et marchés, fêtes et cérémonies publiques où ils apprendront qu'il doit y avoir
un grand concours de citoyens... Les brigades qui auront
été rassemblées rentreront, dans le jour même, à leurs
résidences respectives, à moins d'une réquisition de l'administration municipale ou du *Commissaire* : dans ce dernier cas, l'administration ou le Commissaire seront tenus
de prévenir sur-le-champ l'administration centrale. *Même
loi*, *art.* 145.

» Les autorités civiles qui requerront les commandans
de gendarmerie nationale dans les cas prévus par la loi,
ne pourront le faire autrement que par écrit. Les réquisitions énonceront la loi, l'arrêté du Directoire exécutif
ou de l'administration, ou de toute autre autorité constituée, en vertu desquels la gendarmerie devra agir ; elles
seront toujours adressées aux commandans de la gendarmerie des arrondissemens respectifs. Défenses sont faites
auxdits commandans de mettre à exécution celles qui ne
seraient pas revêtues de ces formalités, sous peine d'être
poursuivis comme coupables d'actes illégaux et arbitraires.
Même loi, art. 147.

» Sous quelque prétexte que ce soit, les autorités civiles ne pourront employer les gendarmes à porter leurs
dépêches et correspondances : les officiers du corps de la
gendarmerie nationale s'opposeront formellement à ce
que leurs subordonnés soient employés à ce genre de
service. *Même loi*, art. 149.

§ I V.

Rapport de la gendarmerie nationale avec la garde nationale
sédentaire et la garde nationale en activité.

» Dans le cas d'insuffisance ou à défaut de troupes
faisant partie de la garde nationale en activité de service,
que les officiers de la gendarmerie nationale peuvent requérir pour dissiper un attroupement séditieux, pour la
répression des délits, ou pour l'exécution des réquisitions
des autorités civiles, ils sont autorisés à requérir toute
main-forte de la garde nationale sédentaire, en adressant
leurs demandes aux administrations municipales, qui requerront à cet effet les commandans de la garde nationale de prêter cette main-forte. *Loi du 28 germinal an 6,*
art. 52, 56 et 57.

§ V.

Refus de la gendarmerie nationale d'obéir aux réquisitions.

Les chefs de la gendarmerie nationale, les commandans de brigades et les gendarmes qui refuseront d'exécuter les réquisitions qui leur seront faites par les autorités civiles, dans les cas prévus par la loi, seront destitués de leurs fonctions, d'après le compte qui en sera rendu au Directoire exécutif, et dénoncés à l'accusateur public, à la diligence du *Commissaire du Directoire exécutif* près l'administration centrale. » *Même loi*, art. 233. Voyez *Force publique.*

GENS SANS AVEU.

L'article 5 de la loi du 10 vendémiaire an 4, (B. 188. n.º 1142.) ordonnant l'arrestation de tout individu voyageant et trouvé hors de son canton sans passeport, et de le traduire devant le tribunal compétent, comme réputé *vagabond et sans aveu*, « le Commissaire du Directoire exécutif près l'administration municipale est tenu de surveiller l'exécution de cette disposition, et d'informer le Commissaire près le département de sa surveillance et de ses résultats. » *Arrêté du 2 germinal an 4*, art. 8 et 9. (B. 35. n.º 261.)

GLANAGE.

« Il est défendu de glaner, de rateler et de grapiller qu'après l'enlèvement entier des fruits. La contravention sera poursuivie par le Commissaire près l'administration municipale devant le tribunal de police, pour être punie par la confiscation du glanage, du ratelage et grapillage, et suivant les circonstances, d'un emprisonnement de simple police. » *Loi du 6 octobre 1791*, *tit.* 2, *art.* 21. Voyez *Délits ruraux.*

GRAINS ET FARINES.

« La défense d'exporter des grains ou farines de toute

espèce est maintenue. » *Loi du 26 ventose an 5, art. 1.er* (B. 128. n.º 1230.)

« Le passavant exigé pour les transports de grains ou farines dans la distance de cinq kilomètres (une lieue) en deçà des frontières, et de vingt-cinq hectomètres (une demi-lieue) des côtes maritimes, sera délivré par les préposés au bureau des douanes le plus voisin, ou par le président de l'administration municipale du domicile du propriétaire, auquel cas il sera signé du *Commissaire du Directoire exécutif. Ibid*, *art.* 2 et 4.

» Le passavant indiquera la quantité, le lieu de l'enlèvement et de la destination, l'heure du départ et le route à tenir. » *Art.* 5.

Pour l'exécution de cette loi, et pour empêcher l'exportation des grains, le Directoire a pris, le 17 prairial an 7, un arrêté (B. 285. n.º 3004.) contenant les mesures suivantes.

« Tout entrepôt de grains et farines établis dans les cinq kilomètres des frontières de terre, étant contraire aux lois du 11 septembre 1793 et 26 ventose an 5, est sévèrement prohibée. *Art.* 1.er

» Les agens municipaux et adjoints des communes situées sur l'extrême frontière de terre et de mer, étant spécialement chargés de surveiller l'exportation des grains dans leurs arrondissemens respectifs, et de l'empêcher sous leur responsabilité, dénonceront au *Commissaire près l'administration municipale* du canton les citoyens qui, par de coupables manœuvres, cherchent à faire passer des grains à l'étranger. Ce *Commissaire* sera tenu de dénoncer au juge de paix du canton ces citoyens, pour être poursuivis conformément à la loi du 3 brumaire an 4, (B. 204. n.º 1221.) *Même arrêté, art.* 3 et 5.

» Les préposés des douanes ne délivreront des acquits à caution pour le transport des grains dans les communes situées sur l'extrême frontière, particulièrement sur le Rhin, que d'après un certificat des agens respectifs desdites communes, visé par le *Commissaire du Directoire exécutif*, lequel certificat constatera que les grains à transporter sont destinés à la consommation des habitans et aux semences de la terre. *Art.* 6.

» Les commissaires de la marine et leurs préposés sur les côtes des deux mers, sur-tout depuis le Hâvre jusqu'à Flessingue et sur l'Escaut, les *Commissaire du Directoire exécutif* près les administrations municipales des cantons voisins des frontières de la Hollande, les agens municipaux des communes situées à l'embouchure de l'Escaut, concourront avec les préposés des douanes et de la gendarmerie nationale à l'exécution des lois qui prohibent l'exportation des grains à l'étranger. Ils provoqueront les nouvelles mesures qu'ils croiront nécessaires pour réprimer et arrêter les abus qui pourraient se commettre : ils sont autorisés à se faire soutenir par la force armée. » *Art.* 9.

La loi du 21 prairial an 5, (B. 128. n.º 1130.) ayant consacré la liberté entière de la circulation des grains dans l'intérieur de la République, les *Commissaires près les administrations* centrales et municipales doivent faire tout ce qui est en leur pouvoir pour l'assurer et la garantir de toute atteinte, sous peine d'être poursuivis et être condamnés, outre la restitution, à une amende de la valeur des grains arrêtés, pour le paiement de laquelle il sera donné caution ; faute de quoi, la peine de six mois d'emprisonnement sera prononcée. » *Loi du* 21 *prairial an* 5, *art.* 2 et 3.

« Les bons et permis des municipalités qu'exigeaient les lois des 4 nivose (B. 104. n.º 328.) et 4 thermidor an 3. (B. 167. n.º 978.) ne sont plus nécessaires pour faire des approvisionnemens, soit dans les marchés, soit ailleurs, sans néanmoins déroger aux usages des lieux où les marchands ne peuvent acheter dans les marchés qu'aux heures indiquées. » *Ibid, art.* 5.

GRAINS EN VERD.

Toutes les ventes des grains en verd ou pendant par les racines sont prohibées, sous peine de confiscation des grains et fruits vendus. *Loi du 6 messidor an 3, art.* 1er. (B. 158. N.º 928.)

« Les officiers municipaux et les administrateurs de départemens sont spécialement chargés de veiller à l'exécution de cette disposition. *Ibid. art.* 3.

» Dans cette prohibition ne sont pas comprises les ventes qui ont lieu par suite de tutelle, curatelle, changement de fermier, saisies de fruit, baux judiciaires et autres de cette nature, ni les ventes qui comprendraient tous autres fruits de productions que les grains. » *Loi du 23 messidor an 3.* (B. 162. N.º 948.)

GRAPILLAGE. Voyez *glanage*.

H A I E S.

Toute personne qui contreviendrait à la défense de couper des branches de haies vives, d'enlever des bois secs des haies, sera condamné par le tribunal de police, sur la poursuite du Commissaire près l'administration municipale à une amende de la valeur de trois journées de travail, et suivant les circonstances, à la peine de l'emprisonnement. *Loi du 6 octobre* 1791, *tit.* 11, *art.* 17. Voyez *délits ruraux*.

HANNETONS. Voyez *échenillage* et *Manuel des agens municipaux*.

H O S P I C E S   C I V I L S.

Quoique ces asyles de la souffrance et du malheur soient confiés à une administration particulière par la loi du 16 vendémiaire an 5, (B. 81. N.º 753.) qui leur restitue leurs biens, qui avaient été déclarés nationaux par celle du 23 messidor an 2, (B. 20. N.º 93.) cependant les Commissaires près les administrations centrales, en faisant leurs tournées dans les cantons de leur arrondissement, ne doivent pas négliger d'entrer dans ces hospices, examiner si les commissaires nommés par les administrations municipales remplissent leurs devoirs, si celles-ci exercent une surveillance active ; si la comptabilité est en règle ; si l'on n'admet dans les hospices que ceux qui ne peuvent être soulagés d'une autre manière, et qui sur-tout ne peuvent pas être occupés utilement ailleurs ; si l'inconsidération des administrateurs ne multiplie pas le nombre des enfans abandonnés, etc. *Lettre du ministre de l'intérieur, du 27 fructidor an 6.* Voyez *Enfans abandonnés.*

HYPOTHÈQUES.

Il y a privilége en faveur des ouvriers et de leurs cessionnaires, mais seulement jusqu'à concurrence de la plus-value existant au moment de l'aliénation de l'immeuble, quand cette plus-value a pour origine les constructions et autres impenses que les ouvriers y auraient faites, et lorsqu'avant le commencement des travaux il aura été dressé par des experts nommés d'office par le juge de paix, et en présence du *Commissaire du Directoire exécutif* près de l'administration municipale du canton où l'immeuble est situé, un procès-verbal qui constate l'état dudit immeuble, l'utilité des ouvrages, et qu'il aura été procédé à leur réception deux mois au plus tard après leur confection. *Loi du 11 brumaire an 7, art.* 12. (B. 238. N.° 2137.)

HYPOTHÈQUES SUR LES COMPTABLES,

ET SUR LES TUTEURS ET CURATEURS DES MINEURS.

« Tout droit d'hypothèque légale ou conventionnelle,

» 1.° Au profit de la nation sur les *comptables* pour raison de leur gestion, et sur leurs cautions, à l'égard des biens servant de cautionnement.

» 2.° Au profit des mineurs, des interdits et des absens sur leurs tuteurs, curateurs et administrateurs, aussi pour raison de leur gestion.

3.° Des époux, pour raison de leurs conventions et droits matrimoniaux éventuels qui ne seraient encore ni ouverts ni déterminés,

» Sera inscrit sur la simple représentation de deux bordereaux, contenant 1.° les noms, prénoms, profession et domicile du requérant, ainsi que le domicile par lui ou pour lui élu dans l'étendue du bureau où l'inscription sera requise. ;

» 2.º Les nom, prénoms, profession et domicile du débiteur, ou une désignation individuelle et spéciale assez précise pour que le conservateur des hypothèques puisse reconnaître et distinguer, dans tous les cas, l'individu grevé.

» 3.º La nature du droit qu'il s'agit de conserver à l'époque où il a pris naissance sans être tenu d'en déterminer le montant.

» Ces inscriptions seront reçues sans aucune avance des salaires du conservateur, et sauf son recours contre le grevé. » *Même loi*, *art.* 17 et 21.

» Les *Commissaires du Directoire exécutif* près les administrations centrales de département requerront d'office les *inscriptions indéfinies* sur les *comptables* de deniers publics et sur leurs *cautions* à l'égard des biens servant de cautionnemens. *Même loi*, *art.* 22. » Voyez *comptables*.

Il est à observer que cette disposition doit s'appliquer aux acquéreurs des domaines nationaux, sur lesquels les Commissaires près les administrations centrales étaient autorisés par les lois du 16 brumaire an 5 (B. 87. N.º 839) et 26 vendémiaire an 7 (B. 233. N.º 209), à former sans frais une seule opposition aux hypothèques. *Circulaire du ministre des finances, du 28 nivose an 7.* Voyez *domaines nationaux.*

Les inscriptions relatives aux créances appartenant à la République, soit pour constitution de rentes, fermages, sommes dues aux émigrés, au clergé, etc., ne doivent point être faites par les *Commissaires près les administrations.* Cette opération appartient aux préposés de l'enregistrement, comme suite de l'administration des biens nationaux qui leur est confiée. *Circulaire du même ministre, du mois de ventose an 7.* Voyez *créances nationales.*

Quoique les Commissaires près les administrations centrales ne soient pas tenus de faire l'avance des droits auxquels donnent lieu les inscriptions formées à leur requête, ils ne doivent pas pour cela se dispenser de remettre au receveur de l'enregistrement l'un des bordereaux prescrits, pour qu'il l'enregistre en débet, et qu'il fasse mention des droits dûs, afin d'en poursuivre ensuite le recouvrement contre les débiteurs. Cette mesure est d'autant plus nécessaire, que les registres de perception et d'inscription doivent se contrôler réciproquement pour reconnaître les erreurs ou les abus qui pourraient avoir été commis, et que l'art. 17 de la loi du 11 brumaire an 7 prescrit la formalité de deux bordereaux écrits sur papier timbré, qui doivent être présentés au conservateur pour obtenir l'inscription, et que l'arrêté du Directoire exécutif du 5 frimaire (B. 245. N.º 2209.) veut que la formalité de cette inscription ne puisse être remplie par le conservateur que sur la quittance de l'enregistrement.

A l'égard du timbre des bordereaux que les *Commissaires* formeront, les régisseurs donneront les ordres à leurs préposés d'admettre ces commissaires à faire viser pour timbre en débet le papier qu'ils emploieront à ces bordereaux. *Lettre du même, du mois de ventose an 7.*

« A l'égard des inscriptions sur les *tuteurs et curateurs*, et de celles au profit des *époux mineurs*, elles seront requises par les *Commissaires* près les administrations municipales dans le cas où le subrogé tuteur et les parens ou amis qui auront concouru à la nomination des tuteurs et curateurs pour les premiers, les pères et mères et tuteurs, sous l'autorité desquels les seconds ont contracté mariage, ne les auraient pas requises ou n'auraient pas veillé à ce qu'elles eussent été faites en temps utile, à la diligence de l'un d'eux. » *Loi du 11 brumaire an 7, art.* 22. Voyez aussi l'*art.* 41.

ILLUMINATIONS.

Ceux qui négligent d'éclairer les rues devant leurs maisons dans les lieux où ce soin est à la charge des habitans, sont poursuivis pardevant le tribunal de police par le Commissaire du pouvoir exécutif près l'administration municipale, et punis des peines de simple police. *Loi du 3 brumaire an 4, art.* 605. (B. 204. N.º 1221.) Voyez *délits de simple police.*

INCENDIES. Voyez le *Manuel des agens municipaux*.

INCOMPATIBILITÉ.

Aucun citoyen ne peut exercer ni concourir à l'exercice d'une autorité chargée de la surveillance médiate ou immédiate des fonctions qu'il exerce en cette qualité. *Loi du 24 vendémiaire an 3, art. 1er*. (B. 73. N.º 388.)

» En conséquence, les Commissaires du Directoire exécutif ne peuvent être receveurs de département ou du droit d'enregistrement, membres des administrations forestières, employés dans le service des douanes, postes et messageries, ni remplir d'autres fonctions publiques sujètes à comptabilité pécuniaire. *Ibid. art. 3.*

» Ils ne peuvent non plus être notaires ni instituteurs salariés par la nation. *Ibid, art. 5, et tit. 4 art. 1er*.

» Ceux qui seront appelés à remplir des fonctions incompatibles avec celles qu'ils exercent déjà, seront tenus, à peine d'être destitués des unes et des autres fonctions, de faire leur option dans la décade qui suivra la notification qui leur sera faite du nouveau choix qui aura eu lieu en leur faveur. *Tit. 4, art. 3.*

» Les fonctions de jurés d'accusation et de jugement sont incompatibles avec celles du Commissaire du pouvoir exécutif près les administrations départementales et municipales. *Loi du 3 brumaire an 4, art. 484.* (B. 204. N.º 1221.)

Les Commissaires, parens et alliés, au dégré de la loi, avec les administrateurs des départemens, les Commissaires près les communes avec les présidens, agens et adjoints, ne donnent point ouverture à l'incompatibilité, (suivant une lettre du ministre de l'intérieur, du 21 ventose an 4). La constitution ni les lois rendues pour sa mise en activité, n'ont pas prononcé d'incompatibilité, parce que, d'après les articles 177, 180 et 181 de l'acte constitutionnel, et la loi du 21 fructidor an 3, chaque administration n'est formée que par la réunion seule des administrateurs ou des présidens et agens municipaux ; et parce que le Commissaire n'a pas voix délibérative, mais seulement consultative, et n'est pas conséquement membre de l'administration.

I N J U R E S.

Les auteurs d'injures verbales, dont il n'y a point de poursuites par la voie criminelle, sont punis des peines de simple police. *Loi du 3 brumaire an 4, art.* 605. (B. 204. N.º 1221.) Voyez *insultes.*

INONDATIONS. Voyez *le Manuel des agens municipaux.*

INSCRIPTIONS MARITIMES. Voyez *marine.*

INSCRIPTIONS HYPOTHÉCAIRES. Voyez *hypothèques* et *Comptables.*

I N S E N S É S.

Ceux qui laissent divaguer des insensés ou furieux, sont punis des peines de simple police par le tribunal de police, sur la poursuite du Commissaire du pouvoir exécutif près l'administration municipale. *Loi du 3 brumaire an 4, art.* 605. (B. 204. N.º 1221.) Voyez *délits de police.*

INSPECTEURS DES CONTRIBUTIONS. Voyez *Contributions.*

I N S T I T U T E U R S.

Les instituteurs, soit des écoles publiques, soit des écoles particulières, sont sous la surveillance des municipalités et sous celle des commissaires près d'elles. Voyez *écoles primaires.*

INSTRUCTION DANS LE TRIBUNAL
DE POLICE.

« Elle est publique, et se fait dans l'ordre suivant :

» Les procès-verbaux, s'il y en a, sont lus par le greffier.

» Les témoins, s'il en a été appelé par le Commissaire du pouvoir exécutif, sont entendus.

» La personne citée propose sa défense, et fait entendre ses témoins, si elle en a amené ou fait citer.

» Le Commissaire du pouvoir exécutif résume l'affaire et donne ses conclusions.

» Le tribunal prononce ensuite dans la même audience, ou au plus tard dans la suivante.

» Il motive son jugement, et insère les termes de la loi qu'il applique ;

» Le tout à peine de nullité. » *Loi du 3 brumaire an 4, art.* 162. (B. 204. N.° 1221.)

INSTRUCTION PUBLIQUE.

Nous avons dit à l'article *écoles primaires*, que les instituteurs étaient sous la surveillance immédiate des municipalités ; que cette surveillance avait été étendue aux écoles particulières et maisons d'éducation et pensionnats, et que les Commissaires près les administrations municipales devaient requérir l'exécution de cette surveillance et dénoncer les négligences qu'ils découvriraient.

Mais les Commissaires près les administrations centrales ont une surveillance plus générale à exercer dans cette partie ; car dans la tournée qu'ils sont tenus de faire, aux termes de l'instruction du Directoire exécutif, du 12 frimaire an 4, dans les cantons de leurs arrondissemens, ils doivent, après avoir reconnu la situation de l'*esprit public*, examiner celle de l'*instruction publique*, prendre des renseignemens sur les écoles primaires, sur la moralité, le patriotisme et la capacité des instituteurs auxquelles elles sont confiées ; sur les livres qu'ils mettent entre les mains de leurs élèves, article essentiel, et dont ils ne peuvent s'assurer qu'en allant visiter eux-mêmes chaque école primaire ou particulière. Ils doivent chercher les causes qui entravent la marche de l'instruction publique, et les moyens pour en améliorer l'organisation, et rendre compte au ministre du résultat de leurs observations. *Lettre du ministre de l'intérieur, du* 27 *fructidor an* 6.

INSULTES.

« Si les citoyens qui assistent aux audiences des tribunaux de police outrageaient les juges, Commissaires du Directoire exécutif dans l'exercice de leurs fonctions, le président du tribunal de police fait saisir à l'instant les coupables. L'ordre qu'il donne à cet effet est signé de lui, et scellé. Il énonce le nom du prévenu, sa profession, son domicile, s'ils sont connus, le sujet de son arrestation, et la loi qui l'autorise à l'ordonner. *Loi du 3 brumaire an 4, art.* 557. (B. 204. N.º 1321.)

» Dans les vingt-quatre heures suivantes, le tribunal le condamne, par forme de police correctionnelle, à un emprisonnement qui ne peut excéder huit jours. *Ibid.*

» Si les outrages, par leur nature ou les circonstances, méritent une peine plus forte, les prévenus sont renvoyés à subir devant les officiers compétens, les épreuves de l'instruction correctionnelle ou criminelle. *Ibid. art.* 558.

» Les administrations centrales et municipales, lorsqu'ils se trouvent dans le lieu de leurs séances des assistans qui n'en sont pas membres, y exercent les mêmes fonctions de police que celles attribuées aux juges.

» Après avoir fait saisir les perturbateurs, les membres de ces administrations, dressent procès-verbal du délit et l'envoient à l'officier de police judiciaire. *Ibid. art.* 559.

INTERDITS. Voyez *hypothèques.*

INVALIDES-MILITAIRES.

Les invalides pensionnés sont confiés aux soins paternels de tous les fonctionnaires publics, et plus particulièrement aux municipalités et aux Commissaires près d'elles. *Loi du 16 mai, art.* 19.

» L'administration du département de la Seine forme chaque année, dans le cours du mois de décembre (fructidor), sur la présentation de l'hôtel des invalides, une liste des invalides qui doivent être admis à l'hôtel ou à la pension représentative. *Idem, art.* 31.

» Une des listes que cette administration aura fait passer à chaque département de l'empire, sera, à la diligence du *Commissaire du Directoire exécutif* près l'administration, adressée à chaque municipalité de son territoire, et y restera

tera déposée pendant un mois, afin que tous les citoyens,
et sur-tout les militaires, qui pourraient avoir des prétentions à l'hôtel ou à la pension, puissent juger de la validité
de leurs droits.

Ceux qui se croiront lesés, ou qui penseront avoir des
réclamations à faire, les adresseront à leurs municipalités
qui, après avoir délibéré sur les faits exposés, les feront
passer au département, qui les adressera, avec son avis, à
l'administration de l'hôtel. *Idem, art.* 32.

J E U X.

Dans les jeux qui auront lieu dans les fêtes décadaires
et nationales, en conformité de l'art. 7 de la loi du 17
thermidor an 6, les Commissaires près les administrations
auront soin d'écarter des yeux de leurs concitoyens, et
sur-tout de la tendre jeunesse, les jeux dans lesquels des
animaux vivans sont exposés pour but et pour prix de
l'adresse. *Lettre du ministre de la police, du 26 frimaire an 7.*
Voyez *annuaire*, §. II. Voyez, pour les *jeux prohibés*, le
Manuel des agens municipaux.

J O U R N A U X.

Les journaux, les autres feuilles périodiques et les
presses qui les impriment avaient été mis par l'art. 35 de
la loi du 19 fructidor an 5 (B. 140. N.º 1400.), pendant
un an, sous l'inspection de la police, qui pouvait les
prohiber, aux termes de l'article 355 de l'acte constitutionnel.
Cette attribution donnée à la police, devait continuer
d'avoir lieu, aux termes de la loi du 9 fructidor an 6,
(B. 220. N.º 1976.) jusqu'à la publication de la loi pénale
sur les délits de la presse, sans néanmoins que la durée de
cette attribution pût excéder le terme d'un an. Mais la
loi du 14 thermidor an 7 (B. 298. N.º 3173.) a rapporté
cette loi du 9 fructidor an 6, qui prorogeait les dispositions
de l'article 35 de celle du 19 fructidor an 5.

» Il est défendu aux entrepreneurs de voitures de transports libres, de se charger du port des journaux, feuilles

à la main et ouvrages périodiques. *Arrêté du 2 nivose an 6, art. 1ᵉʳ.* (B. 170. N.º 1624.)

» Les *commissaires du Directoire exécutif près les admi-trations centrales* et municipales et les bureaux centraux, sont autorisés à faire ou faire faire dans les établissemens desdites voitures, et par-tout où il sera nécessaire, toutes visites indispensables pour assurer l'exécution de la loi du 20 avril 1790, qui porte ces défenses. *Même arrêté, et arrêtés du 7 fructidor an 6, art. 4,* (B. 220. N.º 1972.) *et 26 ventose an 7.* (B. 267. N.º 2646.)

» Les procès-verbaux qui devront être dressés à l'instant de la saisie, contiendront l'énumération des paquets saisis en fraude, ainsi que leurs adresses ; copies en seront re-mises avec lesdits paquets saisis en fraude ; savoir, à Paris, au bureau général de la distribution des postes ; et dans les départemens au bureau du directeur des postes le plus voisin de la saisie, pour lesdits paquets être aussitôt en-voyés à leur destination avec la taxe ordinaire. Lesdits procès-verbaux seront de suite adressés au Commissaire du Directoire exécutif près le tribunal correctionnel de l'ar-rondissement par les préposés des postes. » *Arrêté du 7 fruc-tidor an 6, art. 5.* (B. 220. N.º 1973.)

JOURNÉES DE TRAVAIL.

Les amendes que le tribunal de police prononce pour des délits de simple police, sont basées sur le prix de la journée du travail. Elles ne peuvent excéder la valeur de trois jours de travail, conformément au code des délits et des peines, du 3 brumaire an 4, art. 600 et suiv. (B. 204. n.º 1221.)

Ce n'est point aux tribunaux (dit le ministre de la jus-tice dans sa circulaire du 23 pluviose an 4, aux Commis-saires près les tribunaux de police), c'est aux administra-tions de département qu'il appartient de fixer la valeur de chaque journée de travail. Si elle n'est point fixée, les tribunaux, en condamnant les prévenus à une amende, d'un certain nombre de journées doivent se contenter d'ajouter dans leurs jugemens, que la valeur en sera déterminée par l'administration du département, et les Commissaires du pouvoir exécutif doivent la réquérir de faire cette fixation et de la notifier.

Jours de repos. Voyez *Annuaire.*

Jugement par défaut. Voyez *Absent* et *Défaut.*

JUGEMENS DES TRIBUNAUX CRIMINELS.

Le nombre des exemplaires des jugemens des tribunaux criminels étant fixé, à raison d'un exemplaire par chaque commune du ressort ayant une population de cinq mille habitans et au-dessous, et à raison d'un par chaque fois cinq mille habitans que renferment les communes les plus peuplées, « Les exemplaires sont adressés par le Commissaire du Directoire exécutif près le tribunal criminel aux Commissaires près les tribunaux correctionnels qui les transmettent aux Commissaires près les administrations municipales.

» Ceux-ci veillent à ce que les administrations municipales les fassent afficher aux lieux les plus apparens.

» Il n'est alloué, pour l'apposition des affiches, aucune somme à la charge du trésor public. *Arrêtés du 2 pluviose an 5, art. 4 et 6* (B. 102. N.° 968.), *et 27 brumaire an 6, art. 6, 9 et 10.* (B. 159. N.° 1558.)

JUGEMENT DU TRIBUNAL DE POLICE.

Nous avons observé au mot *délits de police*, que la connaissance des délits dont la peine n'excède pas soit la valeur de trois journées de travail, soit un emprisonnement de trois jours, était déléguée au juge de paix qui prononce en dernier ressort. Nous exposerons ici la manière dont le jugement doit être rédigé, les formalités à remplir par le condamné ou par le Commissaire du pouvoir exécutif pour se pourvoir en cassation contre le jugement, et le mode de son exécution.

1.º *Rédaction du jugement.*

» Le tribunal de police, après que le Commissaire du pouvoir exécutif près l'administration municipale a résumé l'affaire et donné ses conclusions, prononce de suite dans la même audience, ou au plus tard dans la suivante ; il motive son jugement, et y insère les termes de la loi qu'il applique, le tout à peine de nullité. *Loi du 3 brumaire an 4, art.*162. (B. 204. N.º 1121.)

» Il prononce par le même jugement sur les *dommages et intérêts* prétendus pour raison du délit, et sur la peine infligée par la loi. *Ibid., art.* 154.

» Il prononce en même-temps au profit de la République, le remboursement des frais auxquels les poursuite et punition du délit auront donné lieu. *Loi du 18 germinal an 7, art.* 1ᵉʳ. (B. 270. N.º 2800.)

Cependant plusieurs tribunaux de police se bornaient, en statuant sur les délits, à condamner les délinquans aux *dommages-intérêts* des parties lésées, sans prononcer ni *amende* ni *emprisonnement*, ce qui constituait de leur part un véritable *déni de justice*, puisque par-là ils refusaient de faire droit sur l'*action publique*, intentée au nom de la nation pour la réparation des délits : action qui, aux termes des art. V, VI et VIII (1) du code des délits et des peines, est essentiellement distincte de l'*action civile*, appartenant à ceux à qui les délits ont causé du dommage, et avec laquelle celle-ci peut bien concourir, mais sans pouvoir lui préjudicier.

« Le Directoire, informé de cet abus, et considérant que tout *déni de justice* emporte contre l'officier public qui

---

(1) « L'*action publique* a pour objet de punir les atteintes portées à l'ordre social. *Art.* 5.

» L'action civile a pour objet les réparations du dommage que » le délit lui cause. Elle appartient à ceux qui ont souffert ce » dommage. *Art.* 6.

» L'action civile peut être poursuivie en même-tems et devant les mêmes juges que l'action publique.

Elle peut aussi l'être séparément ; mais dans ce cas, l'exercice en est suspendu, tant qu'il n'a pas été prononcé définitivement sur l'action intentée avant ou pendant la poursuite de l'action civile. *Art.* 8.

s'en est rendu coupable, la prise à partie et la condamnation aux dommages et intérêts ; que cela résulte de la combinaison de l'article 565 du code des délits et des peines, n.º 1 et 2 (1), avec l'article 4 du titre 25 (2) de l'ordonnance du mois d'avril 1667, laquelle, aux termes de la loi du 21 septembre 1792, doit continuer, à cet égard, de recevoir son exécution, tant qu'il n'y aura pas été dérogé par le corps législatif.

» Considérant enfin, qu'il importe à l'ordre public et au maintien de la Constitution, de pourvoir, par les moyens que la loi a mis à la disposition du gouvernement, à ce que les tribunaux de police n'abusent pas de l'autorité dont elle les a investis. »

A pris le 27 nivose an 5, l'arrêté (B. 101. N.º 957.) dont les dispositions suivent :

Art. Iᵉʳ. « Tout *Commissaire du Directoire exécutif* près chaque administration municipale, est tenu, en sa qualité de Commissaire près le tribunal de police de l'arrondissement, de se pourvoir en cassation dans les formes et les délais prescrits par l'article 163 du code des délits et des peines, contre les jugemens qui, en matière de délits de sa compétence, feraient remise aux délinquans dûment convaincus, soit de l'amende, soit de l'emprisonnement déterminés par la loi.

« Il est pareillement tenu d'en faire mention expresse

---

(1) « 1.º Il y a lieu à *prise à partie* contre un juge, dans les
» cas suivans seulement :

» 1.º Lorsqu'elle est ouverte à son égard par une disposition
» expresse et textuelle de la loi ;

» 2.º Lorsqu'il est exprimé dans une loi que les juges sont res-
» ponsables, à peine de dommages-intérêts. »

(2) « Après deux sommations de huitaine en huitaine pour les
» juges ressortissans tellement en nos cours, et de trois jours pour
» les autres siéges, la partie pourra appeller comme deni de jus-
» tice, et faire intimer en son nom le rapporteur, s'il y en a,
» sinon celui qui devra présider ; lesquels nous voulons être con-
» damnés en leurs noms, aux dépens et intérêts des parties, s'ils
» sont déclarés bien intimés. »

dans les états décadaires qu'il doit fournir au Commissaire près le tribunal correctionnel, en exécution de l'arrêté du 4 frimaire dernier. Voyez cet arrêté au mot *Police.*

II. » Dans le cas où le ministre de la justice jugerait qu'il y a lieu de poursuivre la *prise à partie* contre le tribunal de police qui a rendu le jugement, pour le faire condamner aux dommages-intérêts envers la République, il adressera les instructions nécessaires, pour cet effet, au Commissaire du Directoire exécutif près l'administration centrale du département où ce tribunal est placé, lequel est chargé par la loi du 19 nivose an 4, (citée sous l'article *actions judiciaires,*) d'intenter, au nom de la République, toutes les actions judiciaires qui la concernent. »

2.º *Pourvoi en cassation contre les jugemens du tribunal de police.*

L'article 163 du code des délits et des peines, rend communes au recours en cassation contre les jugemens des tribunaux de police, les dispositions des articles de ce code, relatives au recours en cassation contre les jugemens des tribunaux criminels. Elles sont conçues dans les termes suivans :

« Le condamné a trois jours francs après celui où son jugement lui a été prononcé pour déclarer au greffe qu'il se pourvoit en cassation. Pendant ces trois jours, il est sursis à l'exécution du jugement, *art.* 440.

» Le *Commissaire du pouvoir exécutif* peut également, dans les trois jours, déclarer au greffe, qu'il demande, au nom de la loi, la cassation du jugement, *art.* 441.

» Néanmoins, dans le cas d'absolution par un jugement, le Commissaire du Pouvoir exécutif n'a que vingt-quatre heures pour se pourvoir; et pendant ce temps seulement, il est sursis à l'élargissement du prisonnier, *art.* 442.

» La condamnation est exécutée, ou dans les vingt-quatre heures qui suivent les trois jours dont il vient d'être parlé, s'il n'y a point de recours en cassation, ou dans les vingt-quatre heures de la réception du jugement du tribunal de cassation, qui a rejeté la demande, *article* 443.

» La déclaration de recours en cassation, faite au

greffe, en conformité des articles 440 et 441 , soit par le condamné, soit par le Commissaire du Pouvoir exécutif, est inscrite par le greffier sur un registre particulier à ce destiné. *art.* 447.

» Elle est signée du déclarant, ou s'il ne sait pas signer, le greffier en fait mention , *art.* 448.

» Le condamné, soit en faisant la déclaration dont il vient d'être parlé, soit dans les dix jours suivans, remet au greffe une requête contenant ses moyens de cassation. Le greffier en donne une reconnaissance , et transmet sur-le-champ cette requête au Commissaire du Pouvoir exécutif, *art.* 449.

Les Commissaires près les tribunaux de police , veilleront avec le plus grand soin, à ce qu'aucune requête ne soit reçue au greffe du tribunal, lorsque le condamné n'y aura point joint la quittance de consignation d'amende, ou le certificat qui en tient lieu , et dans ce cas, leur devoir est de faire exécuter les jugemens, comme s'il n'avait été fait aucune déclaration de recours en cassation. *Lettre du Ministre de la justice, du 16 nivose an 5.*

» Dans les dix jours qui suivent la déclaration du recours en cassation, le Commissaire du Pouvoir exécutif fait passer au Ministre de la justice, l'expédition du jugement, les piéces du procès, et la requête du condamné, s'il en a remis une, *art.* 450.

» Dans les 24 heures de la réception de ces piéces, le Ministre de la justice les adresse au tribunal de cassation, et il en donne avis, dans les deux jours suivans, au *Commissaire exécutif* près le tribunal, lequel en avertit, par écrit, le président et le condamné, *art.* 451.

» Le tribunal de cassation est tenu de prononcer sur le recours en cassation, dans le mois de l'envoi qui lui a été fait des piéces par le Ministre de la justice, *art.* 452.

» Le jugement du tribunal de cassation qui rejète la requête, est délivré, dans les trois jours, au *Commissaire du pouvoir exécutif* près ce tribunal, par simple extrait signé du greffier.

» Cet extrait est adressé au Ministre de la justice,

qui l'envoie aussi-tôt au Commissaire du Pouvoir exécutif près le tribunal, lequel en donne connaissance par écrit au président et à l'accusé, et agit ainsi qu'il est réglé par l'art. 443, *art.* 455.

» Le tribunal de cassation ne peut annuller les jugemens des tribunaux, que dans les cas suivans,

» 1.º Lorsqu'il y a fausse application des lois pénales;

» 2.º Lorsque des formes ou procédures prescrites par la loi, sous peine de nullité, ont été violées ou omises;

» 3.º Lorsque l'accusé ou le Commissaire du Pouvoir exécutif ayant requis l'exécution d'une formalité quelconque, à laquelle la loi n'attache pas la peine de nullité, cette formalité n'a pas été remplie;

» 4.º Lorsque le tribunal a omis de prononcer sur une réquisition quelconque de l'accusé ou du Commissaire du Pouvoir exécutif;

» 5.º Lorsque, dans le cas où il en avait le droit, le tribunal n'a pas prononcé les nullités établies par la loi;

» 6.º Lorsqu'il y a eu contravention aux règles de compétence établies par la loi pour la connaissance du délit ou pour l'exercice des différentes fonctions relatives à la procédure criminelle, ou qu'il y a eu, de quelque manière que ce soit, usurpation de pouvoir, *art.* 456.

» Le jugement du tribunal de cassation qui annulle un jugement émané du tribunal de police, est, par le Ministre de la justice, adressé en expédition authentique au Commissaire du pouvoir exécutif, qui la communique au président, à l'accusé, et la dépose au greffe, *art.* 457.

3.º *Exécution des jugemens des tribunaux de police.*

« Le jugement est exécuté à la diligence du Commissaire du pouvoir exécutif.

» Néanmoins les poursuites pour le paiement des amendes et confiscations qu'il pourrait prononcer, sont faites, au nom des Commissaires du pouvoir exécutif, par le directeur de la régie des droits d'enregistrement et domaines. *Loi du 3 brumaire, art.* 190. (B. 104. — N.º 1221.) »

A cet effet, « les Commissaires près les tribunaux de
police, remettront dans les trois jours qui suivent la
prononciation d'un jugement contre lequel il n'y a pas
de recours en cassation, un extrait de ce jugement aux
receveurs des droits d'enregistrement établis dans l'arrondissement. *Arrêtés du Directoire, des premier et 16 nivose
an 5, art. premier.* (B. 97. N.º 97 et B. 99. N.º 961.)

» A l'égard des jugemens de ces tribunaux, contre
lesquels il a été fait dans les trois jours une déclaration
de recours en cassation, les extraits n'en seront remis
aux receveurs du droit d'enregistrement, que dans les
trois jours qui suivront, soit la réception du jugement
confirmatif du tribunal de cassation, soit la déchéance
du recours en cassation par l'effet du défaut de consignation d'amende, dans les dix jours fixés par l'article
449 du code des délits et des peines pour la remise au
greffe de la requête en cassation, à laquelle la quittance
de consignation d'amende doit être jointe, aux termes
de la loi du 2 brumaire an 4 (B. 201. - N.º 1198.).
*Arrêté du Directoire exécutif, du 16 nivose an 5, article
premier.* (B. 99. N.º 941.) » Voyez *Amendes.*

JUGES DE PAIX.

» Dans les pays infestés par les rebelles, les juges de
paix qui seront obligés de quitter leur domicile pourront
continuer provisoirement leurs fonctions dans le lieu où
ils se seront réfugiés. *Loi du 23 floréal an 4, art. 1.ᵉʳ*
(B. 47. n.º 400.)

» Ils notifieront dans les trois jours, *au Commissaire
du Directoire exécutif près l'administration centrale*, le
choix qu'ils auront fait de leur nouvelle résidence, *ibid*,
art. 2.

» Les *Commissaires près les administrations municipales*
sont tenus, dans les dix jours qui suivront la clôture des
assemblées primaires, d'envoyer au ministre de la justice
un tableau contenant les noms et prénoms des juges de
paix et assesseurs de leur canton, qui sont en fonctions,
et y seront encore à cette époque, ainsi que de ceux

qui auront été nommés par le peuple au mois de germinal. Ces commissaires auront soin de désigner les places auxquelles il aurait été omis de nommer. *Arrêté du 23 ventose an 5.* (B. 123. n.º 1080.)

» Les juges de paix étant tenus de veiller, sous leur propre responsabilité, à ce que les minutes de leurs actes en matière civile soient déposées dans la première décade du mois vendémiaire de chaque année dans le local de la maison de l'administration municipale désigné par elle,

» prendront un reçu de l'administration, visé par le *Commissaire du Directoire exécutif* près d'elle, qu'ils feront passer aux commissaires du Directoire exécutif près les tribunaux civils et criminels. *Arrêté du 28 brumaire an 6, art. 1 et 2.* (B. 159. n.º 1562.)

» Outre les fonctions de police judiciaire que le juge de paix exerce relativement aux délits dont la peine est au-dessus de la valeur de trois journées de travail ou de trois jours d'emprisonnement, » la connaissance des délits dont la peine n'excède point cette valeur est délégué à ce juge qui prononce en dernier ressort. *Constitu. art. 233.*

» Le jugement de ces derniers délits est conféré à un tribunal de police composé du juge de paix et de deux assesseurs, et du commissaire du pouvoir exécutif près l'administration municipale. *Loi du 3 brumaire an 4, art. 161.* (B. 204. n.º 1221.) Voyez *Délits de police, Jugemens* et *Tribunal de police.*

JURÉS.

» La loi appelle aux fonctions de jurés tous les citoyens agés de trente ans accomplis, qui réunissent les conditions requises pour être électeurs; néanmoins ces fonctions sont incompatibles avec celles des commissaires du pouvoir exécutif près les administrations départementales et municipales, et les septuagénaires peuvent s'en dispenser. *Loi du 3 brumaire an 4, art. 483 et 484.* (B. 204. n.º 1221.) »

» La liste que chaque administration centrale forme

tous les trois mois ne peut être arrêtée, qu'après avoir été communiquée au *Commissaire du Directoire exécutif* près d'elle, pour y faire ses observations. *Même loi*, *art.* 488.

Cette vérification dont cet article charge les commissaires près les administrations centrales, n'est point une pure formalité ; les fonctions des jurés d'accusation et de jugement supposent des lumières, des vertus et du patriotisme. Ils doivent donc fixer leur attention et leur sollicitude sur le choix et la formation de la liste des jurés.

» C'est à vous, leur dit le ministre de la justice, par sa lettre du 16 pluviose an 7, que la loi délègue cette importante fonction. N'êtes vous pas chargés par la loi du 3 brumaire an 4 de vérifier la liste des jurés ? Est-ce une simple formalité que la loi voulait vous prescrire ? Ne vous demandait-elle qu'une signature d'usage au bas d'un travail si délicat et si important ? Vous devez juger, au contraire, qu'elle vous a imposé le soin d'une vérification réelle et scrupuleuse ; chaque nom porté sur la liste ne doit être passé par vous qu'en grande connaissance de cause ; votre responsabilité serait engagée et compromise par votre négligence ou par votre indulgence ; vous seriez les premiers coupables des mauvais résultats qu'entraînerait, dans la distribution de la justice criminelle, la composition vicieuse de ses premiers élémens, par la formation de la liste des jurés. »

JUSTICE.

» La justice pour la réparation des délits est administrée, 1.º par les tribunaux de police, relativement aux délits dont la peine n'est portée par la loi ni au-dessus de la valeur de trois journées de travail, ni au-delà de trois jours d'emprisonnement ; 2.º par les tribunaux correctionnels, relativement aux délits dont la peine excède ou trois journées de travail, ou trois jours d'emprisonnement, et n'est néanmoins ni afflictive, ni infamante ; 3.º par les directeurs du jury d'accusation et les tribunaux criminels, relativement aux délits qui emportent peine afflic-

tive. » *Loi du 3 brumaire an 4, art. 150. (B. 204. n.°
1221.)* Voyez *Délits* et *Tribunal de police.*

LETTRES. Voyez *Correspondance* et *Journaux.*

LIEUX PUBLICS. Voyez le *Manuel des Agens Municipaux.*

LISTE D'ÉMIGRÉS. Voyez *Émigrés.*

LISTE DES JURÉS. Voyez *Jurés.*

LIVRE DES MUTATIONS.

C'est le nom donné au registre tenu par le secrétaire
de l'administration municipa e , et sur lequel il tient note
des états ou relevé des mutations survenues dans les
propriétés, lors du changement ou renouvellement à faire
aux matrices des rôles de la contribution foncière.

» Le *Commissaire du Directoire exécutif* près l'administration municipale examinera avec les répartiteurs, si l'on
doit former un état des mutations arrivées parmi les propriétaires ; dans ce cas il rédigera cet état de mutations
dans la forme prescrite par les lois. *Loi et instruction du
22 brumaire an 6 et 3 frimaire an 7.* Voyez *Contributions*, § 1.er et *Contribution foncière*, § 4.

LOCATIONS.

Les anciens termes de locations ou congés seront re-
placés à des jours fixes de l'annuaire de la République ;
ainsi ils devront commencer le premier vendémiaire de
chaque année, et expirer le premier frimaire. *Loi du 23
fructidor an 6, art. 8, et lettre du ministre de la police
du 26 frimaire an 7.* Voyez *Annuaire*, § 1.er

LOGEMENT DES GENS DE GUERRE.

» Tous les citoyens sans exception, sont et doivent
être soumis an logement des gens de guerre. *Loi du 7
avril 1790.*

D'après cette disposition, les commissaires près les administrations ne sont pas exempts de cette obligation, puisque, suivant l'article 9 du titre 5 de la loi du 10 juillet 1791 et l'article 11 du réglement du 23 mai 1792, les troupes doivent être logées chez les habitans, sans distinction, quelles que soient leurs fonctions et leur qualités ; ils doivent veiller ainsi que les municipalités à ce que la charge du logement ne tombe pas toujours sur les mêmes individus, et que chacun y soit soumis à son tour.

LOGEURS ET AUBERGISTES. Voyez *Aubergistes* et le *Manuel des Agens Municipaux*.

LOIS.

Les fonctions des commissaires près les administrations étant de surveiller et de requérir l'exécution des lois, » ceux près les municipalités doivent exactement faire parvenir aux commissaires près les administrations centrales, tout ce qu'ils recueilleront de relatif à l'exécution des lois. *Arrêté du 20 pluviose an 4, art. 1.er* (B. 26. n.º 175.)

» Les commissaires près les administrations centrales de département sont chargés de dénoncer aux ministres auxquels ils sont subordonnés, les infractions que pourraient éprouver les dispositions ci-dessus, afin qu'il en soit référé au Directoire exécutif. *ibid, art. 3.*

Ainsi les commissaires près les administrations centrales doivent se faire rendre compte par ceux près les administrations municipales de l'exécution des lois dans leur canton, non par chaque décade comme le prescrivait la lettre du ministre de l'intérieur, du 21 fructidor an 5, mais une fois par mois, aux termes de celle du 23 prairial an 6, d'en informer à leur tour ce ministre, par un compte analytique, formé non seulement du résultat de ceux qui leur sont adressés, mais encore de leurs observations et notes particulières.

Le Directoire exécutif pour s'assurer de l'exécution des lois a consacré dans un arrêté du 2 germinal an 4 (B. 35. n.º 261.) les mesures suivantes.

» Dans chaque administration centrale de département il sera ouvert un registre intitulé, *registre d'exécution des lois et arrêtés du Directoire exécutif*, art. 1.er

» Ce registre portera le nom de chacune des administrations municipales du département, et sera divisé en autant de chapitres qu'il renfermera de lois et arrêtés. *art.* 2.

« Chaque chapitre présentera la date de la réception de la loi ou de l'arrêté, le terme fixé pour son exécution, et le compte des diligences faites à cet effet par l'administration centrale, ainsi que par chaque administration municipale du département. *art.* 3.

» A l'expiration du délai prescrit pour l'exécution de la loi ou de l'arrêté, il sera fait un relevé du registre, avec indication des municipalités qui seront en retard, pour être envoyé au Directoire exécutif par l'intermédiaire des ministres, chacun en ce qui le concerne. *Art.* 4.

» Chaque *Commissaire du Directoire exécutif* surveillera dans son arrondissement l'exacte observation des dispositions ci-dessus. » *Art.* 9. Voyez *Bulletin des Lois.*

LOTERIE NATIONALE.

Cette loterie, supprimée par la loi du 25 brumaire an 2, a été rétablie par l'article 90 de la loi du 9 vendémiaire an 6. (B. 148. n.º 1447.) Le Directoire exécutif qui avait été chargé par cette loi de prendre des mesures pour l'organiser d'après les anciennes bases de son institution, a pris différens arrêtés pour parvenir à ce but.

L'exécution de quelques unes de ces mesures est confiée aux Commissaires près les administrations centrales et municipales concurremment avec les inspecteurs de la loterie nationale. L'arrêté du 5 fructidor (B. 219. n.º 1964.) et celui du 7 ventose an 7, (B. 261. n.º 2564.) qui tendent à déjouer la malveillance et rendre nulles les attaques de la cupidité contre l'établissement de la loterie nationale, chargent les Commissaires du Directoire exécutif de l'exécution des dispositions suivantes.

1.º « A l'époque de la clôture de chaque quinzaine,

le receveur de la commune dans laquelle ne réside pas d'inspecteur de la loterie nationale, en présence du *Commissaire* du Directoire exécutif de la commune qu'il habite, devra faire un paquet séparé de toutes les feuilles de copie-matrice. Il en sera dressé procès-verbal quadruple, signé du *Commissaire*, du receveur et du préposé soit de la poste, soit de la diligence. *Arrêté du 5 fructidor, art.* 2, (B. 219. n.° 1967.) et *arrêté du 7 ventose, art.* 1.ᵉʳ (B. 261. n.° 2564.)

2.° » Trois de ces copies demeureront entre les mains des signataires respectifs ; la quatrième sera adressée par le *Commissaire du Directoire exécutif* aux administrateurs de la loterie. *Arrêté du 5 fructidor, art.* 11.

3.° » Ce procès-verbal énoncera, en toutes lettres, la quantité de feuilles et le nombre d'enregistremens ; le tout d'après la déclaration du receveur.

» Mention détaillée en sera faite sur l'enveloppe du paquet, et sera signée par les susdits, et le paquet scellé de leurs cachets, de manière qu'il ne puisse être ouvert sans qu'on l'apperçoive. *Arrêtés du 5 fructidor an 6 et 7 ventose an 7, art.* 11 *et art.* 2.

4.° Le paquet sera renfermé dans celui des feuilles à souche, et adressé à l'inspecteur d'arrondissement au chef-lieu de sa résidence. *Arrêté du 5 fructidor an 6, art.* 12.

5.° » Dans les communes où des inspecteurs sont établis, il ne sera point fait pour chaque receveur un procès-verbal quadruple de la confection du paquet des feuilles de copie-matrice de la quinzaine. *Arrêté du 7 ventose an 7, art.* 4.

6.° » Dans ce chef-lieu sera établi une caisse à trois clefs, dont la première sera remise entre les mains du *Commissaire du Directoire exécutif* près l'administration supérieure ; la deuxième dans celles du Commissaire du Directoire exécutif près le tribunal civil ; la troisième, dans celles de l'inspecteur de la loterie. *Arrêté du 5 fructidor, art.* 13.

7.° » Dans les communes chefs-lieux d'arrondissement où il n'existe ni administration centrale, ni tribunal civil, le *Commissaire du Directoire exécutif* près l'administration municipale, et celui près le tribunal correctionnel, seront chacun dépositaires d'une des clefs de la caisse. *Arrêté du 7 ventose an 7, art.* 10.

8.° » La caisse à trois clefs ne peut être placée que dans un établissement public, tel qu'archives d'administration ou greffes des tribunaux, suivant les localités. *Idem, art.* 9.

9.° » La veille de chaque tirage, l'inspecteur assisté des *deux Commissaires* ci-dessus désignés, fera, dans la caisse à trois clefs, le dépôt de tous les paquets de feuilles de copie-matrice de son arrondissement ; après ce dépôt, les scellés seront apposés sur la caisse. *Arrêté du 5 fructidor an* 6, *art.* 14.

10.° » Aux jours et heures où, conformément à l'article 14 ci-dessus, le dépôt de toutes les feuilles de copie-matrice de l'arrondissement doit être fait dans la caisse à trois clefs, chacun des receveurs du chef-lieu est tenu de se transporter au local où la caisse à trois clefs est placée, et dans lequel se trouvent réunis deux *Commissaires du Directoire exécutif* et l'inspecteur de la loterie nationale. *Arrêté du 7 ventose an 7, art.* 5.

11.° » Le receveur leur exhibera à découvert la totalité des feuilles de copie-matrice de la quinzaine, dont il sera de suite fait un paquet scellé de cinq cachets, en se conformant à cet égard à ce que prescrit l'article 11 de l'arrêté du 5 fructidor an 6. *Idem, art.* 6.

12.° » En conformité de l'article 5.° ci-dessus, et pour suppléer aux procès-verbaux particuliers, il sera fait mention de la quantité de feuilles de copie-matrice remises par chaque receveur, dans le procès-verbal du dépôt général, que dressent en quadruple minute les *Commissaires du Directoire exécutif* et l'inspecteur de la loterie nationale. *Idem, art.* 7.

13.° » Toutes ces opérations ne doivent être faites que dans une des pièces attenantes à celle où se trouve placée la caisse à trois clefs, et le dépôt des feuilles de copie-matrice dans ladite caisse ne s'effectuera qu'après que tous les receveurs se seront retirés. *Idem, art.* 8.

14.° » Aucun dépôt, compulsoire ou déplacement des feuilles de copie-matrice, ne pourra se faire sans qu'il en soit dressé procès-verbal en *quadruple minute*, signé

par

par les *Commissaires du Directoire exécutif* et par l'inspecteur. Trois de ces minutes resteront à chacun de ces signataires respectifs; la quatrième sera, sur-le-champ, adressée par l'inspecteur aux administrateurs de la loterie nationale. *Arrêté du 5 fructidor an 6, art. 15.*

LOTERIES PARTICULIERES.

L'article 91 de la loi du 9 vendémiaire an 6 (B. 148. n.° 1447.), défendait, sous peine d'amende, de tenir des loteries particulières et étrangères. Cependant, au mépris de ces défenses, plusieurs particuliers avaient établi clandestinement des loteries à leur compte, et d'autres offraient des chances au public sur le tirage de la loterie nationale. Le Directoire exécutif éveilla, par un message du 13 ventose, sur ces abus, l'attention du législateur qui, par une loi du 9 germinal an 6, (B. 194. n.° 1783.) ordonna la poursuite de ceux qui tiendraient des loteries particulières ou étrangères.

Quoique cette loi charge particulièrement les administrateurs de la loterie nationale de rechercher et de faire traduire devant le juge de paix ceux qui recevraient des mises ou qui distribueraient des billets de loteries étrangères ou particulières, qui tiendraient la banque pour lesdites loteries, ou loueraient leur local pour le tirage de ces loteries, cependant les commissaires près les administrations, chargés par leurs fonctions de surveiller l'exécution des lois, doivent seconder le zèle des administrateurs de la loterie nationale, en faisant traduire devant le juge de paix tous ceux qui contreviendraient aux défenses portées par la loi contre ceux qui tiendraient des loteries prohibées.

LOUPS.

La loi du 10 messidor an 5 (B. 130. n.° 1263.) détermine les primes et indemnités à accorder, par forme d'encouragement, à ceux qui concourrent à leur destruction. Voyez le *Manuel des Agens municipaux.*

MAIN-FORTE.

Elle doit être prêtée par la gendarmerie nationale ou par les gardes nationales sédentaires ou en activité de service, d'après une réquisition écrite des administrations ou des *Commissaires du Directoire exécutif* près d'elles. Voyez *Attroupemens, Force publique, Garde nationale* et *Gendarmerie.* Voyez aussi le *Manuel des Agens municipaux.*

MAISONS D'ARRÊTS.

« Les Commissaires près les administrations de départemens veillent, sous l'autorité de ces administrations, à ce que ces maisons soient non-seulement sûres, mais propres et saines, de manière que la santé des personnes détenues ne puisse être aucunement altérée. » *Loi du 3 brumaire an 4, art.* 571. (B. 204. n.º 1221.)

MAISONS D'ÉDUCATION.

Elles sont sous la surveillance spéciale des administrations municipales de canton et sous celles des *Commissaires du Directoire exécutif* établis près ces administrations. *Arrêté du* 17 *pluviose an* 6, (B. 181. n.º 1710.) Voyez *Ecoles* et *Instruction publique.*

MAISONS DE JEUX. Voyez le *Manuel des Agens municipaux.*

MAISONS GARNIES. Voyez *Aubergistes,*

MALVERSATIONS. Voyez *Abus.*

MANDAT D'ARRÊT.

« Aucune loi n'attribue, soit aux agens nationaux de district, soit aux ci-devant procureurs syndics qu'ils remplacent, (représentés actuellement par les Commissaires près les administrations) le droit de décerner des mandats d'arrêt, hors quelques cas expressément déterminés; et aucun fonctionnaire public ne peut s'attribuer plus de pouvoir que la loi ne lui en a confié. *Décret du 22 floréal an 2.* Voyez au *Manuel des Agens municipaux* l'article *Mandats d'amener.*

MARAIS. Voyez *Desséchement.*

MARCHANDISES ANGLAISES.

La loi du 10 brumaire an 5 (B. 86. n.º 825.) prohibe, tant par terre que par mer, dans toute l'étendue de la République française, l'importation et la vente des marchandises manufacturées provenant soit des fabriques, soit du commerce anglais.

Comme aux termes de l'article 12 de cette loi, le Commissaire du Directoire exécutif est tenu d'accompagner l'administrateur municipal chargé de visiter les maisons des citoyens pour constater les contraventions à ces défenses, il faut qu'il connaisse les objets provenant des fabriques anglaises que cette loi (*art.* 6.) défend à toutes personnes de les vendre ou de les exposer en vente, et à tous imprimeurs d'imprimer aucuns avis qui annonceraient ces ventes.

Ces objets, dont la vente est prohibée, et qui sont réputés provenir des fabriques anglaises, sont « 1.º toutes espèces de velours de coton, toutes étoffes et draps de laine, de coton et de poil, ou mélangés de ces matières; toutes sortes de piqués, basins, nankinettes et mousselinettes; les laines, cotons et poils filés; les tapis dits anglais;

» 2.º Toute espèce de bonneterie de coton ou de laine, unie ou mélangée;

» 3.º Les boutons de toute espèce;

» 4.º Toute sorte de plaqués, tous ouvrages de quincaillerie fine, de coutellerie, de tabletterie, horlogerie et autres ouvrages en fer, acier, étain, cuivre, airain, fonte, tôle, ferblanc ou autres métaux polis ou non polis, purs ou mélangés (1);

______

(1) « Ce paragraphe ne s'applique point aux objets compris dans la classe de la mercerie commune, aux armes de guerre, aux

» 5.º Les cuirs tannés, corroyés ou apprêtés, ouvrés ou non ouvrés, les voitures montées ou non montées, les harnais et tous autres objets de sellerie ;

» 6.º Les rubans, chapeaux, gazes et schals connus sous la dénomination d'anglais ;

» 7.º Toutes sortes de peaux pour gants, culottes ou gilets, et ces mêmes objets fabriqués ;

» 8.º Toute espèce de verrerie et cristaux, autres que les verres à lunetterie et a l'horlogerie ;

» 9.º Les sucres raffinés en pain ou en poudre ;

» 10.º Toute espèce de faïence ou poterie, connue sous la dénomination de pipe ou grès d'Angleterre. » *Loi du* 10 *brumaire an* 5, *art.* 5. (B. 86. n.º 825.)

Le Directoire exécutif, pour prévenir les erreurs qui, en confondant les marchandises nationales avec celles anglaises, en paraliseraient le débit dans l'intérieur, a réglé par son arrêté du 20 brumaire an 5, (B. 88. n.º 846.) que « Pour opérer la distinction des marchandises françaises de celles anglaises, dans les espèces absolument analogues et du genre de celles dénommées dans l'article 15 de la loi du 10 brumaire courant, tout fabricant devait 1.º marquer d'un signe distinctif de sa fabrique toutes les marchandises qui en sont susceptibles ; 2.º remettre au marchand, négociant ou débitant chargé de les mettre en vente, une facture signée et scellée, relatant la marque de sa fabrique, et contenant les quantités et qualités desdites marchandises sortant de sa manufacture ; 3.º faire certifier ladite facture véritable par l'administration municipale du canton où sera située sa fabrique. » *Arrêté du* 20 *brumaire an* 5, *art.* 1.ᵉʳ

» Un administrateur municipal, accompagné du *Commissaire du Directoire exécutif*, pourra, dans l'arrondissement de son canton, visiter de jour les maisons occupées

---

instrumens aratoires, ni aux outils pour les arts et métiers, de quelque matière que ces objets soient composés. Ils devront être accompagnés de certificats constatant qu'il sont fabriqués dans les pays avec lesquels la République n'est point en guerre.» *Loi du* 19 *pluviose an* 5, *art premier.* (B. 105. n.º 1002.)

par tout citoyen faisant le commerce, à l'effet de constater les contraventions. » *Loi du* 10 *brumaire an* 5, *art.* 12.

» S'il résulte de la vérification desdites marchandises qu'elles proviennent des fabriques ou du commerce anglais, elles seront saisies sans avoir égard aux certificats dont elles seraient accompagnées. *Ibid, art.* 14.

» Toute contravention aux articles ci-dessus donnera lieu à l'arrestation du contrevenant, à sa traduction devant le tribunal de police correctionnelle dans l'arrondissement duquel le délit aura été constaté.

» Sont compris parmi les contrevenans tous courtiers, commissionnaires et assureurs qui coopéreraient à l'importation ou au débit des marchandises anglaises. *Ibid, art.* 15.

» La confiscation sera prononcée au profit des saisissans et de tous ceux qui auront favorisé l'arrestation.

» Un sixième est accordé, en forme d'indemnité, aux administrateurs municipaux et aux *Commissaires du Directoire exécutif* dans tous les cas où leur présence est ordonnée par la loi. *Ibid, art.* 16.

» Il est enjoint à tous fonctionnaires publics d'arrêter tous individus trouvés saisis d'objets de fabrique ou de commerce anglais, ou qui tenteraient d'introduire des marchandises quelconques, soit pour versemens faits hors la présence des préposés des douanes, soit en évitant les bureaux frontières. *Ibid, art.* 17. »

» Les préposés des douanes, autorisés par l'article 2 de la loi du 10 brumaire, à visiter dans les trois lieues frontières de terre et de mer les maisons qui leur sont indiquées pour contenir ou receler des marchandises anglaises, peuvent continuer ces visites dans toutes les communes de la République, en remplissant les formalités prescrites par les lois relatives aux douanes. A cet effet ils se font accompagner, soit d'un administrateur, soit du *Commissaire du Directoire exécutif.*

» Les *Commissaires du Directoire exécutif* sont tenus de faire droit sur les réquisitions des employés des douanes. » *Arrêté du* 9 *ventose an* 6. (B. 189. n.º 1752.) Voyez *Douanes.*

MARCHÉS ET FOURNITURES. Voyez *Fournisseurs* et *Comptables*.

MARCHÉS ET FOIRES. Voyez *Foires* et *Marchés*.

M A R I A G E.

Sa célébration n'a lieu que le décadi, dans le local destiné à la réunion des citoyens, au chef-lieu de canton, ou dans les municipalités particulières des cantons divisés en plusieurs municipalités, en présence des administrateurs municipaux et du Commissaire du Pouvoir exécutif. *Loi du* 13 *fructidor an* 6, *art.* 4. (B. 221. N°. 1980.) Voyez *Annuaire*, §. 2.

M A R I N E.

« Les corps administratifs ne peuvent, sous peine de *forfaiture*, exercer d'autres pouvoirs que ceux qui leur sont formellement et explicitement attribués par les décrets, et les troupes de mer en sont essentiellement indépendantes, sauf le droit de les requérir dans les cas prescrits et déterminés par les lois. » *Loi du* 28 *octobre* 1790.

« Il leur est interdit de s'immiscer dans les opérations maritimes qui s'exécutent dans les ports de la République, ainsi que de porter obstacles aux dispositions des chefs d'administrations civiles et militaires, commis dans les ports par le ministre de la marine ; sans néanmoins que les dispositions du présent décret puissent préjudicier aux droits qu'ont les corps administratifs et municipaux ainsi que tous les citoyens, de dénoncer les abus et malversations qui peuvent venir à leur connaissance. » *Loi du* 26 *janvier* 1793.

« Les administrateurs et autorités civiles des villes maritimes de la République, ne peuvent, en aucun cas et sous aucun prétexte, retenir les vaisseaux de relache dans leur port ou qui auraient reçu l'ordre d'en partir. Ceux des administrateurs qui se permettraient de donner des ordres pour arrêter, suspendre, accélérer le départ des vaisseaux, ou pour en changer la destination, et ceux qui provoqueraient ou signeraient des actes ou arrêtés tendant à s'immiscer dans la direction des forces navales de la République, seront punis de mort. *Loi du 30 juillet 1793.* »

» Nul ne pourra détourner de leur destination les snbsistances et approvisionnemens destinés par la marine, à peine de *dix ans de fers. Loi du 25 brumaire an 2.* »

» Les corps administratifs, municipaux, et autres autorités constituées, sont tenus, sous leur responsabilité, de prêter aux officiers d'administration de la marine, préposés à l'inscription maritime ; 1°. les secours prescrits par les lois des 7 janvier 1791, (v. st.) (1) et 3 brumaire an 4, (2) (B. 205. N.° 1222.) relatives aux levées des gens de mer et ouvriers requis pour le service des vaisseaux ou pour celui des ports et arsenaux de la République ; 2°. ceux prescrits par les lois et arrêtés du 21 septembre 1793, (1) et 3 floréal an 3, pour contraindre lesdits gens de mer et ouvriers déserteurs,

---

(1) « En cas de refus, (dit l'article 19) ou de retardement à l'exécution des ordres du commissaire des classes de la part des hommes, la municipalité sera tenue de lui prêter main-forte à la première réquisition du syndic, à peine d'en répondre. »

(1) L'article 23 porte que « en cas de refus ou de retardement à l'exécution des ordres de l'administrateur du quartier, de la part des hommes commandés pour le service, l'administration municipale du canton sera tenue, sous sa responsabilité, de prêter main-forte à la première réquisition. »

(2) « Les municipalités seront responsables de l'inexécution des ordres de levée pour le service des vaisseaux, ou pour celui des ports et arsenaux de la République ; dans le cas où elles refuseraient de prêter aux syndics des gens de mer, les secours prescrits par l'article 19 de la loi du 17 janvier 1791, et les frais de recherches, d'arrestations ou de conduite des marins, seront à leur charge. » (*Art.* 2.)

fuyards ou désobéissans à se présenter, et pour les faire rejoindre. *Arrêté du Directoire, du 24 fructidor an 4, art. 1ᵉʳ.* (B. 76. N.º 702.)

» En cas de refus ou de retard à l'exécution des ordres de levées, les frais de recherches, d'arrestation et de conduite par la gendarmerie ou par la force armée, seront entièrement à la charge desdites autorités constituées, conformément aux lois et arrêtés des 21 septembre 1793, et 3 floréal an 3. *Ibid, art.* 2.

» Les administrations municipales, et notamment les *Commissaires du Pouvoir exécutif* près lesdites administrations, dans l'arrondissement desquelles se trouveront des marins déserteurs, fuyards ou désobéissans, seront personnellement responsables du présent arrêté. *Ibid, art.* 3.

» Il est défendu à tous les officiers civils et militaires de la marine, ingénieurs-constructeurs, officiers d'administration, préposés dans les quartiers, et syndics des marins, d'avoir aucun égard aux réquisitions, certificats et arrêtés des corps administratifs et municipaux, et autorités constituées, qui auraient pour objet l'exemption du service de la marine, ou le renvoi de leur quartier des marins et ouvriers employés au service de la République. *Ibid, art.* 11.

Les Commissaires du Directoire exécutif doivent employer tout le pouvoir que leur donne les lois contre les déserteurs pour faire arrêter les marins qui ont déserté, et contre ceux qui les récéleraient, « c'est à eux, leur dit le Directoire exécutif dans sa proclamation du 25 nivose an 6, (B. 178. N.º 1668.) de stimuler le zèle et l'activité des corps administratifs, afin qu'ils secondent de tous leurs pouvoirs les opérations des officiers d'administration de la marine, relativement aux levées ordonnées dans les quartiers ; il faut leur faciliter les moyens de faire refluer dans nos ports les marins en état de marcher, ou revenus chez eux par congés limités, ainsi que les novices de la *réquisition* qui n'auraient point obtenu un congé de réforme, ou qui par une insouciance criminelle se seraient cachés dans l'intérieur des communes......... Le Directoire exécutif est déterminé à provoquer toute la sévérité de la loi du 24 brumaire an 6, envers les fonctionnaires publics qui négligeraient de faire exécuter les lois relatives aux déserteurs et aux réquisitionnaires, ou qui favoriseraient la désertion.

» En rappellant à ses Commississaires la loi du 24 brumaire, le Directoire exécutif leur rappelle leurs devoirs et la responsabilité qu'elle leur impose. Il attend de leur zèle et de leur patriotisme, la plus grande surveillance dans son exécution relativement aux gens de mer et novices de la réquisition. » Voyez *Conscription*, *Désertion et Réquisition*. (Première)

MENDICITÉ.

La répression de la mendicité étant une des attributions que la loi du 12 nivose an 4, donne au ministre de la police, les Commissaires près les administrations, doivent seconder par leur surveillance les mesures qu'il prendra pour l'exécution des lois qui tendent à ce but.

Ainsi les Commissaires près les administrations centrales, dans les visites qu'ils sont tenus de faire chaque année dans les cantons de leurs arrondissemens, doivent interroger les administrations municipales et les commissaires près d'elles, si la loi du 24 vendémiaire an 2, qui contient des moyens repressifs de la mendicité, est ponctuellement exécutée.

Les Commissaires près les administrations municipales requerront de leur côté l'exécution des mesures que contient cette loi, dont l'article 1er. veut « que toute personne qui sera convaincu d'avoir demandé de l'argent ou du pain dans les rues et voies publiques, soit réputée mendiant, arrêtée par la gendarmerie ou les gardes nationales, et conduite devant le juge de paix du canton, pour être statué à son égard ce que la loi prescrit.»

MERCURIALES.

Le service des mercuriales, devenant de jour en jour,

par son résultat, plus utile au gouvernement qui doit s'occuper d'en perfectionner l'exécution. les *Commissaires* près les administrations centrales veilleront à ce que leur état soit formé et envoyé après la tenue de chaque foire et marché. Il doit être dressé, le primidi de chaque décade qui suivra celle à laquelle il sera relatif; cet état, qui doit être envoyé par les administrations municipales, soit à leur département, soit au ministre de l'intérieur, doit être dressé dans la forme suivante:

Les quantités de chaque espèce de grains, vendus dans le cours de la décade, seront additionnées, et le prix-moyen du quintal sera celui résultant du prix des divers marchés mentionné audit état, dont les dates seront portées en tête. *Lettre du Ministre de l'intérieur, du 21 thermidor an 5*.

» Ainsi les Commissaires près les administrations centrales, veilleront à ce que leurs collègues près les administrations municipales, leur envoyent chaque décade, les états des *mercuriales* qu'auront dressées celles-ci, pour les recueillir soigneusement et les transmettre au ministre de l'intérieur. Lorsque l'envoi sera retardé, ils en demanderont de suite les motifs et lui en rendront compte.

L'état général des mercuriales formé par les administrations centrales, pouvant être supprimé, les Commissaires près d'elles n'en exigeront pas moins des doubles copies de ceux des administrations municipales, dont l'une restera au département, pour lui procurer les renseignemens qui lui sont indispensables sur les mercuriales des marchés publics de son arrondissement. *Lettre du ministre de l'Intérieur, du 12 brumaire an 6*.

MESURES RÉPUBLICAINES. Voyez *Poids et Mesures*.

MINES.

» Tous demandeurs en concessions ou en permissions d'exploiter une mine ou une saline, seront tenus de justifier au département, de leurs facultés, des moyens qu'ils emploiront pour assurer l'exploitation, et de quels combustibles ils prétendront se servir lorsqu'il s'agira de l'exploitation d'une mine métallique. Nulle concession ne pourra être accordée qu'auparavant le propriétaire de la surface n'ait été requis de s'expliquer, dans le délai de six mois, s'il entend ou non procéder à l'exploitation, aux mêmes clauses et conditions imposées aux concessionnaires. Cette réquisition sera faite à la diligence du *procureur-général-syndic*, (du *Commissaire du Directoire exécutif* près l'administration centrale) du département où se trouvera la mine à exploiter. *Loi du 28 juillet 1791, art.* 9.

» Lorsque les permissions auront été accordées, elles seront rendues publiques par affiches et proclamations, à la diligence du Commissaire près cette administration. *Ibid, art.* 12.

» Cette permission ou concession ne pourra être exécutée qu'après avoir été approuvée par le Directoire exécutif. *Ibid, art.* 8.

» Aucun acte translatif des droits accordés par les concessions ou permissions d'exploiter les mines métalliques, des combustibles et salines, et d'établir des usines, ne pouvant être exécutée, et les cessionnaires et autres, jouir de ces actes qu'après l'autorisation spéciale de l'administration centrale, qui sera sujète à l'approbation du Directoire, conformément à l'article ci-dessus, les héritiers légataires, donataires, sont tenus de se pourvoir à l'effet d'obtenir ladite autorisation, dans le délai de six mois, à dater du jour où ils auront fait acte d'héritiers, ou de la date des donations ou actes de délivrance de legs.

» Faute par eux de s'être pourvus dans ce délai, ils seront considérés comme exploitant sans permission et sans concession, et les défenses portées par la loi leur seront faites par les administrations centrales, à la diligence des *Commissaires du Directoire exécutif.* » *Arrêté du Directoire, du 3 nivose an 6, art.* 1, 2 et 3. (B. 173. N°. 1634.)

MINEURS. Voyez *Hypothèques.*

MINISTRES.

» Les ministres correspondent immédiatement avec les autorités qui leur sont subordonnées. *Constitution*, *art*. 149.

» Le Corps législatif détermine les attributions et le nombre des ministres.

» Ce nombre est de six au moins et de huit au plus. *Ibid*, *art*. 150.

» Les ministres sont respectivement responsables, tant de l'inexécution des lois, que de l'inexécution des arrêtés du Directoire. *Ibid*, *art*. 152.

» Les administrations de département sont subordonnées aux ministres.

» En conséquence les ministres peuvent annuller, chacun dans sa partie, les actes des administrations de département, lorsque ces actes sont contraires aux lois ou aux ordres des autorités supérieurs. » *Art*. 193.

Comme, suivant l'article 9 de la loi du 10 vendémiaire an 4, (B. 192. Nº. 1153.) qui crée les six ministres, les *Commissaire du pouvoir exécutif* près les tribunaux et près les administrations, correspondent avec eux, il est nécessaire qu'ils connaissent les attributions que cette loi leur confère, et qu'ils exercent sous les ordres du Directoire.

Ministre de la Justice.

L'impression et l'envoi des lois, des arrêtés proclamations et instructions du Directoire exécutif aux autorités administratives et judiciaires.

Ils correspond habituellement avec les tribunaux et avec les *Commissaires du Directoire exécutif* près les tribunaux.

Il donne aux juges tous les avertissemens nécessaires et veille à ce que la justice soit bien administrée, sans pouvoir connaître du fonds des affaires.

Il soumet les questions qui lui sont proposées relativement à l'ordre judiciaire, et qui exigent une interprétation de la loi, au Directoire exécutif, qui les transmet au Conseil des Cinq-cents.

Le notariat et les objets qui lui sont relatifs, sont compris dans l'administration du ministre de la justice. *Loi du* 19 *brumaire an* 4. (B. 4, N°. 19.)

Ministre de l'Intérieur.

La correspondance avec les autorités administratives, et avec les *Commissaires du Directoire exécutif* auprès desdites autorités, le maintien du régime constitutionnel, et des lois touchant les assemblées communales, primaires et electorales.

Les hôpitaux civils, les établissemens et ateliers de charité, les secours civils, les établissemens destinés aux sourds et muets et aveugles.

La confection et l'entretien des routes, ponts, canaux, et autres travaux publics.

Les mines, minières et carrières.

La navigation intérieure, le flottage, le hallage.

L'agriculture, les desséchemens et défrichemens.

Le commerce.

L'industrie, les arts et inventions, les fabriques, les manufactures, les aciéries.

Les primes et encouragemens sur divers objets.

La surveillance, la conservation et la distribution de la contribution en nature.

L'instruction publique, les musées et autres collections nationales, les écoles nationales.

Les poids et mesures.

La formation des tableaux de population et d'économie politique, des produits territoriaux, des produits des pêches sur les côtes, des grandes pêches maritimes, et de la balance du commerce.

Ministre des Finances.

L'exécution des lois sur l'assiette, la répartition et le

recouvrement des contributions, sur la perception des contributions indirectes, et sur la nomination des receveurs ;

Sur la fabrication des monnaies, le départ du métal des cloches, sur les assignats.

L'administration des domaines nationaux et des forêts nationales.

Les postes aux lettres, les postes aux chevaux, les messageries, les douanes, les poudres et salpêtres, et tous les établissemens, baux, régies ou entreprises qui rendent une somme quelconque au trésor public.

La loi du 21 prairial an 4, (B. 53. n°. 464.) lui attribue la surveillance des préposés au triage des titres, dans toute l'étendue de la République.

Ministre de la Guerre.

La levée, la surveillance, la discipline et le mouvement des armées de terre.

L'artillerie, le génie, les fortifications, les places de guerre, la gendarmerie nationale, pour l'avancement, la comptabilité, la tenue, et la police militaire.

Le travail sur les grades, avancement, récompenses et secours militaires.

Les fournitures, les vivres et autres approvisionnemens pour les armées de terre.

Les hôpitaux militaires.

Les invalides.

Ministre de la Marine.

La levée, la surveillance, la discipline et le mouvement des armées navales.

Les inscriptions maritimes, le travail des grades, les avancemens, récompenses et secours.

L'administration des ports, les arsenaux, les approvisionnemens, les magasins destinés au service de la marine.

Les travaux des ports de commerce.

La construction, la répartition, l'entretien et l'armement des vaisseaux, navires et bâtimens de mer.

Les hôpitaux de marine.

Les grandes pêches maritimes, la police à l'égard des navires et équipages qui y seront employés.

La correspondance avec les consuls pour tout ce qui est relatif à l'administration de la marine.

L'exécution des lois sur le régime et l'administration de toutes les colonies dans les îles et sur le continent de l'Amérique, à la côte d'Afrique et au-delà du cap de Bonne-Espérance.

Les approvisionnemens, les contributions, la concession des terrains.

La force publique intérieure des colonies et établissemens français.

Les progrès de l'agriculture et du commerce.

La surveillance et la direction des établissemens et comptoirs en Asie et en Afrique.

Ministre des Relations extérieures.

La correspondance avec les ambassadeurs, les ministres, résidens ou agens que le Directoire envoie ou entretient auprès des puissances étrangères.

Le maintien et l'exécution des traités.

Les consulats.

Ministre de la Police générale.

Ce sixième ministère a été créé par la loi du 12 nivose an 4. (B. 16, n°. 94.) ; elle lui donne pour attributions ;

L'exécution des lois relatives à la police générale , à la sûreté et à la tranquillité intérieure de la République.

La garde nationale sédentaire, le service de la gendarmerie pour tout ce qui est relatif au maintien de l'ordre public.

La police des prisons, maisons d'arrêt, de justice et de réclusion.

La repression de la mendicité et du vagabondage.

Le ministre de la police correspond avec les autorités constituées et avec les *Commissaires du Directoire exécutif* près lesdites autorités, en ce qui le concerne.

» Les arrêtés et décisions des ministres qui, dans leur partie, confirment, modifient ou annullent les actes des administrations centrales, doivent recevoir provisoirement leur exécution, sauf la confirmation formelle du Directoire exécutif, pour le définitif, en cas de réclamation. *Arrêté du Directoire, du 17 messidor an* 5. (B. 131, n°. 1277.)

MINISTRE DES CULTES.

« Nul ne peut en remplir les fonctions, s'il n'a prêté préalablement devant l'administration municipale le serment de fidélité à la république et à la constitution de l'an 3, et de s'opposer de tout son pouvoir au rétablissement de la royauté en France, et à celui de toute espèce de tyrannie. *Loi du 7 vendémiaire an 4, art.* 5 *et* 6. (B. 186. N.° 1134.), et *loi du 12 thermidor an 7* (B. 277. N.° 3171.) Voyez *culte* et *prêtres*.

MINUTES DES JUGES DE PAIX. Voyez *juges de paix*.

MONNAIE.

Une loi du 22 vendémiaire an 4 (B. 197. N.° 1175.), règle l'organisation des hôtels des monnaies pour la fabrication des différentes espèces d'or et d'argent.

Il est établi près de l'administration de ces ateliers des monnaies un Commissaire national particulier dont les fonctions sont déterminées par le titre 3.

MONNAIE. (fausse)

« La loi du premier brumaire an 2, ayant prononcé la confiscation des biens des condamnés pour fabrication de fausse monnaie, le Commissaire du Directoire exécutif près le tribunal criminel est tenu, aussitôt après l'exécution

tion du jugement, d'en donner avis au *procureur-général-syndic* (représenté par le *Commissaire* près l'administration centrale) du département dans l'arrondissement duquel les scellés auront été apposés. *Art.* 4.

» Celui-ci est tenu, à peine de *destitution*, et de répondre du dommage que sa négligence aurait causé à la République, de faire procéder, sans délai, à la levée des scellés et à la vente des biens-meubles et immeubles, quelque part qu'ils soient situés ; le prix en sera versé dans la caisse de la trésorerie. *Art.* 5. »

Quoique cette loi et celle du 3 brumaire an 4 (B. 204. N.º 1221.), chargent spécialement les officiers de police judiciaire de la recherche et de la poursuite des fabricateurs et distributeurs de fausse monnaie, cependant les *Commissaires* près les administrations ne peuvent se dispenser de déployer le plus grand zèle et la plus grande surveillance pour la répression du *faux monnayage*. En conséquence, les *Commissaires près les administrations municipales* doivent transmettre aux *Commissaires près les administrations centrales* tous les renseignemens qu'ils recueilleront sur la nature et le caractère des pièces de fausse monnaie, et sur les circonstances qui accompagneront leur circulation ou distribution. Ceux-ci transmettront au ministre de la police ces renseignemens avec ceux qu'ils auront pu se procurer par eux-mêmes. *Lettres du ministre de la police des 29 germinal an 5 et 22 germinal an 6.* Voyez aussi *le Manuel des agens municipaux.*

MOULINS ET USINES.

« Il ne pourra être procédé à la vente des moulins et usines appartenant à la nation, qui sont placés sur des rivières ou cours d'eau, qu'après qu'il aura été vérifié par l'ingénieur, sur la demande du *procureur-général-syndic* (du *Commissaire près l'administration*) du département, que leur conservation ne cause aucun dommage aux propriétés environnantes, et que leur destruction ne deviendra pas nécessaire au desséchement des marais. *Loi du 8 avril* 1793, *art.* 1 et 2.

Manuel des Commissaires du Directoire.   R

MUNICIPALITÉS.

» Les administrations municipales, soit de canton ou autres, connaissent dans leur ressort, des objets précédemment attribués aux municipalités. Les *Commissaires du pouvoir exécutif* près d'elles exercent les fonctions attribuées aux *procureurs de communes. Loi du* 21 *fructidor an* 3, *art.* 19. » (B. 185. N. 1128)

NAISSANCES.

« Il est défendu aux officiers de l'état civil d'insérer, par leur propre fait, dans la rédaction des actes et sur les registres, aucunes clauses, notes, énonciations autres que celles contenues aux déclarations qui leur seront faites, à peine de destitution, qui sera prononcée par voie d'administration par l'administration départementale, soit sur la dénonciation des parties, soit des *Commissaires* près les administrations municipales et sur la réquisition du *Commissaire* près l'administration centrale. *Loi du* 20 *septembre* 1792, *tit.* 3, *art.* 12. » Voyez *Annuaire, état civil* et *noms.*

NAUFRAGES. Voyez *Passeports* et le *Manuel des agens municipaux.*

NAVIGATION.

» Les Commissaires du Directoire exécutif près les administrations centrales et municipales sont tenus de veiller avec la plus sévère exactitude, à ce qu'il ne soit établi par la suite aucun pont, aucune chaussée permanente ou mobile, aucune écluse ou usine, aucun batardeau, moulin, digue ou autre obstacle quelconque, au libre cours des eaux dans les rivières navigables et flottables, dans les canaux d'irrigation ou de desséchemens généraux, sans en avoir préalablement obtenu la permission de l'administration centrale, qui ne pourra l'accorder que de l'autorisation du Directoire exécutif. *Arrêté du* 19 *ventose an* 6, *art.* 9. » (B. 190. N.º 1766.)

» Ils veilleront pareillement à ce que nul ne détourne le

cours des eaux des rivières et canaux navigab'es ou flottables, et n'y fasse des prises d'eaux ou saignées pour l'irrigation des terres, qu'après y avoir été autorisé par l'administration centrale, et sans pouvoir excéder le niveau qui aura été déterminé. *Ibid. art.* 10.

NAVIRES NEUTRES. Voyez *passeports à l'étranger.*

NÉTOIEMENT DES RUES.

Dans les lieux où il est à la charge des habitans, ceux qui négligeraient de le faire devant leurs maisons, seront poursuivis à la requête du *Commissaire près l'administration municipale*, devant le tribunal de police, et punis des peines de simple police. *Loi du 3 brumaire an 4, art.* 605. (B. 204. N.º 1221.) Voyez *délits de police.*

NOMS ET PRÉNOMS.

» Aucun citoyen ne pourra porter de *nom* ni de *prénom* autres que ceux exprimés dans son *acte de naissance*; ceux qui les auront quittés seront tenus de les reprendre. *Loi du 6 fructidor an 2, art.* 1er. (B. 44. N.º 240.)

» Il est également défendu d'ajouter aucun *surnom* à son nom propre, à moins qu'il n'ait servi jusqu'ici à distinguer les membres d'une même famille, sans rappeler des qualifications féodales ou nobiliaires. *Idem, art.* 2.

» Le tout sous peine de six mois d'emprisonnement et d'une amende égale au quart du revenu de chaque contrevenant, et, en cas de récidive, de la dégradation civique. *Idem, art* 3.

» Il est également défendu à tous fonctionnaires publics de désigner les citoyens dans les actes autrement que par le nom de famille, les prénoms portés en l'acte de naissance, ou les surnoms maintenus par l'art. 2, ni d'en exprimer d'autres dans les expéditions ou extraits qu'ils délivreront à l'avenir. *Idem, art.* 4.

» Les fonctionnaires publics qui contreviendraient aux dispositions de l'article précédent, seront destitués et condamnés à une amende égale au quart de leurs revenus. *Ibid. art.* 5. »

Les dispositions de la loi ci dessus étaient fréquemment enfreintes ; pour faire cesser le scandale de sa violation, et rappeler les citoyens et les fonctionnaires publics à l'exacte observation des dispositions qu'elle renferme, le Directoire exécutif a pris, par un arrêté du 19 nivose an 6, (B. 177. N.º 1660.) les mesures suivantes :

» Les *Commissaires du Directoire exécutif* près les administrations centrales et municipales sont chargés de dénoncer aux officiers de police judiciaire toute contravention aux articles ci-dessus rappelés de la loi du 6 fructidor an 2. *art.* 1.ᵉʳ

» Ils sont pareillement chargés de dénoncer aux accusateurs publics les officiers de police judiciaire qui ne poursuivraient pas les contrevenans. *Art.* 2. »

NOTAIRES.

Il y a incompatibilité entre les fonctions de notaire public et celles d'agens nationaux (Commissaires près les administrations). *Loi du 24 vendémiaire an 3, tit. 2, art.* 5, (B. 73. N.º 388.)

« Lors de la démission ou du décès d'un *notaire public*, au remplacement duquel il n'y aura pas lieu de pourvoir, le Commissaire du Directoire exécutif près l'administration municipale dans l'arrondissement de laquelle lesdites démission ou décès auront eu lieu, en donnera sur-le-champ avis au Commissaire près l'administration centrale, qui le transmettra au Commissaire près le tribunal civil : celui-ci en donnera avis, dans la décade, au ministre de la justice. *Arrêté du 2 vendémiaire an 7.* » (B. 229. N.º 2042.)

Les Commissaires ci-dessus désignés sont respectivement rendus responsables de tous délais qu'ils mettraient à s'acquitter de ce qui leur est imposé par le présent arrêté. Le ministre de la justice fera connoître au Directoire exécutif ceux qui se rendraient coupables de négligence. *Idem, art.* 4. Voyez *ventes.*

NOYÉS. Voyez le *Manuel des Agens municipaux*, où se trouve la lettre écrite par le ministre de l'intérieur aux administrations, en date du 25 nivose an 5, contenant des instructions sur les secours à donner aux noyés.

OBÉISSANCE A LA LOI.

Cri que doit faire entendre tout fonctionnaire public chargé d'en requérir l'exécution dans le cas de révolte ou d'attroupemens séditieux. Voyez *attroupemens*.

OCTROI.

La loi du 27 vendémiaire an 7 (B. 232. N.º 2084.) a établi un octroi municipal et de bienfaisance à percevoir par la commune de Paris, dont le produit est spécialement affecté à l'acquit de ses dépenses locales, et de préférence à celles de ses hospices et des secours à domicile.

» Les contestations qui pourraient s'élever sur l'application du tarif et sur la quotité du droit exigé par le receveur seront portées devant le tribunal de police, et par lui jugées sommairement et sans frais. *Art.* 9.

OFFICIER DE L'ÉTAT CIVIL. Voyez *état civil*.

OPPOSITIONS.

» Les Commissaires près les administrations n'ont pas le droit de faire insérer dans le corps où à la suite des *arrêtés*, des *oppositions* ou des protestations contre ces arrêtés. *Lettre du ministre de l'intérieur, du 12 fructidor an 5.* Voyez *arrêtés*.

OR ET ARGENT. (matières d')

Le long silence des lois sur la surveillance du titre des ouvrages et des matières d'or et d'argent, avait donné naissance à un très-grand nombre de fraudes dont la destruction nécessitait des mesures pour le rétablissement de l'ordre dans cette partie de la police du commerce. Le corps législatif les sanctionna par une loi du 19 brumaire an 6, (B. 156. N.º 1542.) Cette loi doit fixer l'attention des *Commissaires près les administration centrales et municipales*, par son importance; son exécution nécessite un zèle particulier de la part de l'autorité publique.

Quoique cette loi délègue aux préposés des bureaux de garantie la surveillance habituelle sur les fraudes dans les titres des matières d'or et d'argent, elle n'exclut pas cependant celles des magistrats dans tout ce qui intéresse le maintien de l'ordre public. Elle exige quelquefois textuellement, quelquefois implicitement, et par la nature même des dispositions qu'elle prescrit, le concours des autorités civiles. C'est à elles, dans ces deux cas, à assurer son entière exécution. *Lettre du ministre de la police, du* 15 *ventose an 6.*

Ainsi les Commissaires près les administrations centrales et municipales doivent surveiller l'exécution des dispositions de la loi du 19 brumaire an 6, qui suivent :

» Les anciens fabricans d'ouvrages d'or et d'argent, et ceux qui voudront exercer cette profession, sont tenus de se faire connaître à l'administration du département et à la municipalité du canton où ils résident, et de faire insculper dans ces deux administrations leur poinçon particulier, avec leur nom, sur une planche de cuivre à ce destinée. L'administration centrale de département veillera à ce que le même symbole ne soit pas employé par deux fabricans de son arrondissement. *Art.* 72. »

Cette disposition, pour être bien exécutée, commande une surveillance sévère sur les individus qui travaillent clandestinement ces métaux, et qui, affranchis de toute espèce de garantie tournent trop souvent leur coupable industrie vers l'altération ou la falsification des monnaies. *Lettre du Ministre de la police, du* 15 *ventose an 6.*

» Les fabricans et marchands d'or et d'argent mettront, dans le lieu le plus apparent de leur magasin ou boutique, un tableau énonçant les articles de la présente loi, relatifs aux titres et à la vente des ouvrages d'or et d'argent. *Même loi, art.* 78.

» Ils remettront aux acheteurs des bordereaux énonciatifs de l'espèce, du titre et du poids des ouvrages qu'ils leur auront vendus, et désignant si ce sont des ouvrages neufs ou vieux. *Item, art.* 79. »

Le premier des deux articles ci-dessus n'intéressant pas directement la perception du droit de garantie ; et l'in-

fraction du second ne laissant aucune trace que les préposés à ce droit puissent saisir, c'est encore à l'autorité
de la police à en faire l'objet de sa surveillance particulière. *Même lettre.*

» Les marchands d'ouvrages d'or et d'argent, ambulans
ou venant s'établir en foire, sont tenus, à leur arrivée
dans une commune, de se présenter à l'administration
municipale ou à l'agent de cette administration dans les lieux
où elle ne réside pas, et de lui montrer les bordereaux des
orfèvres qui leur auront vendu les ouvrages d'or et d'argent
dont ils seront porteurs. *Même loi*, art. 92.

» La municipalité ou l'agent municipal fera examiner
les marques de ces ouvrages par des orfèvres, ou à défaut, par des personnes connaissant les marques et poinçons, afin d'en constater la légitimité. *Ibid.*, art. 93.

» L'administration municipale ou son agent fera saisir
et remettre au tribunal correctionnel du canton les ouvrages d'or et d'argent qui ne seraient pas accompagnés
de bordereaux, ainsi qu'il est prescrit à l'art. 92, ou les
ouvrages dont les marques paraîtraient contrefaites, ou
enfin ceux qui n'auraient pas été déclarés conformément
audit article 92. *Ibid.*, art. 94. »

L'exécution des trois articles ci-dessus appartient toute
entière à la surveillance des administrations municipales
et aux Commissaires près d'elles. Ce sont elles qui doivent
reconnaître si les marchands ambulans ont rempli les formalités prescrites par ces articles, et faire vérifier les poinçons. Elles doivent se considérer comme spécialement
chargées de cette fonction, parce qu'elles seules peuvent
être averties de la présence des marchands, et qu'ils ont
pu éviter aisément l'inspection des bureaux de garantie.

Ce sont elles aussi, ou même les agens municipaux,
et par conséquent les Commissaires de police qui doivent
traduire ces ambulans au tribunal correctionnel en cas de
contravention, et cette disposition qui fait exception au
code des délits et des peines, qui n'attribue aux agens
municipaux les fonctions de police que pour les contraventions à la police municipale, doit exciter la surveillance et l'attention des Commissaires près les administra-

tions sur la conduite des Commissaires de police et des agens municipaux. *Même lettre.*

» Lorsque les employés d'un bureau de garantie auront connaissance d'une fabrication illicite de poinçons, le receveur ou contrôleur, accompagné d'un officier municipal, se transporteront dans l'endroit ou chez le particulier qui leur aura été indiqué, et y saisiront les faux poinçons, les ouvrages et lingots qui en seraient marqués, ou enfin les ouvrages achevés et dépourvus de marque qui s'y trouveraient. *Même loi*, art. 101. »

Cette disposition impose à l'administration centrale un double devoir à remplir : d'assurer d'abord aux préposés une assistance prompte de la part des administrateurs municipaux, sur le vu de leur commission qui, pour être authentique aux yeux de ces administrateurs, devra être visée par l'administration centrale ; et ensuite de rappeler à ces administrateurs l'importance du devoir qu'ils ont à remplir dans cette circonstance, et le soin qu'ils doivent apporter à ce que ces opérations se fassent avec régularité, et conformément à l'art. 359 de la Constitution. *Même lettre.*

Telles sont les dispositions de la loi du 19 brumaire an 6, sur lesquelles *Commissaires du Directoire exécutif* doivent appeller particulièrement l'attention de l'administration centrale. Ils rendront compte chaque mois au Ministre de la police du résultat des mesures qu'elle aura prises, et de la situation dans leur département de la police de l'orfèvrerie. *Même lettre.*

OUTRAGES. Voyez *insultes.*

OUVRAGES D'OR ET D'ARGENT. Voyez ci-dessus *or et argent.*

O U V R I E R S.

Toute corporation étant interdite par l'art. 360 de l'acte constitutionnel, il est défendu de les rétablir de fait, sous quelque prétexte et sous quelque forme que ce soit.

Il est interdit à tous corps administratifs ou municipaux de recevoir aucunes adresses ou pétitions sous la dénomination d'un état ou profession, d'y faire aucune réponse. Toutes coalitions entre ouvriers par écrit ou par émissaire, pour provoquer la cessation de travail, sont regardées comme des attentats portés à la tranquillité qui doit régner dans les ateliers. *Loi du 23 nivose an 2, art. 5.*

Les délibérations qu'ils prendraient ou conventions qu'ils feraient entre eux pour refuser de concert ou n'accorder qu'à un prix déterminé le secours de leur industrie ou de leurs travaux, sont déclarées inconstitutionnelles, attentatoires à la liberté et de nul effet. Les corps administratifs seront tenus de les déclarer nulles. Les auteurs, chefs et instigateurs qui les auront provoquées, rédigées ou présidées, seront cités devant le tribunal correctionnel, à la requête du *Commissaire du Directoire exécutif*, près l'administration municipale, et condamnés chacun à cinq cents livres d'amende. *Loi du 17 juin 1791, art. 4.*

Tous attroupemens composés d'ouvriers ou excités par eux contre le libre exercice de l'industrie et du travail, ou contre l'action de la police et l'exécution des jugemens rendus en cette matière, seront tenus pour *attroupemens séditieux*, et comme tels ils seront dissipés par la force publique. *Loi du 17 juin 1791., art. 8.*

Outre les dispositions ci-dessus, que le Directoire exécutif applique par son arrêté du 16 fructidor an 4 (B. 73. N.º 674.), aux *ouvriers des manufactures de papiers*, il y rappelle les dispositions du réglement du 29 janvier 1739, auxquelles il n'a pas été dérogé postérieurement, et celles de la loi du 23 nivose an 2.

L'art. 5 de cet arrêté s'exprime ainsi « les proscriptions, défenses et interdictions connues sous le nom de damnations, seront regardées comme des atteintes portées à la propriété des entrepreneurs : ceux-ci seront tenus de dénoncer au juge de paix les auteurs et instigateurs de ces délits, qui seront mis sur-le-champ en état d'arrestation, et poursuivis à la requête du *Commissaire du pouvoir exécutif* près l'administration municipale du canton devant le tribunal correctionnel de l'arrondissement. *Loi du 23 nivose an 2, art. 6.*

OUVRIERS DE LA CAMPAGNE.

Il est défendu aux moissonneurs, aux domestiques et

ouvriers de la campagne de se liguer pour hausser et déterminer le prix des gages et salaires, sous peine d'amende
et d'emprisonnement. Les contrevenans seront jugés par le
tribunal de police, sur les poursuites du Commissaire du
pouvoir exécutif près l'administration municipale.

Il en sera de même des propriétaires et fermiers qui se
coaliseraient pour faire baisser à vil prix les journées des
ouvriers. *Loi du 6 octobre* 1791, *tit.* II, *art.* 19 *et* 20.
Voyez *Délits ruraux.*

P A I N.

Les boulangers qui vendent le pain au delà du prix fixé
par la taxe légalement faite et publiée, sont traduits devant le tribunal de police, sur les poursuites du Commissaire du pouvoir exécutif près l'administration municipale,
pour être condamnés aux peines de simple police. *Loi du 3
brumaire an* 4, *art.* 605. (B. 204. N.º 1221.) Voyez
Délits de police.

PAPETERIES. Voyez *Ouvriers.*

PASSAVANT pour le transport des grains. Voyez *Grains.*

P A S S E - P O R T S.

La législation sur les passe-ports se compose de différentes lois qui déterminent les formalités que l'on doit
remplir, soit pour voyager dans l'intérieur de la République, ou pour sortir de son territoire. Ces lois, dont
l'exécution est spécialement confiée à la surveillance des
Commissaires près les administrations, tant centrales que
municipales, exigent des passe-ports soit des Français, soit
des étrangers, soit des militaires réquisitionnaires et conscrits.

1.º *Passe-ports pour l'intérieur.*

» Jusqu'à ce qu'il en soit autrement ordonné, nul individu ne pourra quitter le territoire de son canton, ni
voyager, sans être muni et porteur d'un passe-port signé
par l'administration municipale. *Loi du* 10 *vendémiaire an* 4,
tit. 3, *art.* 1er. (B. 188. N.º 1142.)

» Tout passe-port contiendra le signalement de l'individu, la signature ou sa déclaration qu'il ne sait pas signer,

référera le numéro de son inscription au tableau de sa commune, et sera renouvellé au moins une fois par an. *Idem, art.* 3.

» Les membres des administrations municipales n'en donneront qu'aux citoyens qu'ils connaîtront personnellement : s'ils ne le connaissent pas, ils ne le délivreront que sur l'attestation de deux citoyens connus, dont les noms seront désignés dans le passe-port, qu'ils seront tenus de signer, et s'ils ne savent signer, il en sera fait mention. *Loi du 17 ventose an 4, art.* 1.ᵉʳ (B. 30. N.º 204.)

» Les passe-ports désigneront à l'avenir les lieux où les voyageurs doivent se rendre ; ils seront visés par le Commissaire du Directoire exécutif près de l'administration chargée de la délivrance des passe-ports. *Loi du 28 vendémiaire an 6, art.* 1ᵉʳ. (B. 152. N.ᵉ 1502.)

» Tous fonctionnaires publics qui contreviendraient aux articles précédens, seront destitués de leurs fonctions, et punis, par voie de police correctionnelle, d'un emprisonnement qui ne pourra être moindre de trois mois, ni excéder une année. *Loi du 17 ventose an 4, art.* 2.

» Les témoins qui attesteraient un nom supposé dans un passe-port, les logeurs, aubergistes ou maîtres de maisons garnies qui inscriraient sur leurs registres des noms qu'ils savent n'être pas ceux des individus logés chez eux ; les citoyens qui certifieraient ces déclarations devant les autorités constituées, seront punis des mêmes peines. *Idem, art.* 3.

» Les citoyens qui seraient forcés de faire changer sur leurs passe-ports l'indication des lieux où ils veulent se rendre, se présenteront à l'administration municipale du canton où ils se trouvent pour s'y en faire délivrer un nouveau. Une copie de ce passeport ainsi renouvellée sera adressée à l'administration municipale du canton où se trouve le domicile du citoyen qui l'aura obtenu. *Loi du 28 vendémiaire an 6, art.* 5.

» Les administrateurs et Commissaires du Directoire exécutif qui délivreraient et signeraient des passeports sous des noms supposés ou autrement, pour voyager dans l'intérieur, aux individus qui d'après la loi du 19 fructidor an 5 et jours suivans, doivent sortir du territoire de la

République, seront traduits pardevant le tribunal criminel, pour y être condamnés à une détention qui ne pourra durer moins d'un an, et ne pourra excéder deux ans. *Idem*, *art.* 6.

» Tout individu voyageant, et trouvé hors de son canton sans passe-port, sera mis sur-le-champ en état d'arrestation, et détenu jusqu'à ce qu'il ait justifié être inscrit sur le tableau de la commune de son domicile. *Loi du* 10 *vendémiaire an* 4, *art.* 6.

» A défaut de justifier dans deux décades son inscription sur le tableau d'une commune, il sera réputé vagabond et sans aveu, et traduit comme tel devant les tribunaux compétens. *Idem*, *art.* 7.

» Les Commissaires de police et les agens municipaux veilleront à ce que nul citoyen non domicilié dans le canton ne puisse s'y introduire sans passe-port. Ils feront arrêter sur le-champ tout individu voyageant hors de son canton sans en être porteur, et ils procéderont à son égard conformément à l'article ci-dessus. *Arrêté du Directoire exécutif, du* 2 *germinal an* 4, *art.* 8. (B. 25. N.º 261.)»

Toutes ces dispositions annoncent quelle doit être la surveillance des Commissaires du Directoire exécutif par les administrations centrales et municipales, pour leur stricte et rigoureuse exécution. Ils doivent la provoquer par différens réquisitoires; ils doivent rappeller les directeurs des postes, messageries et coches, à l'observation des réglemens de police, qui leur défendent de recevoir et d'admettre ceux qui ne justifieraient pas des passe-ports, en règle; ils doivent veiller à ce qu'il soit donné des ordres pour que les voyageurs soient tenus de les représenter à chaque poste et dans toutes les municipalités, et pour que les porteurs soient souvent obligés d'y apposer de nouveau leur signature.

Pour rendre ces mesures plus efficaces, les Commissaires près les administrations municipales et les agens des communes sur les grandes routes, pourront ordonner aux aubergistes et aux habitans de n'admettre et loger chez eux aucun individu étranger à leur canton, qui ne serait pas muni de passe-ports, et leur imposeront l'obligation de faire connaître à l'instant aux autorités constituées celui qui ne pourra en produire. *Lettre du Ministre de la police, des* 12 *vendémiaire et* 6 *brumaire* an 6.

Il se présente souvent devant les administrations municipales des citoyens pour obtenir des passe-ports, à l'effet de se rendre à Paris. Le Ministre de la police prescrit, par sa circulaire du 25 ventose an 7 à ces administrations et aux Commissaires près d'elles la conduite qu'ils auront à tenir dans ces circonstances.

Lorsqu'un citoyen se présentera devant ces administrations, il leur déclarera si son intention est d'aller résider à Paris. Pour obtenir cette permission du Ministre de la police, il faudra qu'il remplisse les conditions suivantes :

1.º La représentation de son acte de naissance ; 2.º sa résidence en France depuis le 9 mai 1792, certifiée par trois citoyens ; 3.º sa moralité ; 4.º les motifs de son séjour à Paris ; 5.º ses moyens d'existence ; 6.º enfin, s'il est mineur, le consentement de son père ou tuteur, qui sera donné devant la municipalité du domicile de ces derniers, et revêtu du *visa* du département, ainsi que les certificats ci-dessus énoncés.

2.º *Passe-ports à l'étranger.*

La loi du 7 décembre 1792, et cellé du 14 ventose an 4 (B. 29. N.º 200.), veulent que les Français que leurs affaires appellent dans l'étranger, ne puissent s'y rendre que munis de passe-ports délivrés par les administrations centrales, sur l'avis nécessaire et formel des municipalités.

Ces administrations, en accordant ces passe-ports, ont la faculté de limiter le délai dans lequel les individus qui en sont porteurs, sont tenus de rentrer sur le territoire de la République.

Cependant dans le cas où des circonstances forcées les obligeraient à prolonger leur absence, ils doivent en soumettre les motifs aux Ministres ou agens de la République française dans les pays où ils se trouvent retenus ; et ceux-ci, après avoir vérifié l'exactitude des faits allégués, peuvent leur accorder, s'ils jugent les raisons légitimes, la permission de rentrer en France, sauf aux autorités chargées de statuer sur les questions d'émigration, à y avoir tel égard qu'il appartiendra. *Lettre du Ministre de la police, du 19 frimaire an 7.*

« Les Commissaires près les administrations centrales de département, sont tenus d'adresser chaque décade, au Ministre des relations extérieures, l'état circonstancié et certifié des passeports à l'étranger qu'aura délivrés l'administration dans les dix jours précédens. *Loi du 14 ventose an 4, art. 2.* (B. 29. N.° 200.) »

Le retour des français dans leur patrie est assujéti à des formalités que la loi du 23 messidor an 3 a déterminées. Elles sont aussi exigées des étrangers que le commerce ou la curiosité amènent sur le territoire de la République. *Lettre du Ministre de la police, du 12 vendémiaire an 6.*

Ces formalités que doivent remplir et les uns et les autres, feront l'objet de l'article suivant.

3.° *Passeports des étrangers.*

La loi du 23 messidor an 3, (B. 162. N.° 647.) porte (art. 9.) que « tout étranger à son arrivée dans un port de mer ou dans une commune frontière, se présente à la municipalité; qu'il y dépose son passeport qui sera envoyé au comité de sûreté générale (au Ministre de la police) pour être visé par lui; et qu'il demeure en attendant sous la surveillance de la municipalité qui lui donnera une carte de sûreté provisoire, énonciative de sa surveillance. »

« Le Commissaire du Directoire exécutif près l'administration municipale, sera tenu d'adresser sur le champ copie dûment certifiée de ce passeport, à l'accusateur public et au Commissaire du Directoire exécutif près le tribunal criminel. Il y joindra également copie des pièces étant en la possession de l'étranger, qui paraîtront à l'administration municipale devoir être envoyées au ministre de la police. *Arrêté du Directoire, du 4 nivose an 5, art. 1 et 2.* (B. 98. N.° 925.)

» Il fera pareil envoi au Commissaire du Directoire exécutif près l'administration du département. *Arrêté du 12 germinal an 5.* (B. 116. N.° 1117.) »

L'article 10 de la loi du 23 messidor an 3 , déjà citée, permet aux officiers municipaux de donner des autorisations provisoires aux négocians des pays alliés ou neutres; dans ce cas, ils sont tenus d'adresser au Ministre de la police, une copie collationnée du passeport, et une indication de la route que se propose de tenir l'étranger.

Mais une décision du Directoire exécutif , du 6 brumaire an 5, exige des voyageurs commerçans qui veulent jouir de cette faveur, la représentation des passeports visés par un agent français en pays étrangers, et contenant la signature et le signalement des porteurs. *Lettre du Ministre de la police , du 12 vendémiaire an 6.*

Le Directoire exécutif avait ajouté à ces mesures , pour constater la vérité des passeports des étrangers, d'autres mesures qu'il avaient prises par ses arrêtés des 20 germinal et 19 floréal an 4, pour déjouer les manœuvres que les ennemis de la République employaient pour rétablir la communication d'Angleterre avec la France.

L'expérience ayant prouvé au Directoire, que ces mesures étaient insuffisantes pour empêcher cette communication, il leur a substitué, par un arrêté du 3 frimaire an 5, (B. 9.°. N.° 883.) les dispositions suivantes :

» Aucun français ou étranger venant d'Angleterre, à moins qu'il ne soit chargé de pouvoirs spéciaux à cet effet, ne pourra débarqué qu'aux ports de Dieppe et de Calais, *art.* 3

» Lorsqu'une tempête forcera un navire venant d'Angleterre à se présenter dans un port de la République, l'administration municipa'e du canton du lieu est autorisée à l'y laisser entrer; mais elle enverra une garde sûre à bord de ce navire; elle vérifiera ses besoins; elle y consignera l'équipage et les passagers, et renverra le navire à sa destination, dès que les dangers seront disparus, *art.* 4.

» Tous les passeports délivrés pour l'Angleterre, contiendront le signalement, l'âge, le lieu de naissance et la profession de l'individu auquel ils seront accordés, et fixeront Dieppe ou Calais pour le lieu d'embarquement, *art.* 6.

» Tout individu arrivant d'Angleterre à bord d'un bâtiment parlementaire ou d'un neutre, ne pourra continuer sa route dans l'intérieur de la France, que lorsqu'il aura obtenu un passeport du Ministre des relations extérieures, ou du Ministre résidant en France de la puissance chez laquelle il est né, visé du Ministre des relations extérieures. Il ne pourra sortir de la commune jusqu'au moment où il aura obtenu ledit passeport, et sera sous la surveillance de l'administration municipale.

» Les passeports des voyageurs français arrivant d'Angleterre, seront néanmoins adressés directement au Ministre de la police générale, qui les renverra, s'il y a lieu, au Ministre des relations extérieures, pour être visés, *art.* 7.

» Il est enjoint aux Commissaires du Directoire exécutif près les administrations municipales des cantons où sont situés les ports, et aux commandans temporaires, de nommer, sur la présentation des administrateurs de la marine, un interprête, qui se transportera à bord de chaque bâtiment, à son entrée dans un port français, pour y faire l'appel de tous les hommes, en demandant à chacun son nom, et confronter ensuite cette liste avec le rôle d'équipage du bord; lequel interprête fera aussi les questions nécessaires pour découvrir ce qui se passe au-dehors, et si quelque homme suspect n'est pas déguisé sous le costume et le nom supposé d'un matelot, *art.* 8.

» Les Commissaires du Directoire exécutif près les administrations municipales de canton des ports, les administrateurs de la marine et les commandans temporaires, se feront remettre les papiers, lettres, gazettes et paquets arrivant de l'étranger; ils nommeront, à cet effet, des commissaires qui, à l'entrée des navires, se feront

livrer

livrer ces objets, et les transporteront à la maison commune où ils seront examinés concurremment par le commandant de la place, les administrateurs de la marine, et le Commissaire du Directoire exécutif près l'administration du canton, en présence d'un membre de l'administration municipale.

» Les administrateurs de la marine sont chargés d'adresser, sur-le-champ, au Ministre de la marine et des colonies, tous les papiers qui contiendront des renseignemens quelconques relatifs à ses attributions.

» Pareil envoi sera fait, par le Commissaire du Directoire exécutif près l'administration municipale du canton, au Ministre de la police générale, des lettres et papiers qui pourraient intéresser la sûreté intérieure de la République.

» Toutes les lettres et paquets qui n'intéresseront pas la sûreté de l'état, seront remis à l'administrateur municipal, qui les fera remettre à la poste, après les avoir timbrés du cachet de l'administration, *art.* 9.

» Les administrateurs de la marine, le commandant temporaire, et le Commissaire du Directoire exécutif près l'administration municipale du canton, visiteront, par eux, ou par commissaires, tous les vaisseaux entrant ou sortant des ports, et pourront même les faire fouiller jusqu'au lest, *art.* 10.

» Tout vaisseau neutre qui, par la fréquence des évènemens de mer qu'il prétendra avoir essuyés, attirera sur lui des soupçons, sera dénoncé au Directoire exécutif par le *Commissaire du Directoire exécutif* près l'administration municipale du canton, sur la dénonciation qu'il recevra lui-même des administrateurs de la marine, et le Directoire exécutif examinera s'il ne doit pas être ordonné à ce navire de quitter les stations des ports français. *Art.* 14. »

» Les passe-ports qui seront délivrés aux étrangers pour voyager dans l'intérieur de la République, désigneront les lieux où les voyageurs doivent se rendre. Ils seront visés par le *Commissaire du Directoire exécutif* de l'administration chargée de la délivrance des passe-ports. *Loi du 28 vendémiaire an 6, art.* 1.er (B. 152. n.º 1502.)

Manuel des Commissaires du Directoire. S

» Lorsque des bâtimens entreront dans les ports de la République, l'officier commandant le poste conduira les passagers par-devant l'administration municipale du lieu, qui vérifiera leurs passe-ports, et prendra à leur égard les mesures de surveillance déjà prescrites par les dispositions des lois existantes. *Idem*, *art.* 4.

» Tous étrangers voyageant dans l'intérieur de la République, ou y résidant sans y avoir une mission des puissances neutres et amies, reconnues par le gouvernement français, ou sans y avoir acquis le titre de citoyen, sont mis sous la surveillance spéciale du Directoire exécutif, qui pourra retirer leurs passe-ports, et leur enjoindre de sortir du territoire français, s'il juge leur présence susceptible de troubler l'ordre et la tranquillité publique. » *Idem*, *art.* 7.

4.º *Passe-ports des militaires.*

L'examen des passe-ports des militaires ou autres citoyens employés près les armées, est directement confié à la gendarmerie nationale, et aux Commissaires près les administrations départementales et municipales. *Loi du* 4 *frimaire an* 4, *art.* 1.er (B. 6. N.º 32.). Voyez *Déserteurs, Conscription et Réquisition.*

P A T E N T E S.

Le droit de patente a été substitué par l'assemblée constituante aux jurandes et maîtrises, qu'elle avait abolies par une loi du 17 mars 1791. La Convention nationale le supprima par un décret du 21 mars 1793, et elle le rétablit par un autre du 4 thermidor de l'an 3. (B. 167. N.º 978.)

Aux termes de l'art. 355 de la Constitution, « Il n'y a pri-
» vilége ni maîtrise, ni jurande, ni limitation à la liberté
» du commerce et à l'exercice de l'industrie et des arts
» de toute espèce, toute loi prohibitive en ce genre,
» quand les circonstances la rendent nécessaire, est essen-
» tiellement provisoire, et n'a d'effet que pendant un an
» au plus, à moins qu'elle ne soit formellement renou-
» velée. »

Conséquemment à cet article, le Corps législatif rendit le 6 fructidor an 4, une loi (B. 70. N.º 642.) pour l'organisation de la perception du droit des patentes, dans laquelle sont désignés les états et professions qui y seraient assujetis. Il ajouta à cette loi différentes autres dispositions qu'il refondit le 1.er brumaire an 7, dans une seule loi (B. 234. N.º 2096.) qui constitue la seule législation sur le droit de patente; elle doit être la seule règle de conduite des fonctionnaires publics qui sont chargés de son exécution, et sur-tout des Commissaires près les administrations dont les fonctions sont déterminées par les dispositions suivantes :

» Lorsque les agens de chaque commune auront remis au Commissaire du Directoire exécutif près l'administration municipale du canton le tableau de tous ceux qui y exercent les commerce, industrie, métiers et professions désignés dans le tarif, celui-ci le présentera à l'administration municipale du canton dans la séance qui en suivra immédiatement la remise, pour faire remplir la colonne restée en blanc, de la somme suivant le tarif, et faire arrêter par les administrateurs, le montant des sommes fixées dans le tableau de chaque commune, Il pourra faire, lors de ladite opération, toutes observations et réquisitions qu'il jugera convenables. *Art.* 9 et 10.

» Lorsque les tableaux fournis par l'agent de chaque commune auront été arrêtés par l'administration municipale, le Commissaire du Directoire exécutif près cette administration réunira avec le même ordre, et en laissant une sixième colonne en blanc dans un tableau général, tous les tableaux de chaque commune du canton, et l'enverra au Commissaire du Directoire exécutif près l'administration centrale. Il remettra ensuite à chaque agent le tableau particulier de la commune. *Art.* 11.

» Le Commissaire du Directoire exécutif près l'administration centrale soumettra, sans retard, à cette administration les tableaux généraux de chaque canton, pour être arrêtés par elle, en lui proposant les observations, et faisant toutes réquisitions qu'il jugera convenables, et les renverra au Commissaire du Directoire exécutif près chaque administration municipale du canton. *Art.* 12.»

Si ce Commissaire s'appercevait que les municipalités n'eussent pas porté à sa juste valeur l'évaluation des loyers des maisons d'habitation, usines, ateliers, magasins et boutiques, il devrait requérir l'administration centrale de prendre un arrêté motivé qui ordonnerait que cette évaluation de loyer ne pourrait être portée par les municipalités à une somme moindre que celle qu'elle jugerait devoir fixer d'après la population des communes, et les connaissances particulières qu'elle aurait des valeurs locatives; elle annullerait aussi par cet arrêté celles faites à un taux inférieur, et enjoindrait aux municipalités de réformer dans les dix jours les tableaux dans lesquels il en aurait été évalué à de moindres sommes. *Circulaire du Ministre des finances, du* 13 *pluviose an* 7.

» Aussitôt que les Commissaires du Directoire exécutif près les administrations de canton auront reçu les tableaux arrêtés par l'administration centrale, ils les remettront aux receveurs de l'enregistrement du canton. Ceux-ci feront mention, dans la colonne réservée en blanc, des droits de patentes acquittés; et après l'expiration des premiers trois mois de l'année, ils poursuivront pour la totalité des droits ceux qui ne les auront pas acquittés, et pour le supplément ceux qui l'auront payé à un taux moins fort que la taxe du tableau. *Loi du* 1.ᵉʳ *brumaire an* 7, *art.* 13.

» Passé ce délai, les redevables en retard seront contraints. Ils seront, en conséquence, avertis par les receveurs de l'enregistrement. Dix jours après l'avertissement, le paiement sera poursuivi par la saisie et vente des marchandises et meubles des contribuables en retard. *Idem, art.* 8.

» Dans la première décade de chaque mois, les receveurs de l'enregistrement remettront l'état de leurs recettes et de leurs contraintes, par chaque commune, au Commissaire du Directoire exécutif près l'administration municipale du canton, lequel en enverra un double, certifié par lui, au Commissaire du Directoire exécutif près l'administration centrale. Ce dernier dressera sur les doubles l'état général de la recette des patentes du département, et l'adressera chaque mois au Ministre des finances. *Art.* 18.

» Les patentes seront expédiées par l'administration municipale du canton ou de la commune. Elles seront signées par un des administrateurs et le secrétaire, et visées par le Commissaire du Directoire exécutif. *Art.* 20.

» Ceux qui se croiront fondés à réclamer contre l'insertion de leurs noms au tableau des redevables du droit de patente, soit sur leur taux de la taxe, pourront, ou avant l'avertissement du receveur, ou dans les dix jours de cet avertissement, faire leur réclamation, d'abord à l'administration municipale, ensuite à l'administration centrale. Il y sera statué de la manière prescrite pour les réclamations en matière d'imposition par l'instruction annexée à la loi du 22 brumaire an 6. *Idem, art.* 23.

» Tout citoyen qui expose des marchandises en vente, dans quelque lieu que ce soit, est tenu d'exhiber sa patente, toutes les fois qu'il en est requis par les Commissaires du Directoire exécutif.

» Si celui qui n'est pas pourvu de patente ou qui ne la représente point, vend hors de son domicile, les objets exposés en vente seront saisis ou confisqués aux frais du vendeur, jusqu'à la représentation d'une patente convenable. S'il vend à son domicile, il sera dressé un procès-verbal, qui sera envoyé au Commissaire du Directoire exécutif près l'administration municipale, pour faire poursuivre le contrevenant, conformément à la présente loi. *Art.* 38.

PAYEURS. Voyez *Comptables* et *Receveurs.*

PÊCHE. Voyez le *Manuel des Agens municipaux.*

PÊCHEURS.

Les assemblées de la communauté des pêcheurs pour toutes les élections et pour la reddition des comptes de recette et dépense, sont tenues en présence d'un officier municipal et du procureur de la commune (le *Commissaire du Directoire exécutif*), lequel aura droit de requérir ce qu'il avisera pour constater l'authenticité des comptes, et pour parvenir à la liquidation des dettes de la communauté. *Loi du 12 décembre 1790, art. 5.*

PEINES.

Nous avons dit à l'article *Délits de police*, que les seules peines que le tribunal de police est compétent de prononcer sur les conclusions du Commissaire du pouvoir exécutif près l'administration municipale, sont une amende qui n'excède pas la valeur de trois journées de travail, ou un emprisonnement qui ne peut durer plus de trois jours.

Nous ajouterons seulement ici que « le tribunal de police gradue, selon les circonstances et le plus ou moins de gravité du délit, les peines qu'il est chargé de prononcer, sans néanmoins qu'elles puissent, en aucun cas, ni être au-dessous de la valeur d'une journée de travail ou d'un jour d'emprisonnement, ni s'élever au-dessus de la valeur de trois journées de travail ou de trois jours d'emprisonnement. » *Loi du 3 brumaire an 4, art. 606.* (B. 204. N.º 1221.)

Cependant « la valeur d'une journée de travail ou d'un jour d'emprisonnement, fixée comme la moindre par l'article ci-dessus, ne peut être, pour tout délit rural et forestier, au-dessous de trois journées de travail ou de trois jours d'emprisonnement. » *Loi du 23 thermidor an 4, art. 2.* (B. 66. N.º 601.)

» En cas de *récidive*, les peines suivent la proportion réglée par les lois des 19-22 juillet et 28 septembre-6 octobre 1791, et ne peuvent, en conséquence, être prononcées que par le tribunal correctionnel. *Loi du 3 brumaire an 4, art. 607.*

» Pour qu'il y ait lieu à une augmentation de peines pour cause de récidive, il faut qu'il y ait eu un premier jugement rendu contre le prévenu pour pareil délit, dans les douze mois précédens et dans le ressort du même tribunal de police. *Idem, art. 608.* Voyez *Amendes, Délits de police* et *jugemens de police.* »

PERCEPTEURS DES CONTRIBUTIONS.

» Le Commissaire du Directoire exécutif près l'administration municipale est chargé, de veiller à ce qu'il soit procédé à l'adjudication de la perception ou à la nomination du percepteur de chaque commune dans la forme et les délais prescrits par les lois : il fera les réquisitions nécessaires. Voyez au § 8 de l'article *Contribution foncière* les formes et les délais dans lesquels il doit être procédé à l'adjudication ou à la nomination du percepteur.

» Les adjudications faites ou les percepteurs nommés, le Commissaire près l'administration municipale recueillera les dates des adjudications, le nombre des percepteurs, le taux des remises, et en formera un tableau, qu'il enverra au Commissaire du département. *Instruction du 22 brumaire an* 6. (B. 158. N.º 1546.)

» Il suivra et activera la gestion des percepteurs, veillera à ce qu'ils émargent exactement les sommes payées, et à ce qu'ils fassent, dans les délais prescrits, leurs versemens dans les mains des préposés aux recettes. *Idem.*

» Dans ses relations avec chaque percepteur, le Commissaire près l'administration municipale se fera représenter les rôles des deux contributions, et constatera les contribuables en retard de s'acquitter ; il en dressera un état nominatif, qu'il fera passer au Commissaire du département. *Idem.*

» Le Commissaire du département veillera à ce que ceux près les administrations municipales suivent l'adjudication de la perception dans leurs communes ; il recevra de chacun d'eux l'état des communes, avec la date, le taux de l'adjudication et le nom du percepteur, et il en adressera les résultats, tant à l'administration départementale qu'au ministre des finances. *Idem*, § 4. »

» Lorsque les percepteurs des contributions directes effectueront des versemens dans la caisse du receveur ou de ses préposés, ils seront tenus de faire viser, dans les vingt-quatre heures, les récépissés qu'ils en auront reçus, par le Commissaire du Directoire exécutif près l'administration municipale de la résidence du receveur ou du préposé. *Loi du 17 fructidor an* 6, *art.* 14. (B. 222. N.º 1993.)

Le Commissaire enregistrera par ordre de date et par extrait les récépissés présentés à son *visa*. Il tiendra à cet effet un registre ouvert, qui contiendra des comptes ouverts avec les percepteurs de son arrondissement. *Idem*, *art*. 16.

» Dans les grandes communes divisées en arrondissemens, le *visa* et l'enregistrement des récépissés se feront par le *Commissaire du Directoire exécutif* près le bureau central. *Ibid*, *art*. 17.

En cas d'absence ou d'empêchement du Commissaire du Directoire exécutif, le *visa* et l'enregistrement seront faits par celui qui le remplacera dans ses fonctions. *Idem*, *art*. 18. Voyez *Contribution foncière*, §. 8, et *Contribution personnelle*.

PERQUISITION pour les délits forestiers. Voyez *Bois et forêts* et *Délits forestiers*.

PILLAGES.

Aux termes de la loi du 10 vendémiaire an 4, (B. 188. N.º 1142.) les communes sont responsables des pillages qui auront été commis sur leur territoire, et les Commissaires près les administrations centrales tiendront la main à l'exécution de cette loi pour le prompt paiement des indemnités auxquelles elles auront été condamnées par les tribunaux civils pour raison de ces pillages *Arrêté du* 14 *brumaire an* 7, *art*. 6. (B. 225. N.º 2124.)

L'article 43 de la loi du 24 messidor an 7 (B. 295. N.º 3139), sur la répression des brigandages et des assassinats dans l'intérieur, porte que : « la loi du 10 vendémiaire an 4, cessera d'avoir son application, seulement quant à la responsabilité établie contre les communes, à dater de la publication de la loi qui déclarera que la présente doit être exécutée dans un département, canton ou communes.

POIDS ET MESURES. (1)

Les corps administratifs et les Commissaires du Direc-

---

(1) Les tables, tableaux, instructions et échelles de comparaison, publiés et imprimés par ordre du Gouvernement pour le développement du nouveau système métrique, forment un recueil qui se trouve chez le citoyen *Rondonneau*, dépôt des lois, place du Carrousel. *Prix* 4 fr. 50 centimes, et 6 fr. franc de port.

toire exécutif ne doivent plus employer dans leurs opérations ni dans leur correspondance les dénominations des anciens poids et des anciennes mesures. Ils ne doivent désormais se servir que des nouvelles mesures que la loi du 18 germinal an 3 (B. 135. N.° 749.) distingue par le surnom de *républicaines*.

La nomenclature de ces mesures républicaines est consacrée, par cette loi, comme il suit :

Mesures de longueur.

Mètre, décimètre, centimètre, décamètre, hectomètre, kilomètre, myriamètre.

Mesures agraires ou de superficie.

Are, déciare, centiare, déca-are, hectare, kilare, myriare.

Mesures pour les bois de chauffage.

Stère, demi-stère et double stère.

Mesures de capacité.

Litre, décilitre, centilitre, décalitre, hectolitre, kilolitre, myrialitre.

Poids.

Gramme, décigramme, milligramme, décagramme, hectogramme, myriagramme.

Monnaies.

Franc, décime, centime.

Si la Convention nationale a invité les citoyens à se servir dès-à-présent des nouvelles mesures dans leurs calculs et transactions, jusqu'à ce qu'une loi leur en ait fait une obligation en raison des progrès de leur fabrication, elle enjoint à toutes autorités constituées, ainsi qu'aux fonctionnaires publics de concourir de tout leur pouvoir à l'opération importante du renouvellement des poids et mesures. *Loi du 18 germinal an 3, art. 1.er et 28.*

En conséquence de l'article 9 de cette même loi, qui porte que le remplacement des anciennes mesures, sera exécuté par parties et à différentes époques, et que le nouveau systême sera d'abord introduit dans les monnaies, ensuite dans les mesures linéaires ou de longueur, et progressivement étendu à toutes les autres, la loi du premier vendémiaire an 4, (B. 183. N.º 1120.) qui a substitué l'usage du mètre à celui de l'aune dans le département de la Seine, charge le Directoire exécutif de faire une proclamation pour annoncer les moyens de ce remplacement, et rappeler tout ce qui est prescrit par les lois. *Art.* 6.

» Deux mois après la publication et l'affiche de cette proclamation, l'usage des mesures républicaines qui en seront l'objet, deviendra obligatoire pour tous les marchands dans l'étendue du territoire désigné. *Art.* 7.

» A compter de l'époque à laquelle chaque espèce de mesure républicaine sera devenue obligatoire, il est enjoint à tous notaires et officiers publics des lieux où cette obligation sera en activité, d'exprimer en mesures républicaines toutes les quantités de mesures qui seront à énoncer dans les actes que lesdits notaires ou officiers publics passeront ou recevront. *Idem*, *art.* 9.

» Les municipalités et les administrations chargées de la police, feront dans leur arrondissement respectifs, et plusieurs fois dans l'année, des visites dans les boutiques et magasins, dans les places publiques, foires et marchés à l'effet de s'assurer de l'exactitude des poids et mesures.

» Les contrevenans seront punis de la confiscation de mesures fausses, et s'ils sont prévenus de mauvaise foi, ils seront traduits devant le tribunal correctionnel, qui prononcera une amende dont la valeur pourra s'élever jusqu'à celle de la patente du délinquant. *Idem*, *art.* 11.

» Le gouvernement, les ministres, chacun en leur partie, les administrations de département, et généralement tous les fonctionnaires publics, donneront des ordres et prendront tous les moyens qui dépendent d'eux pour que le plutôt possible, les ouvriers ou agens qui travaillent sous leur autorité, n'emploient d'autres mesures que les mesures républicaines, tant pour les ouvrages à faire que pour les comptes à rendre. » *Idem, art.* 17.

Ainsi, les Commissaires près les administrations municipales et départementales, ne doivent employer dans leur correspondance, soit avec les administrations, soit avec le gouvernement, et dans les opérations dont la loi les charge, aucunes dénominations des anciennes mesures linéaires, agraires et itinéraires, telles que celles de toises, lieues, perches, arpens, acres, journaux. Les affaires dont les pièces présenteront de pareilles dénominations, seront sans suite dans les bureau du ministre de l'intérieur, jusqu'à la rectification de cette manière de s'énoncer. *Lettre du ministre de l'Intérieur, du* 21 *brumaire an* 7.

POLICE.

» Elle est instituée pour maintenir l'ordre public, la liberté, la propriété et la sûreté individuelle. *Loi du* 3 *brumaire an* 4, *art.* 16. (B. 204. n°. 1211.)

» Son caractère principal est la vigilance. La société considérée en masse, est l'objet de sa sollicitude. *Idem, art.* 17.

» Elle se divise en police administrative, et en police judiciaire. *Idem, art.* 18.

§. Ier.

Police administrative ou générale.

» Elle a pour objet le maintien habituel de l'ordre public dans chaque lieu, dans chaque partie de l'administration générale. Elle tend à prévenir les délits.

» Les lois qui la concernent font partie du code des administrations civiles. *Loi du* 3 *brumaire an* 4, *art.* 19.

L'exécution des lois relatives à la police générale, à la sûreté et à la tranquillité intérieure de la République, avait été confiée au ministre de l'intérieur ; mais la loi du 12 nivose an 4, portant création du ministère de la police générale, a fait passer l'exécution de ces lois dans les attributions de ce ministre.

Le but du législateur, en réunissant par cette loi les élémens de la police générale, qui étaient divisés dans les diverses branches des administrations publiques, a été d'en former un ensemble qui donnât à cette partie du gouvernement plus de célérité dans la marche, plus de force dans son action, et qui lui imprimât le caractère qui appartient à toutes les institutions républicaines.

Pour atteindre ce but, il faut que la police soit essentiellement morale dans le choix des moyens; il faut que l'action de la police soit dans les mains des Commissaires près les administrations, bienfaisante et conservatrice.

Les Commissaires près les administrations centrales, doivent faire part au ministre de la police, de l'état dans lequel se trouve l'exécution des lois de police qui sont relatives à leurs fonctions. Les tableau qu'ils lui enverront à cet effet, doit embrasser tout ce qui tient à la tranquillité et à la sûreté de leur département, à la police locale des communes, au service de la garde nationale et de la gendarmerie.

Ils placeront les considérations que présentent l'inspection des lieux publics, des maisons de jeux, et des spectacles. Ils étendront leurs observations sur l'esprit général du peuple, sur ses habitudes morales, sur l'influence des cultes et des idées religieuses. *Lettre du ministre de la Police*, du 19 *nivose an* 4.

» Les *commissaire du Pouvoir exécutif* près les municipalités, feront exactement parvenir, aux Commissaires près les administrations centrales de département, tout ce qu'ils recueilleront de relatif à l'exécution des lois, à la sûreté publique et particulière, à tous les *troubles*, à tous les désordres qui peuvent exister ou qui pourraient survenir dans leurs arrondissemens respectifs. *Arrêté du Directoire*, du 20 *pluviose an* 4, *art*. 1ᵉʳ. (B. 26. n°. 175.)

» Les commandans amovibles des places, et ceux de la gendarmerie se rendront chaque jour, à une heure

réglée , chez les Commissaires près les administrations de département , tant pour recevoir d'eux les réquisitions et instructions relatives à l'exécution des arrêtés des administrations, que pour communiquer les renseignemens qu'ils pourront avoir sur tout ce qui intéresse l'ordre public. *Idem , art.* 2.

» Les *Commissaires du Directoire exécutif* près les administrations de département , sont chargés de dénoncer aux ministres les infractions que pourraient éprouver les dispositions du présent arrêté , afin qu'il en soit promptement référé au Directoire exécutif. *Idem , art.* 3.

Après avoir fixé par cet arrêté les rapports qui doivent avoir lieu entre les Commissaires près les administrations municipales et ceux près les administrations départementales , le Directoire exécutif règle , par son arrêté du 4 frimaire an 5, (B. 93, n°. 884.) les relations que doivent entretenir entr'eux les Commissaires près les administrations et près les tribunaux. Cet arrêté l'exprime dans les termes suivans :

» Aussitôt que le *commissaire du Directoire exécutif* près chaque administration départementale , est informé soit officiellement, soit par la *rumeur publique*, soit par des rapports ou avertissemens particuliers , qu'un délit quelconque a été commis dans le département, ou que les auteurs d'un délit commis ailleurs y sont retirés , il est tenu , sous sa responsabilité personnelle , de faire parvenir aux *Commissaires du Pouvoir exécutif* près le tribunal criminel du département et près le tribunal correctionnel de l'arrondissement , tous les renseignemens qu'il a recueillis à cet égard. *Art.* 1ᵉʳ.

» Réciproquement, aussitôt que le Commissaire du Directoire exécutif près chaque tribunal criminel ou correctionnel , est informé soit officiellement , soit par la rumeur publique, soit par des rapports ou avertissemens particuliers, qu'il a été commis, ou qu'il se trame dans le ressort de ce tribunal, un crime de nature à troubler la tranquillité publique, il est tenu , sous sa responsabilité personnelle , d'en donner avis au Commissaire du Directoire exécutif près l'administration départementale , et de lui faire passer tous les renseignemens qui peuvent mettre cette administration à portée de prendre les mesures de police administrative nécessaires pour arrêter ou prévenir toute espèce de trouble. *Art.* 2.

» Les *Commissaires du Directoire exécutif* près les administrations municipales établies dans l'arrondissement de chaque tribunal correctionnel, feront parvenir, tous les décadis, au Commissaire du Directoire exécutif près ce tribunal, l'état des délits qui, pendant les dix jours précédens, auront été commis dans leurs cantons respectifs, soit que ces délits soient de nature à être jugés par les *tribunaux de police*, soit qu'ils doivent être poursuivis par les *juges de paix*, ou *directeurs du jury*, en leur qualité d'officiers de police judiciaire. *Art.* 4.

» Cet état indiquera en même-temps les poursuites qui auront été faites, tant pour constater les délits, que pour en découvrir et arrêter les auteurs. *Art.* 5.

» Lorsque, dans les dix jours précédens, il n'aura été commis dans un canton aucun délit qui soit venu à la connaissance du Commissaire du Directoire exécutif près l'administration municipale, celui-ci sera tenu d'en envoyer un certificat, signé de lui, au Commissaire du Directoire exécutif près le tribunal correctionnel. » *Article* 6.

Il suit des dispositions des deux arrêtés ci-dessus, que les Commissaires près les administrations centrales, doivent entretenir une correspondance avec les Commissaires du Directoire exécutif près les tribunaux. Ce rapport habituel subsistant entre les autorités judiciaires et administratives, dont l'influence est si grande sur le repos de la société, peut seul affermir la paix publique. Les crimes et les troubles accusent presque toujours la négligence, la foiblesse ou le défaut d'harmonie des autorités.

Ils indiqueront aux Commissaires près les administrations municipales ces premiers principes, qui doivent être le guide qu'ils doivent suivre. Les notions que ceux-ci ont à leur transmettre, doivent porter autant sur les événemens à craindre, que sur les faits qui ont eu lieu, et les mettre en état autant de prévenir les délits, que de reconnaître ceux à punir.

Les Commissaires près les administrations centrales se serviront aussi, pour remplir ce ministère de paix, des renseignemens qu'ils recueilleront par la gendarmerie nationale.

Ils ne doivent négliger aucun détail, n'omettre aucun faits ; et sans se hâter de conclure d'un événement isolé sur la généralité, soit en bien, soit en mal, ils ne doivent cependant pas oublier de le transmettre au gouvernement. Cette circonstance qui leur paraîtrait peu importante, ramenée au centre commun de l'autorité, comparée avec d'autres faits analogues, peut souvent éclairer et mettre sous les yeux du Directoire exécutif, un indice ou une preuve qui lui manquait. *Lettre du ministre de l'intérieur, du* 23 *brumaire an* 7. Voyez *Délits*.

§ I I.

Police judiciaire.

» La police judiciaire recherche les délits que la police administrative n'a pu empêcher de commettre, en rassemble les preuves, et en livre les auteurs aux tribunaux chargés par la loi de les punir. *Loi du* 3 *brumaire an* 4, *art.* 20. (B. 204, n°. 1221.)

» La police judiciaire est exercée suivant les distinctions qui vont être établies :

Par les commissaires de police.

Par les gardes champêtres et forestiers.

Par les juges de paix.

Par les directeurs des jurys d'accusation.

Par les capitaines et lieutenans de la gendarmerie nationale. *Idem, art.* 21.

» Sur la dénonciation des commissaires de police ou des gardes champêtres ou forestiers, chargés comme officiers de police judiciaire, de rechercher tous les délits dont la peine n'excède pas une amende égale à la valeur de trois journées de travail, ou trois jours d'emprisonnemens, le *Commissaire du Pouvoir exécutif* près l'administration municipale, fait citer les prévenus devant le tribunal de police. *Idem*, *art.* 29 *et* 30.

» Dans le cas où il recevrait des dénonciations relatives à un délit dont la peine excéderait la valeur de trois journées de travail, ou d'emprisonnement, il est tenu de les renvoyer au juge de paix. *Art.* 37 *et* 45. Voyez *Délits de police*.

POLICE DES COMMUNES. Voyez *Attroupemens, Communes, Pillage, et Passeports*.

POLICE RURALE.

Elle est spécialement sous la jurisdiction des juges de paix et des officiers municipaux, et sous la surveillance des gardes champêtres et de la gendarmerie nationale. *Loi du* 28 *septembre* -- 6 *octobre* 1791, *titre* 2, *art.* 1ᵉʳ. Voyez *Délits ruraux*, et le *Manuel des Agens municipaux*.

POPULATION. (États de) Voyez *État civil*.

PORTES ET FENÊTRES.

La loi du 4 frimaire an 7, (B. 242, n°. 2195.) a établi pour l'an 7, une contribution sur les portes et fenêtres donnant sur les rues, cours ou jardins des bâtimens et usines.

» L'assiette et le recouvrement de cette contribution étant placés sous la surveillance de l'agence des contridirectes, l'état des portes et des fenêtres qui aura été terminé et arrêté par la municipalité ou par les commissaires rédacteurs, sera envoyé au *Commissaire près l'administration municipale*, qui, après l'avoir visé, l'adressera sur le champ au Commissaire près l'administration centrale. » *Art.* 6, *et Lettre du ministre des Finances*, *du* 12 *frimaire an* 7.

» A la réception de chacun de ces états, le commissaire agent général fera expédier le rôle, et le présentera à

l'administration

l'administration centrale, pour être arrêté et rendu exécutoire. L'agent général le renverra ensuite à l'agent particulier qui le remettra au percepteur des contributions de l'an 7. *Même loi, art. 7.*

» Immédiatement après la clôture du rôle, l'agent particulier des contributions directes, transmettra à l'agent général le résultat des sommes portées dans chaque rôle. Celui-ci les réunira pour faire connaître le montant total au ministre des finances, pour qu'il en rende compte au Directoire exécutif, qui en informera le Corps législatif. *Loi du 4 frimaire an 7, art.* 11.

» Les différens qui pourront s'élever sur le paiement de cette contribution, seront décidés sur simples mémoires, et sans frais, par les administrations municipales, en cas de recours, par les administrations centrales, sur les rapport et conclusions du Commissaire du Directoire exécutif. » *Idem, art.* 16.

La loi du 18 ventose an 7, (B. 264, n°. 2615.) ordonne, pour l'an 7, la perception, à titre de supplément, d'une taxe sur les portes et fenêtres, égale à celle établie par la loi du 4 frimaire dernier.

POSTES AUX LETTRES.

Il est défendu expressément à tous les entrepreneurs de voitures libres, et à toute autre personne étrangères au service des postes, de s'immiscer dans le transport des lettres, paquets et papiers du poids d'un kylogramme ou de deux livres ou au-dessous, journaux, feuilles à la main, et ouvrages périodiques, dont le port est exclusivement confié à l'administration des postes aux lettres. *Arrêté du Directoire, du 7 fructidor an 6, art.* 1er. (B. 220, n°. 1973.)

» Les sacs de procédures, les papiers uniquement relatifs au service des entrepreneurs de voitures, et les paquets au-dessus de deux livres, sont seuls exceptés de la prohibition prononcée par l'article précédent. *Idem, art.* 2.

» Les commissaires près les administrations centrales

Manuel des Commissaires du Directoire.   T et municipales et les bureaux centraux, sont chargés de veiller, chacun en droit soi, à l'exécution du présent arrêté, et sont autorisés à donner à cet effet tous ordres nécessaires. *Idem, art.* 14. Voyez *Journaux.*

POSTE AUX CHEVAUX.

Par l'article 23 de la loi du 19 frimaire an 7, (B. n°. 2252.) « Il est défendu à tout postillon d'exiger ou de recevoir une somme offerte au-delà des guides fixés par la loi, d'insulter les voyageurs ou de leur donner aucun sujet de plainte, sous peine, en cas de récidive, de destitution, sans préjudice des peines qui pourront leur être infligées par les tribunaux.

» Pour constater la contravention aux dispositions de l'article précédent, il sera tenu par chaque maître de poste, un registre coté et paraphé par le *commissaire du Directoire exécutif* près l'administration municipale du canton, et par l'agent municipal de la commune de la situation des relais. Les voyageurs pourront consigner leurs plaintes dans ce registre.

» Les inspecteurs arrêteront et relèveront ce registre à chaque tournées, et en feront rapport à l'administration. » *Même loi, art.* 24.

POSTILLONS. Voyez ci-dessus *Poste aux chevaux.*

POUDRES ET SALPÊTRES.

» La fabrication et la vente des poudres continueront d'être interdites à tous les citoyens, autres que ceux qui y seront autorisés par une commission spéciale de l'administration nationale des poudres.

» Il est également interdit aux citoyens qui n'y seraient pas autorisés de conserver chez eux de la poudre au-delà de la quantité de cinq kylogrammes, (environ dix livres un quart.)

» La surveillance de ces dispositions est confiée aux administrations centrales et municipales, aux *commissaires du Directoire exécutif* près d'elles, et aux officiers de police. » *Loi du 13 fructidor an 5, art.* 24. (B. 141, n°. 1386.)

Ainsi d'après cette disposition, il ne doit plus exister non-seulement de fabriques de poudres que les fabriques nationales, mais d'entrepôts et magasins que ceux de la République ou de ses préposés : c'est-là seulement qu'il est permis aux particuliers de s'approvisionner pour les besoins de leur sûreté, ou ceux de leur exploitation ou industrie.

Mais la loi ne s'est pas bornée à prohiber les fabriques et les ventes particulières, elle a déterminé quelle quantité les citoyens ne pourraient, sans délit, conserver chez eux, et l'a fixée à cinq kylogrammes. La surveillance des magistrats sur la stricte exécution de cette disposition, doit être d'autant plus sévère, que la quantité permise à chaque citoyen, est encore assez considérable pour fournir aux mal-intentionnés des moyens dangereux et exciter de justes allarmes.

Les Commissaires près les administrations doivent donc examiner quels sont les individus de leur arrondissement suspectés de recéler une quantité de poudre supérieure à cinq kylogrammes, et provoquer les visites et poursuites autorisées par la loi. *Lettre du ministre de la Police, du* 19 *ventose an* 6.

Ces visites et perquisitions sont faites d'après les formalités prescrites par l'article 25 de la loi du 13 fructidor an 5, qui porte que, « lorsque l'une de ces autorités, (les administrations centrales et municipales, les Commissaires près d'elles, ou les officiers de police, ou les préposés de l'administration des poudres,) auront connaissance d'une violation du précédent article, ils requerront la municipalité du lieu, de prendre les moyens nécessaires pour constater les délits.

» La municipalité est tenue, (par l'article 26) de déférer à cette réquisition ; en conséquence elle fera procéder à une visite dans la maison désignée, si les circonstances l'exigent. Cette visite ne pourra s'exécuter que par deux officiers municipaux, accompagnés d'un commissaire de police, en plein jour, et seulement pour l'objet énoncé en la loi, conformément à l'article 359 de la Constitution.

» Dans les communes où il n'y a pas de municipalités, cette visite sera faite par l'agent municipal et son adjoint, lesquels se feront assister de deux témoins du voisinage.

» Dans le cas de conviction, l'affaire sera renvoyée aux tribunaux, qui feront la poursuite suivant la loi. »

PRÉPOSÉS AUX RECETTES.

» Les préposés aux recettes sont les intermédiaires entre les percepteurs des communes et le receveur du département.

» Toutes les décades, le préposé aux recettes enverra au commissaire du département un état de ses rentrées et versemens.

» Il lui donnera en même temps connaissance des percepteurs qui seraient en retard de lui apporter leurs recettes, et indiquera au commissaire du département ceux contre lesquels il faudra décerner des contraintes.

» Celui-ci proposera ces contraintes à l'administration départementale, et les renverra ensuite au préposé, pour qu'il les fasse mettre à exécution contre les percepteurs retardaires.

» Le préposé aura le plus grand soin de tenir sans cesse le Commissaire du département au courant des rentrées, et de tous les versemens de fonds, pour que celui-ci remettant des tableaux exacts et réguliers, le ministre puisse être, à quelque époque que ce soit, instruit de la situation des recouvremens dans toutes les parties de la République. *Instruction du 22 brumaire an 6. § 3. (B. 158. n°. 1546.)* Voyez *Contributions* et *Receveurs.*

PRÉSENCE.

Les Commissaires du Directoire exécutif près les administrations, tant municipales que départementales, assisteront à toutes les délibérations , et il n'en sera pris aucune qu'après qu'ils auront été ouïs. *Loi du 21 fructidor an 3, art. 16.* (B. 185 , n°. 1128.)

PRÊTRES.

» La Convention nationale , convaincue que toutes les manœuvres des prêtres réfractaires n'ont pour but que le renversement de la République , a cru que l'intérêt de la Constitution lui commandait de déployer contr'eux les mesures les plus actives et les plus rigoureuses. Elle a ordonné en conséquence par l'article 10 de la loi du 3 brumaire an 4 , (B. 199. n°. 1193.) que les lois de 1792 et 1793, relatives aux prêtres sujets à la déportation ou à la réclusion , seraient exécutées dans les vingt-quatre heures de la proclamation de son décret , et elle a soumis à la peine de deux années de détention , les fonctionnaires publics qui seraient convaincus d'en avoir négligé l'exécution.

» Conformément à cette disposition , le Directeire exécutif rappelle à tous les fonctionnaires que l'article 1er. de la loi du 20 fructidor an 3 , (B. 176, n°. 1072.) (1) n'est plus applicable aux prêtres sujets à la déportation, ou à la réclusion. Les seules lois qui doivent être provoquées contr'eux sont celles de 1792 et 1793, et notamment celle des 29 et 30 vendémiaire an 2. *Instruction du Directoire, du 23 nivose an 4.* (B. 20. n°. 122.)

La loi du 7 fructidor an 5 , (B. 139. n°. 1375.) avait abrogée les lois qui prononcent la peine de réclusion ou de déportation contre les prêtres qui étaient assujétis à

---

(1) La Convention nationale charge ses comités de gouvernement de faire observer, par tous les moyens qui sont en leur pouvoir, les lois précédemment rendues contre les prêtres déportés et rentrés sur le territoire de la République ; ils seront bannis à perpétuité hors du territoire de la République , dans le délai de quinze jours , à dater de la promulgation du présent décret , et traités comme émigrés , s'ils rentrent sur ce même territoire. »

des sermens ou à des déclarations, ou qui avaient été condamnés par des arrêtés ou des jugemens, comme réfractaires, ou pour cause d'incivisme, et contre ceux qui avaient donné retraite à des prêtres insermentés, ainsi que les lois qui assimilaient les prêtres déportés aux émigrés.

Cette loi a été révoquée par l'article 23 de la loi du 19 fructidor an 5. (B. 142. n°. 1400.) Par l'article 24 de cette même loi, « le Directoire exécutif est investi du pouvoir de déporter, par des arrêtés individuels motivés, les prêtres qui troubleraient dans l'intérieur la tranquillité publique.

Et suivant l'article 26, « tout administrateur, officier de police judiciaire, accusateur public, juge, commissaire du Pouvoir exécutif, officier ou membre de la gendarmerie nationale, qui ne fera pas exécuter ponctuellement, en ce qui le concerne, les dispositions ci-dessus, ou qui en empêchera ou en entravera l'exécution, sera puni de deux années de fers ; à l'effet de quoi le Directoire exécutif est autorisé à décerner tout mandat d'arrêt nécessaire. »

De la révocation de la loi du 7 fructidor an 5, il résulte que les lois précédentes qu'elle avait abrogées, sont remises en vigueur.

Ces lois qui ordonnent la déportation ou la réclusion des prêtres sujets à cette peine, devant être exécutées avec uniformité, le ministre de la police a adressé, le 14 brumaire an 7, aux administrations centrales et aux Commissaires près d'elles, une instruction pour les guider dans l'application des mesures qu'elles prescrivent. Cette instruction qui leur rappelle les principales dispositions qui concernent leurs pouvoirs, s'exprime ainsi :

1°. Loi du 26 août 1792.

Cette loi ordonne la déportation, 1°. des ecclésiastiques qui n'ont pas prêté le serment auquel ils étaient assujétis par les lois des 24 août, 26 décembre 1790, 18, 22 mars et 17 avril 1791 ; 2°. de ceux qui, n'étant pas

obligés à ce serment, auraient occasionné des troubles
venus à la connaissance des corps administratifs, ou dont
l'éloignement aurait été demandé par six citoyens domiciliés dans le même département.

2°. *Lois des 21 et 23 avril 1793.*

Par cette loi, sont également condamnés à la déportation les ecclésiastiques salariés ou pensionnés par l'état,
qui n'ont pas prêté le serment prescrit par la loi du 14
août 1792. Elle porte la même peine contre ceux qui
seraient dénoncés pour cause d'incivisme par six citoyens
du même canton. Le mot *pensionnés* ou *salariés* ne laissent aucune incertitude dans la désignation des individus
que la loi des 21 et 23 avril 1793, frappe de la déportation. Ceux qui sont atteints par celle du 26 août 1792,
sont compris dans les lois des 26 décembre 1790, 17
avril 1791, 29 et 30 vendémiaire an 2.

3°. *Sermens conditionnels.* — *Lois des 9 janvier 1791, 29 et 30 vendémiaire an 2.*

Il est essentiel de remarquer que les sermens ne sont
valables qu'autant qu'ils ont été prêtés dans les formes,
les termes, les lieux et les délais prescrits par les lois, et
qu'ils n'ont pas été rétractés ou modifiés.

4°. *Prêtres déportés comme auteurs des troubles, ou sur la dénonciation de six citoyens.*

L'époque de la déportation des prêtres qui ont été
condamnés à cette peine, comme auteurs des troubles,
ou sur la dénonciation de six citoyens, doit être observée
avec soin.

La loi du 14 frimaire an 2, avait chargé les directoires
de district de l'exécution des mesures de salut public : celle
du 28 germinal an 3, a rendu aux administrations de
département toutes les attributions.

Aussi les déportations ordonnées dans cet intervalle par

les directoires de district, sont définitives, et ne peuvent être révoquées ; mais les arrêtés qu'ils ont pris à ce sujet avant le 14 frimaire an 2, ou depuis le 28 germinal an 3, ne doivent être considérés que comme des avis soumis à la décision des administrations de département.

5.º *Prêtres infirmes ou sexagénaires.*

« Les prêtres infirmes et les sexagénaires dont l'âge ou les infirmités sont constatés, sont exceptés de la déportation, et doivent être mis en réclusion. Cette disposition est applicable à tous ceux qui sont actuellement en France, quand même ils auraient été déportés précédemment, et qu'ils ne seraient devenus sexagénaires ou infirmes que depuis leur rentrée sur le territoire de la République.

» C'est aux administrations centrales à distinguer, sur le rapport des officiers de santé nommés par elles, si les infirmités sont de nature à motiver la réclusion, ou seulement à suspendre l'exécution de la déportation, l'individu demeurant en détention provisoire.

» L'autorité supérieure à seule le droit de mettre en surveillance dans leurs communes les prêtres sujets à la réclusion. Cependant, ceux à qui les administrations centrales ont accordé cette faveur, continueront d'en jouir, si par leur conduite paisible ils conservent des droits à l'indulgence ; mais ils seront renfermés dès qu'ils troubleront l'ordre public par une influence dangereuse. »

6.º *Prêtres inscrits sur la liste des émigrés.*

» Les prêtres qui ont préféré la déportation à la réclusion, ne doivent pas, pour cette seule cause, être réputés émigrés.

L'inscription des prêtres sur la liste des émigrés a fait naître à leur égard des doutes qu'il est intéressant d'éclaircir. Trois espèces d'inscription les concernent :

1.º Avec le mot *déporté.*

2.º Avec la qualification d'émigré.

3.º Sans aucune désignation.

» Les prêtres compris dans la première espèce d'inscription doivent être traités comme déportés.

» Ceux compris dans la deuxième doivent l'être comme
émigrés.

Quant à ceux qui sont inscrits sans désignation, le fait
d'émigration sera d'abord jugé administrativement, et le
prévenu demeurera en arrestation provisoire, jusqu'à ce
que par l'effet de la décision du Directoire exécutif, il
soit déclaré déporté ou émigré.

7.º *Prêtres perturbateurs.*

« L'expérience a prouvé que les ecclésiastiques atteints
par les lois de 1792 et 1793, sur le sort desquels les administrations centrales doivent prononcer, ne sont pas
les seuls dont la présence soit dangereuse sur le sol de la
liberté; aussi la loi du 19 fructidor an 5 a-t-elle délégué
au Directoire exécutif le pouvoir de déporter tout prêtre
qui troublerait la tranquillité publique.

» Le devoir des administrations centrales est de transmettre au Ministre de la police les renseignemens les plus
précis sur leur conduite, et d'exécuter sans délai les décisions du Directoire exécutif à leur égard ; et afin qu'il
puisse concilier ce qu'il doit et à la justice et à l'humanité,
les administrations auront soin de faire parvenir au Ministre
de la police des détails exacts sur l'âge et les infirmités des
individus dénoncés.

8.º *Mode de déportation.*

» Les ecclésiastiques déportés qui étaient rentrés en
France avant le 18 fructidor, ont dû sortir du territoire
de la République dans le délai de quinze jours, à dater de
la publication de la loi du 19 du même mois.

Ceux qui sont restés ou rentrés en France depuis cette
époque ont dû être conduits à l'île de Rhé, pour être em-
barqués et transportés au lieu désigné par le Directoire
exécutif.

La même mesure est applicable aux prêtres dont la
déportation est ordonnée par le Directoire exécutif, en
vertu de l'article 24 de la loi du 19 fructidor, et à tous

ceux qui sont actuellement ou seront arrêtés à l'avenir dans l'étendue de la République, quelles qu'aient été la cause et l'époque de la déportation.

» Les Commissaires du Directoire exécutif adresseront au Ministre de la police, dans les vingt-quatre heures, tous les arrêtés et avis que les administrations centrales auront pris relativement aux ecclésiastiques. » Voyez *Culte* et *Émigrés*.

PRISONS.

» Les Commissaires du pouvoir exécutif près les administrations de département, veillent, sous l'autorité de ces administrations, à ce qu'elles soient non-seulement sûres, mais propres et saines, de manière que la santé des personnes détenues ne puisse être aucunement altérée. *Loi du 3 brumaire an 4, art.* 571. (B. 204. N.º 1221.).

» Leur police appartient à l'administration municipale du lieu. *Idem, art.* 579.

» Les prisons qui sont établies pour peines sont entièrement distinctes des maisons d'arrêt et de justice; jamais un homme condamné ne peut être mis dans une maison d'arrêt et réciproquement. *Idem, art.* 580. »

Les Commissaires près les administrations centrales examineront, dans les visites qu'ils feront dans les cantons, si les prisons sont saines et sûres; si les sexes sont séparés; si les simples prévenus sont confondus avec les condamnés; si tous les détenus sont occupés à travailler, et si les malades sont soignés dans des infirmeries. Ils doivent voir ces détails par eux-mêmes, et même visiter les prisons. *Lettre du Ministre de l'intérieur, du 27 fructidor an 6.*

PRIVILÉGES D'OUVRIERS. Voyez *Hypothèques.*

PROPRIÉTÉS DES DÉFENSEURS DE LA PATRIE. Voyez *Défenseurs de la patrie.*

P R O T E S T A T I O N S.

Les Commissaires du Directoire exécutif près les administrations n'ont pas le droit de faire insérer dans le corps ou à la suite des arrêtés, des oppositions ou des protestations contre ces arrêtés.
Lettre du Ministre de l'intérieur, du 12 fructidor an 5. Voyez *Arrêtés.*

QUALIFICATIONS. Voyez *Noms.*

QUESTIONS à adresser aux autorités supérieures. Voyez le *Manuel des Agens municipaux.*

RADIATION de la liste des émigrés. Voyez *Émigrés.*

R A P P O R T S.

» Il ne peut être fait aux séances des administrations aucuns rapports, sans que les procureurs-généraux-syndics de départemens et les procureurs syndics de district (les commissaires près les administrations municipales et centrales) n'en aient eu communication. *Instruction du 8 janvier 1790.* »

RASSEMBLEMENS SÉDITIEUX. Voyez *Attroupemens.*

RATELAGE. Voyez *Glanage.*

R E C E T T E S et D É P E N S E S.

La comptabilité des administrations municipales et des communes ne doit pas échaper à l'attention des Commissaires près les administrations centrales, lorsqu'ils visiteront les cantons. Ils doivent être inflexibles pour l'exécution des lois qui ordonnent à ces administrations de rendre des comptes annuels. *Lettre du Ministre de l'intérieur, du 27 fructidor an 6.*

La loi du 11 frimaire an 7 (B. 247. n.º 2219.) ordonne que tous les agens municipaux, percepteurs de communes, administrateurs municipaux, membres de bureau central, préposés aux recettes municipales et communales, et secrétaires de municipalités, en leur qualité de receveurs, qui ne rendraient pas, dans le courant de vendémiaire de chaque année, respectivement à l'administration municipale ou au bureau central, ou aux municipalités d'arrondissement dans les quatre grandes communes, le compte des recettes et dépenses, soit communales, soit municipales, pendant l'année précédente, soient dénoncés par l'administration centrale au Commissaire du Directoire exécutif près le tribunal civil, et sauf néanmoins l'autorisation du Directoire exécutif à l'égard des agens, administrateurs municipaux et membres du bureau central, lesquels seront préalablement suspendus de tout exercice. *Art.* 58, 59, 61 et 64. (B. 247. N.º 2219.)

Cette loi veut aussi que tous administrateurs et receveurs de département qui ne rendraient pas compte dans le courant de frimaire de chaque année, soient, avec l'autorisation du Directoire exécutif, dénoncés par le Ministre de l'intérieur au même Commissaire. *Art.* 61 et 66.

RECEVEURS DES CONTRIBUTIONS.

« Les receveurs des impositions directes de département seront tenus de fournir un cautionnement en immeubles. *Loi du* 15 *germinal an* 4, *art.* 1.ª (B. 247. N°. 289.)

» Ce cautionnement sera de la valeur du douzième des impositions directes d'une année. *Idem*, *art.* 2.

» Il sera reçu par les administrateurs de département, et fixé par eux d'après les rôles desdites impositions. *Ib.* *art.* 3.

» Cette fixation sera renouvellée chaque année. *Ibid.* *art.* 4.

» Ce cautionnement sera en biens-fonds, appartenans soit aux receveurs personnellement, soit à ceux qui se rendront leur caution. *Loi du* 24 *novembre* 1790, *art.* 7.

» Les administrateurs ne pourront recevoir en cautionnement les biens-fonds qui seraient chargés de quelques hypothèques, soit pour dettes contractées par le propriétaire, soit pour des reprises et droits matrimoniaux, que pour la somme dont la valeur desdits biens se trouvera excéder le montant desdites charges, d'après les certificats des bureaux des hypothèques, ou les contrats de mariage, que lesdites administrations se feront représenter, et d'après les déclarations assermentées des receveurs ou de leurs cautions, des diverses créances hypothécaires dont les biens-fonds offerts en cautionnement, se trouveraient grevés. *Idem, art.* 11.

» S'il était reconnu par la suite que les déclarations et affirmations exigées par l'article ci-dessus, n'eussent point été faites avec vérité, le receveur ou la caution qui se seraient rendus coupables de ce délit, seraient poursuivis comme stellionnataires; le receveur sera en outre déchu de sa place, si ce délit a été commis par lui personnellement, quand bien même il offrirait d'ailleurs une solvabilité suffisante. *Art.* 12.

» Les actes de cautionnemens des receveurs emporteront privilége et préférence sur les biens affectés auxdits cautionnemens, à dater du jour de la réception des actes y relatifs. *Idem, art.* 14.

» En conséquence, les Commissaires près les administrations centrales requerront d'office les inscriptions indéfinies sur ces comptables et sur leurs cautions à l'égard des biens servant de cautionnemens. *Loi du* 11 *brumaire an* 4, *art.* 22. (B. 238. N°. 2137.) Voyez *Comptables* et *Hypothèques.*

» En cas de décès ou de fuite d'aucun desdits receveurs, il sera procédé à la requête du Commissaire près l'administration centrale, par les officiers du tribunal civil, à l'apposition des scellés, comme aussi à la vérification de la situation de la caisse du receveur; et si d'après le résultat de ladite vérification il existe un débet, les poursuites nécessaires pour le recouvrement des deniers divertis seront faites devant le tribunal, à la diligence du Commissaire près l'administration centrale. *Loi du* 24 *novembre* 1790, *art.* 15. »

» Les receveurs généraux feront, sans l'intermédiaire d'aucun préposé, la recette de l'arrondissement du chef-lieu du département ; ils se conformeront , pour cette recette , aux loix relatives à leurs préposés. *Loi du* 17 *fructidor an* 6 , *art.*2. (B. 222. N.º 1993.)

» L'inspecteur des contributions directes vérifiera chez le receveur-général , la caisse des recettes de l'arrondissement du chef-lieu, d'après les règles expliquées dans la loi du 22 brumaire dernier, et dans l'instruction qui y est annexée. *Idem* , *art.* 13.

» Les préposés aux recettes feront viser , dans le délai de cinq jours , par le *Commissaire* près l'administration municipale de leur résidence , les récépissés des sommes qu'ils verseront dans la caisse du receveur-général. *Idem* , *art.* 15.

» Les *Commissaires du Directoire exécutif* près les administrations municipales enregistreront par ordre de date et par extrait, les récépissés présentés à leur *visa.* Ils tiendront à cet effet un registre , qui contiendra des comptes ouverts avec le préposé aux recettes , et avec les percepteurs de son arrondissement. *Idem* , *art.* 16.

» Dans les grandes communes divisées en arrondissement , le *visa* et l'enregistrement des récépissés se feront par le *Commissaire du Directoire exécutif* près les bureaux centraux. *Idem* , *art.* 17.

» Les Commissaires du Directoire exécutif près les administrations municipales du chef-lieu des arrondissemens de recettes adresseront , le premier de chaque décade , au Commissaire près l'administration centrale , le bordereau des sommes portées sur les récépissés qu'ils auront visés pendant la décade précédente. Le bordereau énoncera la date des récépissés. *Idem* , *art.* 22.

» Le Commissaire près l'administration centrale formera un bordereau général de ces bordereaux particuliers. Il y portera , sur une colonne séparée , la date et le montant des récépissés des préposés aux recettes.

» Il remettra ce bordereau à l'inspecteur des contributions. Il en adressera aussi une copie , le premier de chaque décade , au Ministre des finances et à la trésorerie nationale. Il tiendra un registre sommaire des bordereaux qu'il aura formés en exécution du présent article. *Idem* , *art.* 23.

» Les bordereaux des préposés aux recettes rappelleront sommairement les versemens qui auront été faits dans leurs caisses, et ils seront certifiés par le président de l'administration municipale de leur résidence, après avoir été vérifiés sur le registre tenu par le Commissaire du Directoire exécutif. *Idem*, *art.* 24.

» Les bordereaux des receveurs-généraux rappelleront de même sommairement les versemens qui auront été faits dans leurs caisses, et ils seront certifiés par l'administration centrale après avoir été vérifiés sur le registre tenu par le Commissaire près ladite administration. *Idem*, *art.* 25. Voyez *Contributions.* »

RÉCIDIVE. Voyez *Peines.*

RÉCOLTES.

Leur conservation étant mise par l'art. 11 de la loi du 20 messidor an 3 (B. 161. N.º 941.), sous la surveillance des bons citoyens, et les juges de paix, les municipalités, les corps administratifs, ainsi que les procureurs des communes (les Commissaires près les administrations municipales) étant responsables de cette disposition, « ces Commissaires doivent, d'après les dénonciations et les procès-verbaux dressés par les Commissaires de police et les gardes champêtres, poursuivre devant le tribunal de police les délits et les attentats qui y seraient portés, pourvu que la peine n'excède point l'amende de la valeur de trois journées de travail ou un emprisonnement de trois jours. *Loi du 3 brumaire an 4, art. 46.* (B. 204. N.º 1221.) Voyez *Délits ruraux.*

RÉDUCTION DES CONTRIBUTIONS. Voyez *Contributions.*

RÉFUGIÉS. Voyez *Secours.*

REGISTRES DE L'ÉTAT CIVIL. Voyez *État civil.*

RELIGIEUX. Voyez *Successions.*

REMPLACEMENT.

« En cas de maladie ou d'autre empêchement du Commissaire du Directoire exécutif, l'administration nommera un de ses membres pour le suppléer provisoirement. *Loi du 21 fructidor an 3, art. 15. (B. 185. N.° 1118.)*

Le traitement des Commissaires qui exercent en vertu des arrêtés du Directoire exécutif n'est point dû à celui qui en exerce les fonctions par *intérim. Lettre du Ministre de l'intérieur, du 1.er germinal an 7. Voyez Traitement.*

Les citoyens investis de la qualité de Commissaire du Directoire exécutif, la perdent du moment qu'ils acceptent celle de législateur. Leur remplacement, dans ce cas, est définitif. *Loi du 30 germinal an 5, art. 1.er et 2. (B. 119. N.° 1148.)*

Ce remplacement n'est que provisoire, lorsque le Commissaire près l'administration centrale a accepté les fonctions d'électeur. Il est nommé à cet effet un substitut par le Directoire exécutif, ou à défaut de substitut, l'administration centrale choisit un citoyen non électeur parmi ses membres ou parmi ceux de l'administration municipale de la commune où se tient l'assemblée électorale. *Instruction du 6 germinal an 6, chap. 5, art. 2 (B. 192. N.° 1777.)* Voyez *Assemblées électorales* et le *Manuel des Agens municipaux.*

RÉPARTITEURS DES CONTRIBUTIONS. Voyez *Contributions directes.*

RÉQUISITION.

Le Commissaire du Directoire exécutif surveille et requiert l'exécution des lois. *Constitution, art. 191.* Voyez *Arrêtés* et *Lois.*

RÉQUISITION DE LA FORCE PUBLIQUE. Voyez *Attroupemens, Force publique, Garde nationale* et *Gendarmerie.*

RÉQUISITION.

RÉQUISITION. (Première)

L'article 8 de la loi du 23 août 1793 , qui met tous les Français en réquisition pour le service des armées , porte que « la levée sera générale ; et que les citoyens non mariés ou veufs sans enfans, de 18 à 25 ans, marcheront les premiers. »

En conséquence de cet article « la surveillance contre la désertion, l'examen des congés et passe-ports des ré-quisitionnaires sont confiés directement à la gendarmerie nationale et aux Commissaires près les administrations centrales et municipales qui auront droit de requérir la force armée pour l'arrestation des déserteurs. » *Loi du 4 frimaire an* 4 , *art.* 1.er (B. 6. N.º 32.)

» Les Commissaires près les administrations municipales sont tenus, sous peine de *destitution*, du rechercher et faire arrêter sans délai dans leurs arrondissemens respectifs, tous les jeunes gens qui se seraient soustraits à la première réquisition. *Arrêté du 8 pluviose an* 4 , *art.* 1.er. (B. 22. N.º 138.)

» Il leur est enjoint d'adresser, dans la décade, le compte de leurs diligences et de leur résultat au Commissaire près l'administration centrale du département, qui demeure chargé de le transmettre, aussitôt sa réception, au Ministre de la guerre. *Idem , art.* 3.

Cependant l'exécution de ces dispositions était presque par-tout entravée et éludée par l'insouciance ou la fai-blesse des autorités auxquelles elle a été confiée par les lois, et par l'espèce de conflit qui existait entre les Commis-saires du Gouvernement et la gendarmerie. Le Directoire a pris, pour y remédier, des mesures qu'il a consacrées dans un arrêté du 3 fructidor an 6 (B. 219. N.º 1964.), qui porte ce qui suit :

« L'exécution des lois et arrêtés relatifs aux militaires, réquisitionnaires et déserteurs qui doivent être renvoyés à l'armée , est confiée directement à la gendarmerie natio-nale , sous la surveillance des généraux divisionnaires , des administrations centrales et municipales et des Commis-saires près d'elles. *Art.* 1er.

Manuel des Commissaires du Directoire.   V

» Les administrations centrales et municipales, les Commissaires du Directoire exécutif près d'elles, et les agens municipaux de commune, seront tenus, sous leur responsabilité personnelle, de coopérer de tout leur pouvoir à assurer l'effet des mesures qui seront prises par la gendarmerie pour l'arrestation des réquisitionnaires et déserteurs, soit en fournissant la liste de ceux qui se trouveront dans leurs ressorts respectifs, soit en prêtant main-forte en cas de besoin, conformément à la loi du 4 frimaire an 4, sous les peines portées par cette loi et celle du 24 brumaire dernier. *Idem*, *art.* 4.

» Il ne pourra être sursis au départ pour l'armée, des réquisitionnaires, à moins qu'ils ne soient compris dans les cas suivans :

» 1.º S'ils sont porteurs de congés absolus légalement délivrés.

» 2.º Ceux qui étant restés ou rentrés dans leurs foyers, s'y étaient mariés avant le 1.er germinal an 6.

» 3.º Ceux qui, d'après les lois, étant destinés ou employés au service de la marine, sont inscrits, immatriculés ou brevetés comme tels.

» 4.º Ceux qui, étant officiers ou sous-officiers, étaient autorisés à faire, et ont donné leur démission, et dont la démission a été acceptée. *Loi du* 23 *fructidor an* 6. (B. 225. N.º 2003.)

» Sont dispensés provisoirement, 1.º ceux qui, à raison de leurs infirmités, sont jugés incapables de servir ;

» 2.º Ceux qui étaient officiers ou sous-officiers, et qui ont été renvoyés provisoirement comme surnuméraires ; mais ils restent dans l'obligation de rejoindre lorsqu'ils seront rappelés par le Ministre de la guerre, pour être employés dans le grade qu'ils avaient déjà. *Idem*, *art.* 4.

» Toutes dispenses de service, autres que celles mentionnées aux deux articles précédens, resteront nulles et sans effet, quel qu'en soit d'ailleurs le motif. *Idem*, *art.* 5.

» Nulle autorité constituée, nulle administration civile ou militaire, ne peut mettre en réquisition ni retenir pour un service ou emploi quelconque, un français qui, d'après son âge, se trouve appelé aux armées, conformément à l'article 8 de la loi du 23 août 1793 ; n'est pas même à ce égard réputé service militaire celui de commis ou employés dans les bureaux des ministres, dans ceux des Commissaires des guerres ou autres administrateurs, entrepreneurs ou agens militaires. *Idem*, art. 6.

Les jeunes gens de la première réquisition !qui ont été employés dans les ateliers d'armes, dans les mines, les postes et autres établissemens publics, ceux qui ont été employés dans les transports, convois et autres administrations militaires, et qui sont rentrés dans leurs foyers en vertu de congés à eux délivrés par les chefs de ces établissemens, ne sont pas exceptés du départ s'ils ne sont compris dans les cas déterminés par l'article 3 de la loi du 23 fructidor.

En conséquence tous les militaires et réquisitionnaires qui ne pourront pas prouver, par pièces authentiques, qu'ils sont dans l'un de ces cas, doivent rejoindre ; il est du devoir des administrations et des Commissaires du Directoire exécutif de les signaler à la gendarmerie, pour qu'elle les fasse partir. *Lettre du ministre de la guerre du* 11 *vendémiaire an* 7.

» Tous réquisitionnaires qui négligeraient de se rendre aux armées, seront poursuivis et punis comme déserteurs. *Loi du* 23 *fructidor*, *art.* 7.

» Deux mois après la publication de la présente loi, nul réquisitionnaire ayant été appelé à la défense de la patrie par l'article 8 de la loi du 23 août 1793, ne pourra être ni rester inscrit au rôle de la garde nationale sédentaire, ni exercer ses droits de citoyen, ni remplir aucune fonction publique, ni remplir aucun emploi salarié des deniers de la République, ni recueillir une succession en tout ou en partie, soit en ligne directe, soit en ligne collatérale, ni recevoir directement ou indirectement aucun legs, pension, donation, institution, ou autres avantages, de quelque nature qu'ils soient, qu'en rapportant un congé absolu, légalement délivré ;

» Ou un certificat en bonne forme de l'acte civil de mariage, constatant qu'il s'est marié avant le 1.er germinal an 6 ;

» Ou un certificat constatant qu'étant officier ou sous-officier, il est provisoirement renvoyé dans ses foyers comme surnuméraire, ou qu'il a donné sa démission en vertu de la faculté qui lui en était accordée;

» Ou un certificat d'exemption ou de dispense provisoire de service pour cause d'infirmités ou d'incapacité;

» Ou un certificat constatant qu'il appartient à l'armée de mer, et qu'il est inscrit ou immatriculé comme tel. *Idem, art. 8.*

» Tous signataires de congés ou de certificats exigés par l'article précédent, qui se rendraient coupables d'abus ou de connivence dans ceux desdits congés ou certificats par eux signés, seront considérés comme fauteurs et complices de désertion, et punis de cinq années de fers. *Ibid. art.* 10. Voyez *Défenseurs de la patrie*, *Congés*, *Conscription*, *Désertion*, et *Dispenses de services.*

RÉSIDENCE.

« Les Commissaires du Directoire exécutif près les administrations, tant centrales que municipales, résideront dans le lieu où l'administration tiendra ses séances. *Loi du 21 fructidor an 3, art.* 14. (B. 185. N.° 1128.) »

Cette disposition, en obligeant les Commissaires près les administrations municipales à résider dans le lieu où se tient l'administration, était un obstacle à ce que le Directoire exécutif fît choix de sujets réunissant les qualités nécessaires à ces fonctions, attendu que la modicité du traitement assigné à ces Commissaires empêchait ceux que le Directoire exécutif choisirait hors des chefs-lieux, de se déplacer pour y aller fixer leur résidence.

Voulant faire cesser cet obstacle et mettre le Directoire exécutif à-même de pourvoir toutes les administrations municipales de la République de Commissaires près ces administrations, le Corps législatif rapporta à cet effet la disposition de l'art. 14 de la loi du 21 fructidor, par celle du 21 pluviose an 4 (B. 23. N.° 150.), qui porte que « les Commissaires du pouvoir exécutif près les administrations municipales dont les chefs-lieux n'ont qu'une population de deux mille ames et au-dessous, ne sont pas

pas tenus de résider dans les chefs-lieux, mais seulement dans le canton.

RESPECT DU AUX AUTORITÉS CONSTITUÉES. Voyez le *Manuel des Agens municipaux.*

RESPONSABILITÉ.

Quoique les Commissaires près les administrations centrales et municipales soient responsables de l'inexécution des lois et des arrêtés du Directoire exécutif, par la négligence qu'ils mettraient, soit en ne surveillant ou ne requérant pas leur exécution, cependant il est des cas où les lois ont prononcé nominativement contre eux la responsabilité.

Par exemple, ils sont responsables des destructions et des dégradations commises dans leurs arrondissemens respectifs sur les monumens des sciences et arts. *Loi du 8 brumaire an 3.* Voyez *Sciences et arts.*

Ils encourent la responsabilité en ne dénonçant pas les fraudes et les faux relatifs aux certificats de résidence. *Loi du 25 brumaire an 3, art. 34.* Voyez *Certificats de résidence.*

Ils sont personnellement responsables en ne veillant pas à l'envoi que les administrations centrales doivent faire aux Ministre des finances des copies des procès-verbaux des adjudications de bois. *Arrêté du 5 thermidor an 5.* (B. 133. N.º 1309.) Voyez *Bois nationaux* et le *Manuel des Agens municipaux.*

RÉUNION DÉCADAIRE. Voyez *Annuaire*, §. II, et *Décadis.*

RÉUNION DE COMMUNES. Voyez le *Manuel des Agens municipaux.*

RIVIÈRES NAVIGABLES ET FLOTTABLES. Voyez *Navigation.*

RIXES.

Les auteurs de rixes sont punis des peines de simple police par le tribunal de police sur la citation et sur les conclusions du Commissaire du pouvoir exécutif près l'administration municipale. *Loi du 3 brumaire an 4, art.* 605. (B. 204. N° 1221.)

RÔLES DES CONTRIBUTIONS. Voyez *Contributions.*

ROUTES. (Taxe d'entretien des)

Les lois des 24 fructidor an 5 (B. 144. N.° 1417.) et 9 vendémiaire an 6 (B. 148. N.° 1447.), ont établi sur toutes les grandes routes de la République une taxe d'entretien dont le produit est spécialement et uniquement destiné aux dépenses de leur entretien, réparation et confection.

La loi du 3 nivose an 6 (B. 172. N.° 1631), détermine le mode de perception de cette taxe, sa régie provisoire jusqu'à ce que les barrières soient affermées. Elle autorise, par son article 6, le Directoire exécutif à faire des réglemens particuliers à chaque barrière, et propres aux localités, pour prévenir les difficultés qui pourraient naître de l'exécution de l'art. 75 de la loi du 9 vendémiaire an 6, qui porte que « sont exemptes de la taxe d'entretien les bêtes allant au pâturage ou revenant, les bêtes et voitures allant et revenant pour le travail de l'exploitation des terres, ainsi que les voitures de transport, lorsqu'elles seront employées aux travaux d'entretien, réparation et confection des routes. »

En conséquence de cet article, le Directif exécutif a ordonné, par un arrêté du 21 floréal an 6 (B. 201. N.° 1829.), que « les cultivateurs qui voudront jouir de l'exemption de la taxe d'entretien des routes, seront tenus de faire, au greffe de la municipalité où sont situées leurs terres et cultures, 1.° une déclaration du nombre de voitures et bestiaux qu'ils emploient à leurs exploitations, et de désigner d'une manière précise les barrières auxquelles ils désireront jouir de l'exemption de la taxe dont il s'agit; 2.° qu'en outre ils seront tenus de déposer aux barrières par eux indiquées, une expédition desdites déclarations et désignation, dûment visée et certifiée par le *Commissaire du Directoire exécutif près l'administration municipale* qui les aura reçues. *Art.* 1er.

» Dans le cas où les préposés aux recettes auraient des motifs de soupçonner que les voitures et bestiaux, pour lesquels les dispositions de l'article précédent seraient réclamées, ne sont pas compris dans les exceptions établis par la loi et les réglemens particuliers; ils pourront exiger la consignation de la taxe, laquelle ne sera restituée que sur la présentation d'un certificat du *Commissaire du Directoire exécutif* et de l'administration municipale du canton, portant que le consignataire est exempt à raison de son domicile. *Loi du 3 nivose an 6, art. 7.*

Lorsqu'un fermier de barrières n'aura pas fait à la route les réparations convenues, ce qui sera constaté par procès-verbaux des ingénieurs, ou n'aura pas payé le prix de son bail aux époques convenues, l'administration prononcera la résiliation dudit bail, et fera faire, aux frais du fermier, les réparations qu'il aura négligées; elle le fera poursuivre, et sa caution, devant les tribunaux, à la requête des *Commissaires du Directoire exécutif*, pour être en outre condamnés aux dommages-intérêts qu'ils pourraient avoir encourus. *Idem, art.* 40.

La situation des grandes routes est encore un objet qui doit exciter la sollicitude des Commissaires près les administrations centrales, lorsqu'ils visiteront les cantons. Ils doivent prendre des renseignemens sur le patriotisme et la moralité des préposés aux barrières, et rappeler a leur devoir ceux qui s'en écarteraient. *Lettre du Ministre de l'intérieur, du 27 fructidor an 6.*

SAISIE. Voyez le *Manuel des Agens Municipaux.*

SALINES. Voyez *Mines.*

SALPÊTRES. Voyez *Poudres* et *Salpêtres.*

SCELLÉS. Voyez le *Manuel des agens municipaux.*

SCIENCES et ARTS.

« Les agens nationaux (les Commissaires près les administrations) et les administrateurs, sont individuellement et collectivement responsables des destructions et dégradations commises dans leurs arrondissemens respectifs, sur les livres, les antiquités et les autres monumens des sciences et arts, à moins qu'ils ne justifient de l'impossibilité réelle où ils ont été de les empêcher. *Loi du 8 brumaire an 3, art. 1.er* (B. 78. N.º 414.) »

Les Commissaires près les administrations veilleront à l'exécution de la loi du 8 frimaire an 3 (B. 94. N.º 482.), qui porte que « il ne sera établi à l'avenir aucun atelier d'armes, de salpêtres ou magasins de fourrages et autres matières combustibles, dans les bâtimens où il y a des bibliothèques, muséum, cabinets d'histoire naturelle, et autres collections précieuses d'objets des sciences et arts. »

Cette même loi veut encore (art. 12) que « dans le cas où des ateliers ou magasins et des dépôts des sciences et arts, se trouveraient réunis dans le même local ou dans des bâtimens voisins, les administrateurs prennent les mesures les plus promptes pour éviter les incendies, et pour déplacer même l'établissement dont la translation sera la plus facile et la moins dispendieuse. »

SÉANCES DES ADMINISTRATIONS. Voyez *assemblées des administrations.*

SECOURS.

La loi du 27 vendémiaire an 3 (B. 75. N.º 399.), accorde un secours aux habitans réfugiés et déportés des colonies. Celle du 7 nivose (B. 103. N.º 536.) étend ce secours aux habitans de Saint-Domingue ou d'autres colonies françaises domiciliés en France avant l'époque des troubles survenus dans ces colonies, et dont les propriétés ont été dévastées par les ennemis de la République ; elle ordonne de recevoir parmi les enfans de la patrie leurs enfans, et elle exclut de ces secours ceux des colons appelés à la défense de la patrie par la loi du 23 août 1793.

Ces secours, accordés par ces différentes lois, ont été fixés par celle du 17 frimaire an 5 (B. 95. N.º 900.) pour être payés en numéraire métallique. Des abus s'étant introduits dans l'exécution de cette loi, et la nécessité d'établir une proportion entre les fonds affectés à ce service, et les besoins de chaque individu déterminèrent le Corps législatif à prendre des mesures pour parvenir à ce but. Ces mesures sont consacrées par la loi du 28 germinal an 7 (B. 272. N.º 2821.)

Pour pouvoir participer à ces secours, qui seront payés dans les proportions suivantes :

» Aux individus, sans distinction de sexe, au-dessus de l'âge de vingt-un ans, 30 francs par mois;

» Aux enfans au-dessous de l'âge de douze ans, 15 francs par mois;

» A ceux au-dessus de cet âge, et jusqu'à vingt-un ans, 10 francs par mois,

» Les réfugiés prouveront, par les attestations de leurs correspondans ou de leurs concitoyens, qu'ils avaient dans les colonies des propriétés dont ils ont cessé de recevoir les revenus en France depuis les hostilités maritimes, ou qu'ils y exerçaient une profession lucrative avant la révolution. *Art.* 2.

» Les déportés constateront leur qualité par un passeport qui leur a été délivré en France par le commissaire du comité de salut public, ou par celui qui leur a été donné par les autorités constituées à leur arrivée des colonies sur des bâtimens français ou neutres, ou sur des parlementaires pour les prisonniers venus d'Angleterre. *Art.* 3.

» Chacun d'eux devra encore produire un certificat d'indigence délivré par l'administration municipale de leur arrondissement, d'après les informations qu'elle est tenue de prendre sous sa responsabilité. *Art.* 4.

» Ce certificat servira pendant six mois pour recevoir les secours; il sera renouvellé à chaque semestre. *Art.* 5.

» Les administrations départementales prononceront sur

les réclamations de secours, d'après les pièces qui leur seront envoyées par l'administration municipale de l'arrondissement dans lequel le réclamant est domicilié, et elles ordonnanceront chaque mois ces listes, qui leur seront adressées par les administrations municipales, d'après lesquelles ces secours devront être acquittés. *Art.* 6.

» Ces listes seront envoyées, tous les trois mois, par les administrations centrales au Ministre de l'intérieur. *Art.* 7.

» L'exclusion des secours est maintenue contre les déportés et réfugiés qui exercent un commerce, ou qui occupent un emploi civil et militaire, ainsi que contre ceux qui refuseraient de travailler, lorsqu'on leur en aurait offert l'occasion, *art.* 10

» Ceux desdits citoyens qui travaillent d'une profession mécanique, ne jouiront que du tiers des secours fixés, en justifiant d'ailleurs de l'insuffisance de leur travail pour leur subsistance et celle de leur famille, par la production du certificat mentionné ci-dessus, *art.* 11.

» Les individus qui sont en état de domesticité, sont exclus de la distribution des secours, *art.* 13.

» Les individus qui, pour recevoir les secours, feraient usage de passeports et autres pièces remises aux déportés et réfugiés, morts ou retournés dans leurs pays, seront poursuivis et punis comme voleurs de deniers publics, *art.* 14.

» Tout fonctionnaire public ou citoyen qui auraient signé une attestation contraire à la vérité, sera traduit devant les tribunaux, pour être puni suivant les lois, et condamné en outre, s'il y a lieu, à payer au trésor public une somme double de celle qui aurait été indûment accordée, *art.* 16.

Conformément à l'article 11 de la loi du 27 vendémiaire, « les agens nationaux (les Commissaires près les administrations) surveilleront l'exécution de la présente loi. Voyez le *Manuel des Agens municipaux*, pour la réquisition des *secours* en cas d'incendie.

SÉPULTURE. Voyez le *Manuel des Agens municipaux.*

SERMENT CIVIQUE.

« Conformément à l'article 6 de la loi du 18 floréal an 2, qui porte que « *la République célébrera tous les ans le 21 JANVIER 1793,* » Le Directoire exécutif fera célébrer chaque année au jour du nouveau calendrier correspondant au 21 janvier, (vieux style) par toutes les communes de la République et par les armées, l'anniversaire de la juste punition du dernier roi des Français. *Lois des 23 nivose an 4, et 18 nivose an 5,* (B. 18.- N.º 19, et B. 99. - N.º 945.) »

« Ce jour-là les fonctionnaires publics et tous les employés salariés par la République, se réuniront dans le chef-lieu de canton, ou dans chaque commune, formant à elle seule un canton, et là, en présence du peuple, ils prêteront le serment civique, dont la formule suit :

Je jure fidélité à la République et à la Constitution de l'an 3.

Je jure de m'opposer de tout mon pouvoir au rétablissement de la royauté en France, et à celui de toute espèce de tyrannie (1).

» Il sera dressé procès-verbal de cette réunion, et de la déclaration qui aura été faite par chacun des fonctionnaires publics, qui seront tenus de le signer. *Arrêté du Directoire exécutif, du 22 nivose an 4, article premier.*

» Les Commissaires du Directoire exécutif requerront l'exécution de toutes les mesures qui pourront donner à cette cérémonie toute la solemnité que peut comporter chaque localité, et sans occasionner des dépenses extraordinaires, *idem, art.* 6.

» Les Commissaires du Pouvoir exécutif près chaque

----

(1) Cette formule est prescrite par la loi du 12 thermidor an 7, (B. 297. - N.º 3158.) qui abroge celle du 24 nivose an 5, (B. 100. - N.º 949.) et toutes autres dispositions de lois relatives au serment civique.

administration de canton, feront passer, sans aucun délai, le procès-verbal de la cérémonie au Commissaire du Pouvoir exécutif près l'administration du département, lequel le transmettra de suite au Ministre de l'intérieur. *Idem*, *art.* 7, et *Arrêté du 7 frimaire an 7, article* 10. (B. 242. - N.º 2194.) »

« Aucun membre des autorités constituées de la République ne pourra désormais entrer en exercice de ses fonctions, sans avoir préalablement prêter le serment ci-dessus prescrit; ceux qui exerceraient leurs fonctions sans avoir prêté ce serment, seront punis de la peine de la déportation. *Loi du* 19 *ventose an* 4, *art. premier.* (B. 30. - N.º 208.) »

SOCIÉTÉS POLITIQUES.

« Il ne peut être formé de corporations ni d'associations contraires à l'ordre public. *Constitution*, art. 360.

» Aucune assemblée de citoyens ne peut se qualifier de *société populaire*, *idem*, *art.* 361.

» Aucune *société particulière* s'occupant de *questions politiques* ne peut *correspondre* avec une autre, ni s'affilier à elle, ni tenir des *séances publiques*, composées de sociétaires et d'assistans distingués les uns des autres, ni imposer des conditions d'admission et d'éligibilité, ni faire porter à ses membres aucun signe extérieur de leur association, *idem*, *art.* 362.

En conséquence de ces articles constitutionnels, « toute société particulière s'occupant de questions politiques, dans laquelle il sera professé des principes contraires à la Constitution de l'an 3, acceptée par le peuple français, sera fermée; et ceux de ses membres qui auraient professé ces principes, seront poursuivis et punis conformément à la loi du 27 germinal an 4. *Loi du* 19 *fructidor, an* 5, *art.* 37. (B. 142. - N.º 1400.) » Voyez le *Manuel des Agens municipaux.*

SPECTACLES.

Le maintien du bon ordre dans les spectacles, est un objet de police confiée, par l'article 3 du titre 11 de la loi du 24 août 1790, à la vigilance et à l'autorité des corps municipaux.

Celle du 14 août 1793, ordonne que « les conseils généraux des communes dirigeront les spectacles, et y feront représenter les piéces les plus propres à former l'esprit public et à développer l'énergie républicaine. »

« En exécution de ces lois qui attribuent aux officiers municipaux des communes, la police et la direction des spectacles, le bureau central, dans les cantons où il en est établi, et les administrations municipales dans les autres cantons, tiendront la main à l'exécution des lois et réglemens de police sur le fait des spectacles, et notamment des lois des 16 - 24 août 1790, 2 et 14 août 1793 (vieux style.). En conséquence, ils veilleront à ce qu'il ne soit représenté sur les théâtres établis dans les communes de leur arrondissement, aucune piéce dont le contenu puisse servir de prétexte à la malveillance, et occasionner du désordre ; et ils arrêteront la représentation de toutes celles par lesquelles l'ordre public aurait été troublé d'une manière quelconque. *Arrêté du Directoire xécutif, du 25 pluviose an 4, art. premier.* (B. 27. N.º 178.)

» Conformément à l'article 2 de la loi du 2 août précitée, le bureau central de police et les administrations municipales, feront fermer les théâtres sur lesquels seraient représentées des pièces tendant à dépraver l'esprit public, et à réveiller la honteuse superstition de la royauté ; et ils feront arrêter et traduire devant les officiers de police judiciaire compétens, les directeurs desdits théâtres, pour être poursuivis suivant la rigueur des lois. *Idem, art. 2.*

Par une lettre du premier jour complémentaire an 5, le Directoire exécutif charge expressément le Ministre de la police de tenir la main à l'exécution sévère des lois ci-dessus citées, d'intimer ses ordres de la manière la plus précise aux membres des bureaux centraux et des administrations municipales; de les rendre responsables de leur inexécution, et de leur faire savoir que, dans le cas de négligence ou d'insoumission, le Directoire exécutif est déterminé à prononcer leur destitution, sans préjudice des peines plus sévères qu'ils pourraient avoir encourues en cas de complicité. Voyez *Annuaire*, § I.er

SUBSISTANCES.

Les boulangers et bouchers qui vendent le pain ou la viande au-delà du prix fixé par la taxe légalement faite et publiée, sont cités devant le tribunal de police, et condamnés d'après les conclusions du Commissaire du Directoire exécutif près l'administration municipale, aux peine de simple police. *Loi du 3 brumaire an 4, art. 605.* (B. 204. N.º 1221.) Voyez *Agriculture* et *Grains*, et le *Manuel des Agens municipaux.*

SUBVENTION EXTRAORDINAIRE DE GUERRE

POUR L'AN VII.

Cette subvention est établie sur les contributions foncière, personnelle, mobiliaire et somptuaire, et sur le droit établi sur les portes et fenêtres, par les lois du 6 prairial an 7. (B. 282. N.º 2957, 2958 et 2959.)

Pour la contribution foncière, le montant est fixé d'après les rôles de l'an 7, et est du dixième du principal de la cote de chaque contribuable.

Pour la contribution personnelle, ect., le montant est fixé d'après les rôles de l'an 7, 1.º d'un décime par franc de la cote en contribution personnelle; 2.º d'un franc

pour franc de la cote somptuaire ; 3.º de cinq décimes
pour franc sur la cote mobiliaire qui sera en principal de
25 francs et au-dessus ; de 75 centimes pour franc, sur
les cotes, depuis 25 jusqu'à 50 francs ; et d'un franc pour
franc sur celles qui excéderont 50 francs.

Pour le droit sur les portes et fenêtres, la subvention
consiste dans le doublement du supplément ordonné par
la loi du 28 ventose.

SUCCESSIONS.

« Les ci-devant religieux et religieuses sont appelés à
recueillir les successions. *Loi du 17 nivose an 2, art. 3.*

» Les pensions attribuées par les décrets des repré-
sentans du peuple, aux ci-devant religieux et religieuses,
diminueront en proportion des revenus qui leur écher-
ront par succession. Les revenus sont évalués, à cet
effet, au denier vingt des capitaux. *Idem, art. 4.*

» Lorsqu'ils viendront à succéder, ils seront tenus d'inscrire dans les quittances qu'ils fourniront aux receveurs
de district, la déclaration qu'ils n'ont rien recueilli, ou
qu'ils ont recueilli une succession dont ils énonceront la
valeur.

» A défaut d'exactitude dans leurs déclarations, ils
seront, à l'avenir, privés de leurs pensions, et condamnés, au profit, du trésor public, à une amende quadruple
des sommes qu'ils auront indument perçues.

» L'agent national du district (le Commissaire près
l'administration centrale) sera tenu de faire toutes diligence à cet effet, *Idem, art. 7.* »

SURVEILLANCE.

« Le Directoire exécutif surveille et assure l'exécution
des lois dans les administrations, par des Commissaires à
sa nomination. *Constitution, art. 147.*

» Le Directoire exécutif nommé auprès de chaque administration centrale et municipale, un commissaire qu'il

révoque lorsqu'il le juge convenable. Ce Commissaire *surveille* et requiert l'exécution des lois. *Constitution*, *art.* 191.

» Les Commissaires près les administrations centrales sont donc, dans leurs départemens respectifs, tout-à-la-fois des sentinelles vigilantes et des agens actifs. C'est par eux que le gouvernement peut toucher au peuple. C'est par leurs soins qu'il doit apprendre les abus qui doivent exister ; c'est de leur zèle qu'il doit recevoir des renseignemens exacts de toutes les parties de l'administration générale de la République. Mais pour le seconder d'une manière efficace, il faut qu'ils aient une connaissance bien exacte de tout ce qui se passe dans leurs départemens. La correspondance active qu'ils doivent entretenir avec les administrations municipales et les commissaires de canton, ne suffisant pas pour leur procurer tous les renseignemens nécessaires sur la vraie situation de leurs départemens, le Directoire veut, suivant son instruction du 12 frimaire an 4, qu'ils visitent chaque année, et à différentes époques, les cantons, *pour voir, par eux-mêmes, si les autorités secondaires exécutent les lois, et interroger la véritable opinion publique. Lettre du Ministre de l'intérieur, du* 27 *fructidor an* 6. Voyez *Correspondance, Délits*, et *Police.*

SUSPENSION des fonctions publiques. Voyez le *Manuel des Agens municipaux.*

TABAC.

Suivant l'article 5 de la loi du 22 brumaire an 7, (B. 240. nº. 2173.) « tout fabricant de tabac paiera une taxe spéciale, à raison de 4 décimes par kylogramme, pour le tabac en poudre et en carrotte, et 2 décimes 4 centimes pour le tabac à fumer et le tabac en rôle.

» Les administrations municipales estimeront la quantité de tabac que fabrique chaque fabricant.

» Elles détermineront leur estimation d'après les différens renseignemens qu'elles pourront avoir suivant les localités, et principalement d'après les procédés, le nombre

bre et l'espèce de machines employées à la fabrication. *Même loi*, *art.* 6.

» Chaque fabricant, d'après cette estimation, paiera sa taxe spéciale par trimestre, en donnant, au commencement de chaque trimestre, son engagement à trois mois fixes pour un quart de sa taxe, lequel sera négociable par le gouvernement. *Idem*, *art.* 7.

» Tout propriétaire ou dépositaire de tabac fabriqué, sera tenu, dans la quinzaine de la publication de la présente, de faire à l'administration municipale du canton, la déclaration de la quantité et de l'espèce de tabac qu'il a en magasin. *Idem*, *art.* 8.

» Tout dépôt de tabac fabriqué au-dessus de 50 kylogrammes, sera considéré comme magasin, devant la taxe énoncée en l'article précédent. *Idem*, *art.* 9.

» L'administration de canton est autorisée à s'assurer des magasins et dépôts existans de tabac fabriqué et de la vérité des déclarations qui lui auront été faites, pourvu toutefois qu'elle écarte les formes vexatoires et contraires aux droits des citoyens. *Idem*, *art.* 10.

» Le recouvrement des taxes établies par la présente loi, se fera par la régie de l'enregistrement, d'après les instructions qui lui seront données. *Idem*, *art.* 11.

» Tout fabricant convaincu d'avoir caché une partie de ses machines à fabriquer, lors de l'estimation faite par l'administration, ou d'en avoir augmenté le nombre sans les avoir déclarées; tout propriétaire ou dépositaire de tabac fabriqué qui sera convaincu d'avoir fait une fausse déclaration, paiera une amende du triple du droit qu'il aura fraudé. *Art.* 14.

» Dans le cas où un fabricant diminuerait sa fabrication, il en fera sa déclaration à l'administration du canton, qui sur la preuve qu'elle aura acquise, et sur l'avis du *Commissaire du Directoire exécutif*, accordera sur la taxe une diminution proportionnelle; cette diminution ne pourra avoir lieu pour les trimestres échus, ni pour le trimestre courant. *Art.* 15.

» La régie de l'enregistrement dénoncera au *Commissaire du Directoire exécutif*, les contraventions à la loi,

Manuel des Commissaires du Directoire.   X

ou les fausses déclarations ; et à la réquisition dudit Commissaire, l'administration de canton sera tenue de procéder à un nouvel examen et à une nouvelle estimation. *Art.* 16.

» Tout fabricant de tabac sera tenu de mettre sur le devant de sa fabrique, un tableau portant son nom et sa profession, et de mettre son nom et le lieu de sa résidence sur toutes les enveloppes de tabac fabriqué qu'il vend. *Art.* 17.

» Toute personne convaincue d'avoir mis sur les enveloppes de son tabac le nom d'un autre fabricant, ou un autre domicile que le sien, sera condamnée à une amende de 500 francs pour la première fois, et 1000 francs, en cas de récidive, par voie de police correctionnelle. *Art.* 18.

» Tout individu fabricant de tabac, sans en avoir fait sa déclaration à l'administration du canton, dans les quinze jours de la publication de la présente loi, ou sans avoir mis le tableau exigé par l'article 17, paiera une amende double de la taxe qu'il aurait dû payer.

» Tout propriétaire ou dépositaire de tabac fabriqué, qui n'aura pas fait, dans le même délai, la déclaration exigée par l'article 8, paiera également une amende double de la taxe à laquelle il aurait dû être assujéti. *Art.* 19.

» Le produit des amendes sera appliqué, moitié aux municipalités, moitié au trésor public. *Art.* 27.

Les administrations municipales dresseront un état de ceux qui auront encouru les amendes prononcées par les articles 14, 17, 18 et 19 de la loi ci-dessus citée ; elle remettront cet état au Commissaire du Directoire exécutif, pour qu'il poursuive contre eux, devant le tribunal civil, la condamnation des amendes prononcées par la loi.

A l'égard des contraventions à l'article 18, qui doivent être poursuivis par voie de police correctionnelle, le Commissaire du Directoire exécutif, sur la connaissance qu'il en aura, en dressera procès-verbal, traduira le contrevenant au tribunal correctionnel, et adressera toutes les pièces, ainsi que celles de conviction, à son collègue près ce tribunal, pour obtenir le jugement de condamnation. Il se fera remettre les expéditions, tant de ceux rendus par le tribunal civil, que par le tribunal correctionnel, et il les remettra au receveur de l'enregistrement, qui doit poursuivre le recouvrement des amendes prononcées, et compter ensuite aux municipalités de la moitié qui leur est attribuée par l'article 27.

Les articles 15 et 16 autorise les préposés de l'enregistrement, à dénoncer au Commissaire du Directoire exécutif les contraventions à cette loi et les fausses déclarations, et les administrations municipales de canton, sur les déclarations de diminutions de fabriques qui leur seront faites, à réduire la taxe qu'elles auront fixée. Il est essentiel que les Commissaires fassent promptement à ces administrations les rapports de ces dénonciations, et les requièrent de prendre sans retard, sur leur objet, les éclaircissemens nécessaires, et le parti que les circonstances exigeront ; et qu'à l'égard des réductions, elle ne se déterminent à les arrêter qu'après s'être assurées que les fabricans, par la suppression de leurs machines, le renvoi d'une partie de leurs ouvriers, et le défaut de matières premières, sont réellement forcés de diminuer leur fabrication. *Lettre du ministre des Finances, du mois de frimaire an* 7.

» Le bureau central dans la commune de Paris, ceux établis dans les communes de Bordeaux, Lyon et Marseille, et les Commissaires du Directoire exécutif près ces bureaux centraux, sont chargés exclusivement, chacun en ce qui le concerne, de remplir dans l'étendue des municipalités, les fonctions attribuées par la loi du 22 brumaire précitée, aux administrations municipales de canton, et aux *Commissaire du Directoire exécutif* près d'elles. » *Arrêté du Directoire exécutif, de frimaire an* 7.

» Les administrations de canton adresseront tous les les mois à l'administration centrale de leur département, l'état nominatif des taxes qu'elles auront imposées. *Loi du 22 brumaire an* 7, *art.* 28.

X 2

» Les administrations centrales communiqueront cet état au *Commissaire du Directoire exécutif*, afin qu'il en requierre l'approbation, ou la rectification, s'il y a lieu. *Idem*, *art.* 29.

» Les administrations centrales adresseront, chaque décade, au ministre des finances, l'état général de toutes les taxes spéciales imposées par toutes les municipalités de leurs arrondissemens. *Art.* 30.

» Les fabricans et propriétaires ou dépositaires de tabac fabriqué, qui se croîront lésés par la fixation de leur taxe, ou par toute autre décision de l'administration de canton, se pourvoiront pardevant l'administration centrale, qui prononcera définitivement. » *Art.* 31.

TABLEAUX de population et autres à dresser par les administrations. Voyez *État civil* et le *Manuel des Agens municipaux*.

TAXE D'ENTRETIEN DES ROUTES. Voyez *Routes*.

TAXE SOMPTUAIRE ou de luxe. Voyez *Contributions* et le *Manuel des agens municipaux*.

TERRES.

» Les agens nationaux de chaque district, (les Commissaires près les administrations) doivent rendre compte de l'exécution de la loi du 16 septembre 1793, qui charge les municipalités de faire cultiver et ensemencer les terres des défenseurs de la patrie. *Loi du 23 nivose an 2.* Voyez *Défenseurs de la Patrie*.

Aucune loi n'a pas encore sévi contre l'usage pernicieux dans lequel sont les laboureurs de renverser furtivement chaque printemps et chaque automne, lors des semailles des grains, les terres voisines des leurs, sous le prétexte de reprendre ce qui leur appartient. On enfonce ainsi la charrue, quelquefois à plusieurs reprises dans les terreins ensemencés, et souvent même dans le blé déjà germé, déjà levé, déjà très-avancé ; il en ré-

sulte chaque année une perte considérable, des usurpations, des disputes et des procès.

» Quoique cet abus n'ait pas été expressément prévu
par le code Rural, dit le ministre de l'intérieur, dans
sa lettre du 9 frimaire an 7, aux Commissaires près les
administrations centrales ; vous ne pouvez donc faire
que deux choses dans les circonstances actuelles. La
première, appliquer différens articles des lois générales
qui existent, au genre de délit dont je vous recommande
la surveillance ; la deuxième, de réunir tous les faits qui
peuvent éclairer le gouvernement, non-seulement sur la
nécessité d'une loi plus précise, mais encore sur les moyens
à employer pour prévenir ces délits.

» Quant au premier point, vous pouvez requérir, en
vertu de l'article 29 du code des Délits et des Peines
du 3 brumaire an 4, les officiers de police judiciaire,
de dresser un procès-verbal de ces nombreux délits dans
chaque territoire.

» Le *Commissaire du Directoire exécutif* près l'administration municipale du canton, préviendrait sur-le-champ
le Commissaire de police ou l'agent de chaque commune. Au jour qu'il prendrait et qui devrait être annoncé,
l'officier de police ou l'agent municipal, assisté des gardes
champêtres, pour lui servir d'indicateurs, et de deux experts choisis pour chaque lieu, parmi les anciens laboureurs, et qui auraient prêté serment devant le juge de
paix ou l'un de ses assesseurs, l'officier de police, dis-
je, procéderait publiquement à la visite des champs ensemencés, afin de reconnaître, 1°. combien il y a de
sillons renversés, ou comme on dit communément,
combien de *voies détournées* ; 2°. la quantité de grains
à laquelle la perte de ces renversémens, sera évaluée
par les cultivateurs experts ; 3°. tous les renseignemens
qu'on pourra recueillir sur cette espèce de délit, les dires
même des parties, si elles comparaissent comme elles en
en ont le droit, à cette opération publique, on dresse-
rait du tout un procès-verbal détaillé.

» En attendant une loi générale et justement sévère
qui garantisse la propriété et l'agriculture de ces atteintes

partielles, il est de votre devoir de faire du moins exécuter les lois actuelles qui peuvent être relatives à cette matière.

» Or les reprises de terrain, par cela seul qu'elles sont des voies de fait, sont soumises à la disposition du n°. 8 de l'article 605 du code des Délits et des Peines, et doivent par conséquent être punies conformément à cet article, indépendamment des dommages et intérêts que les tribunaux de police sont autorisés par l'article 154, à adjuger aux parties lésées.

» Mais si par ces *reprises de terrain*, celui qui se le permet, détruit du blé en vert, ou d'autres productions de la terre, il doit être puni conformément à l'article 28 du titre II de la loi du 6 octobre 1791. Voyez *Délits ruraux*.

» Il est important que vous me fassiez parvenir avec vos observations, l'analyse des procès-verbaux qui seront rédigés dans ces circonstances ; c'est de la réunion de différens renseignemens que le gouvernement pourra retirer des résultats propres à éclairer le Corps législatif sur cet espèce de délit, et provoquer une loi générale pour le faire cesser, et le punir par tout où il pourra se reproduire.

» Vous vous ferez remettre aussi le procès-verbal négatif que l'on devra dresser dans les communes agricoles où cet abus n'aurait pas lieu. ».

T I M B R E.

» Sont assujétis au droit de timbre en raison de la dimension, les actes particuliers des *Commissaires du Directoire exécutif*, ainsi que les extraits, copies et expéditions qui s'en délivrent *Loi du* 13 *brumaire an* 7, *art.* 12. (B. 237, n°. 2136.)

» Sont exceptés du droit et de la formalité du timbre, les minutes des actes, dans tous les cas où aucun de ces actes n'est sujet à l'enregistrement sur la minute, et les extraits et expéditions qui s'expédient ou se délivrent par une administration ou, un fonctionnaire public à une administration publique, ou à un fonctionnaire public, lorsqu'il y sera fait mention de cette destination. *Art.* 16.

» Les actes de la police générale, et ceux des Commissaires du Directoire exécutif, non soumis à la formalité de l'enregistrement.

» Les fonctionnaires publics ne pourront employer, pour les actes qu'ils rédigeront, et leurs copies et expéditions, d'autre papier que celui timbré du département où ils exercent leurs fonctions. Ils seront tenus de se servir du papier timbré débité par la régie. *Art.* 17.

» Les administrations publiques seulement, pourront se servir de papiers, autres que ceux de la régie ; mais elles seront admises à les faire timbrer avant d'en faire usage. *Ibid, art.* 18.

» Il est fait défense aux administrations publiques de rendre aucun arrêté sur un acte, registre ou effet de commerce, non écrit sur papier du timbre prescrit, ou non visé pour timbre. » *Ibid, art.* 24.

TIMBRE des Cartes à jouer. Voyez *Cartes.*

TITRES.

» Les citoyens qui seront préposés à leur triage, seront surveillés par l'agent national, (le Commissaire près l'administration.) *Loi du 7 messidor an 2, art.* 21. (B. 11. n°. 51.)

» Les agens nationaux auront droit de surveillance sur tous les dépôts sans exception , et ils adresseront leurs observations sur le mode de conservation, sur le nombre et la qualité des concierges, et sur les frais de garde au comité des archives et décrets de la Convention nationale, (c'est-à-dire, au ministre des finances, auquel la loi du 21 prairial an 4, (B. 53. n°. 464.) a donné la surveillance des préposés au triage des titres qui avait été attribuée au ministre de la justice, par celle du 11 frimaire précédent. (B. 8. n°. 47.)

TRAITEMENT.

» Les administrateurs de département recevront un traitement qui sera de 1,500 myriagrammes de froment (environ trois cents quintaux,) s'ils résident dans une commune au-dessus de 50,000 habitans , et 1,000 myriagrammes dans toutes les autres. *Loi du 21 fructidor an 3 , art.* 23. (B. 185. n°. 1128.)

» Le traitement du Commissaire du Directoire exécutif près le département , sera d'un tiers en sus de celui des administrateurs. *Idem , art.* 23.

» Le traitement du *Commissaire du Directoire exécutif* près les administrations municipales , sera , savoir :

De 1,000 myriagrammes de froment , dans les communes de 50,000 habitans ;

De 750 , dans les communes de 10 à 50,000 habitans ;

De 500 , dans les communes de 5 à 10,000 habitans ;
De 400 dans toutes les autres. » *Idem , art.* 25.

La loi du 11 brumaire an 7 , (B. 239 , n°. 2154.) qui fixe les dépenses du ministère de l'intérieur , porte les traitemens des Commissaires près les administrations , aux sommes suivantes.

Commissaires près les administrations centrales.

1 à Paris , 4,000 francs.
Dans les principales communes , 3,600 francs.
Dans les autres communes , 2,600 francs.

Commissaires près les administrations municipales.

A Paris , 2,000 francs.
Dans les communes au-dessus de 50,000 ames , 1,800
Dans celles de 10 à 50,000 habitans , 1,200 francs.
Dans celles de 5 à 10,000 habitans , 900 francs.
Dans celles au-dessous de 5,000 , parmi lesquelles sont compris les commissaires hors des murs , 600 francs.

Commissaires des Bureaux centraux.

Paris, 3,000 francs.
Lyon, Marseille et Bordeaux, 2,400 francs.

» Les Commissaires, peuvent provisoirement, comme tous les fonctionnaires et employés, cumuler pensions et traitement jusqu'à concurrence de 3,000 francs par an, et si les pensions et traitement excèdent cette somme, la pension demeurera suspendue jusqu'à concurrence de ce qu'elle excède. » *Loi du 23 messidor an 3.* (B. 163. N°. 951.)

Le traitement des Commissaires du Directoire exécutif n'est point dû à ceux qui exercent leurs fonctions par *interim.* Le motif de cette décision du ministre de l'intérieur, dans sa lettre du 1er. germinal an 7, est que l'article 15 de la loi du 21 fructidor an 5, qui s'exprime ainsi : « En cas de maladie ou d'autre empêchement mo-» mentanée, (du Commissaire) l'administration nomme » un de ses membres pour le suppléer provisoirement. » ne dit point que ce suppléant jouira du traitement ; on doit en inférer qu'il ne lui est pas dû.

Le silence de la loi ne peut être interprété affirmativement ; le suppléant n'est pas commissaire ; il ne perd pas sa qualité d'administrateur ; ses fonctions ne sont changées que momentanément. D'un autre côté, tant que le Corps législatif n'aura pas prononcé, si celui qui supplée le Commissaire a droit ou non au traitement, ce silence de la loi ne doit être interprété que négativement.

TRANSPORT DES GRAINS A L'ÉTRANGER. Voyez *Grains.*

TRANSPORT D'IMPOSITIONS. Voyez le *Manuel des Agens municipaux.*

T R A V A U X.

» Tous travaux dans les lieux et voies publiques, ou en vue des lieux et voies publics, sont interdits les décadis et jours de fêtes nationales, sous peine d'une amende qui ne pourra excéder la valeur de trois journées de travail, ou d'un emprisonnement qui ne pourra durer plus de trois jours, sauf les travaux urgens spécialement autorisés par les corps administratifs, et les exceptions pour les *travaux de la campagne*, conformément à l'article 2 de la section 5 de la loi du 6 octobre 1791, qui porte que, « nulle autorité ne pourra suspendre » les travaux de la campagne dans les opérations de la semence et de la récolte. *Loi du* 17 *thermidor an* 6, *art.* 8 *et* 9. (B. 216. n.° 1943.) Voyez *Annuaire*, § 1.er

T R I B U N A L D E P O L I C E.

» La connaissance des délits dont la peine n'excède pas, soit la valeur de trois journées de travail, soit un emprisonnement de trois jours, est déléguée au juge de paix qui prononce en dernier ressort. *Constitution*, *art.* 233.

» Ces délits sont poursuivis devant un tribunal de police établi dans l'arrondissement de chaque administration municipale, et composé du juge de paix et de deux de ses assesseurs.

» Les prévenus de ces délits sont cités devant le tribunal de police dans l'arrondissement duquel le délit a été commis, pour y être entendus et jugés en dernier ressort, conformément à l'article 233 de l'Acte constitutionnel ci-dessus cité, sauf le recours au tribunal de cassation.

» La citation est donnée à la requête du Commissaire du Pouvoir exécutif près l'administration municipale.

» Elle peut aussi l'être à la requête des particuliers qui se prétendent lésés par le délit. *Idem*, *art.* 153.

» Dans ce dernier cas, et dans celui où les personnes lésées par le délit interviennent comme parties civiles, sur la citation donnée à la requête du Commissaire du Pouvoir exécutif, le tribunal de police prononce en dernier ressort, par le même jugement, sur les dommages-intérêts pour raison du délit, et sur la peine infligée par la loi. *Art.* 154.

» La citation est notifiée par un huissier, qui en laisse copie au prévenu. *Art.* 155.

» Néanmoins les parties peuvent comparaître volontairement ou sur un simple avertissement, sans qu'il soit besoin de citation. *Art.* 156.

» La citation est donnée à jour et heures fixes. Il ne peut y avoir entre la citation et la comparution un intervalle moindre de 24 heures. *Art.* 157.

» Si la personne citée ne comparaît au jour et à l'heure fixés par la citation, elle est jugée par défaut. *Art.* 158.

» La condamnation par défaut est comme non avenue, si dans les dix jours de la signification qui en a été faite à la personne citée, celle-ci se présente et demande à être entendue ;

» Néamoins les frais de la signification du jugement demeurent à sa charge. *Art.* 159.

» Si la personne citée ne comparaît pas dans les dix jours de la signification du jugement, ce jugement est définitif. *Art.* 160.

» La personne comparaît par elle-même ou par un fondé de pouvoir spécial, sans pouvoir être assistée d'un défenseur officieux ou conseil. *Art.* 161.

» L'instruction de chaque affaire est publique, et se fait dans l'ordre suivant :

» Les procès-verbaux, s'il y en a, sont lus par le greffier ;

» Les témoins, s'il en a été appelé par le Commissaire du Pouvoir exécutif, sont entendus ;

» La personne citée propose sa défense et fait entendre ses témoins, si elle en a amené ou fait citer ;

» Le Commissaire du Pouvoir exécutif résume l'affaire et donne ses conclusions ;

» Le tribunal prononce ensuite dans la même audience, ou au plus tard dans la suivante ;

» Il motive son jugement, et y insère les termes de la loi qu'il applique,

» Le tout à peine de nullité. *Art.* 162.

» Les dispositions des articles 440, 441, 442, 443, 447, 448, 449, 450, 451, 452, 455, 456 et 457 relatives au recours en cassation contre les jugemens des tribunaux criminels, sont communes au recours en cassation contre les jugemens des tribunaux de police. *Art.* 163. Voyez ces dispositions à l'article *Jugement de tribunal de police.*

» Le juge de paix règle les jours d'audience du tribunal de police d'après celui des affaires, en observant que toute affaire de nature à être jugée d'après les dispositions ci-dessus rapportées doit l'être au plus tard dans les quinze jours qui suivent la remise que le commissaire de police a faite des pièces au Commissaire du Pouvoir exécutif, en exécution de l'article 29. » Voyez *Délits de Police.*

« Les Commissaires du Directoire exécutif près les administrations municipales et les tribunaux de police, requerront les juges de paix de régler sur la décade les audiences qu'ils tiendront comme présidens de ces tribunaux. Ils dénonceront au ministre de la justice ceux qui prendront encore les dimanches et fêtes de l'ancien calendrier pour régulateurs de leurs jours d'audience. » *Arrêté du 14 germinal an 6, art.* 2. (B. 194. n.° 1785.) Voyez *Annuaire,* § I.ᵉʳ

« Les peines que les tribunaux de police peuvent infliger sont celles qui consistent dans une amende de la valeur de trois journées de travail ou au-dessous, ou d'un emprisonnement qui n'excède pas trois jours. » *Loi du 3 brumaire an 4, art.* 599.

» Le tribunal de police gradue, selon les circonstances et le plus ou moins de gravité du délit, les peines qu'il est chargé de prononcer, sans néanmoins qu'elles puissent, en aucun cas, ni être au-dessous d'une amende d'une journée de travail ou d'un jour d'emprisonnement, ni s'élever au-dessus de trois journées de travail et de trois jours d'emprisonnement. » *Idem, art.* 606. Voyez *Amende, Délits de Police.*

Cependant, « la peine d'une journée de travail ou d'un jour d'emprisonnement fixée comme la moindre par l'article ci-dessus, ne pourra, pour tout délit rural ou forestier, être au-dessous de trois journées de travail ou de trois jours d'emprisonnement.» *Loi du 23 thermidor an 4, art.* 2. (B. 66. n.º 601.)

TROUBLES. Voyez *Attroupemens*, *Pillages* et *Police*.

TROUPEAUX.

« Il y a lieu à l'amende dans le cas où des pâtres et bergers contreviendraient à la défense de conduire leurs troupeaux dans les champs moissonnés ou ouverts, que deux jours après la récolte entière. *Loi du 6 octobre* 1791, *tit.* 2, *art.* 22.

» Pareille amende est prononcée contre les dégats commis dans les bois taillis par des troupeaux ou des bestiaux. » *Idem, art.* 38.

« Ces délits sont poursuivis pardevant le tribunal de police par le Commissaire du Pouvoir exécutif près l'administration municipale, sur la dénonciation des gardes champêtres. » *Loi du 3 brumaire an 4, art.* 41 *et suiv.* (B. 204. n.º 1221.) Voyez *Délits ruraux*.

TROUPEAU MALADE.

« Il est défendu de conduire un troupeau atteint de maladie contagieuse sur les terres de parcours ou de vaine pâture, autres que celles désignées pour lui seul, à peine, par le maître du troupeau, d'être condamné par le tribunal de police à une amende par tête de bête à laine ou d'autre bétail, suivant les proportions déterminées par l'article 23 du titre 2 de la loi du 6 octobre 1791, et par l'article 605 du Code des Délits et des Peines. Voyez *Délits ruraux et Epizooties*.

USINES.

« Il ne pourra être procédé aux ventes des usines appartenant à la nation ou provenues des émigrés qui sont placées sur des rivières ou cours d'eaux, qu'après qu'il aura été vérifié, sur la demande du procureur-général-syndic (le Commissaire du Directoire exécutif près l'administration centrale) du département, par l'ingénieur du même département, en présence d'un Commissaire du district et de deux officiers municipaux de la commune sur le territoire de laquelle se trouveront ces usines, que leur conservation ne cause aucun dommage aux propriétés environnantes, et que leur destruction ne deviendra pas nécessaire au desséchement des marais. *Loi du 8 avril 1793, art.* 1 et 2. Voyez *Mines* et *Navigation.*

VAGABONDAGE.

« Les Commissaires près les administrations doivent veiller à ce que les mesures prescrites par les lois pour sa répression soient exécutées avec sévérité, et d'informer par leur correspondance le ministre de la police de leur exécution. Ils stimuleront le zèle des administrations auprès desquelles il réside des agens municipaux et des commissaires de police, pour qu'ils surveillent et fassent arrêter, conformément à la loi du 10 vendémiaire an 4, tous ceux qui voyageraient sans passeports.

Ainsi, tout individu voyageant et trouvé hors de son canton sans passeport, sera mis sur-le-champ en état d'arrestation, et détenu jusqu'à ce qu'il ait justifié être inscrit sur le tableau de la commune de son domicile. *Loi du* 10 *vendémiaire an* 4, *art.* 6, *tit.* 1.er (B. 188. n.° 1141.)

A défaut de justifier dans deux décades son inscription sur le tableau d'une commune, il sera réputé vagabond et sans aveu, et traduit comme tel devant les tribunaux compétens. *Idem, art.* 7.

» Si les auteurs de rixes, attroupemens injurieux ou nocturnes, voies de fait, violences légères sont notés comme *sans aveu, suspects* ou *mal intentionnés*, ils ne sont pas justiciables du tribunal de police; ils ne peuvent être jugés que par le tribunal correctionnel. » *Loi du* 3 *brumaire an* 4, *art.* 605. (B. 204. n.° 1221.)

VENTES.

« Toutes personnes, autres que les notaires, greffiers et huissiers qui contreviendront aux défenses de s'immiscer dans les prises, estimations et ventes publiques d'effets mobiliers, soit qu'elles soient faites volontairement, après inventaire, ou par autorité de justice, en quelque sorte et manière que ce soit, et sans aucune exception, seront poursuivis à la requête et diligence du *Commissaire du Directoire exécutif*, pour être condamnés aux amendes portées par les réglémens non abrogées. » *Arrêté du Directoire exécutif, du* 12 *fructidor an* 4. (B. 72. n.° 666.)

Ces réglemens sont; 1.° l'édit du mois de février 1771, dont l'article 9 prononce 1,000 livres d'amende contre les contrevenans; 2.° les lettres-patentes du 16 juillet 1771, qui confirment cette peine; 3.° les arrêts du conseil d'Etat, du 21 août 1775 et du 13 novembre 1778, dont le premier ajoute à cette peine la confiscation des meubles et objets mobiliers, et le second porte que ces amendes ne pourront en aucun cas être remises ni modérées.

Par son arrêté du 27 nivose an 5, (B. 101. n.° 958.) le Directoire exécutif a ordonné la réimpression et la publication de ces dispositions pour être exécutées selon leur forme et teneur, jusqu'à ce que, par le Corps législatif, il en eût été autrement ordonné.

Le Corps législatif a statué sur cette matière par une loi du 22 pluviose an 7. (B. 258. n.° 2451.)

Cette loi porte « qu'à compter de la publication de la présente, les meubles, effets et marchandises, bois, fruits, récoltes et tous autres objets mobiliers, ne pourront être vendus publiquement et par enchères, qu'en présence et par le ministère d'officiers publics, ayant qualité pour y procédé. *Art.* 1.er

» L'amende qu'aura encourue tout citoyen pour contravention à l'article ci-dessus, en vendant ou faisant vendre publiquement, ou par enchère, sans le ministère d'un officier public, sera déterminée en raison de l'importance de la contravention. Elle ne pourra être au-dessous de 50 francs ni excéder 1000 francs pour chaque vente,

outre la restitution des droits qui se trouveront dus. »
Art. 7.

Conformément à l'article 6 de la loi du 17 thermidor an 6, (B. 216. n.º 1943.) « les ventes à l'encan ou à cri public ne peuvent avoir lieu les décadis ou jours de fêtes nationales, à peine d'une amende qui ne peut être moindre de 25 francs, ni excéder 300 francs. »

Quoique cette disposition ne porte pas que les ventes puissent être suspendues, cependant, ces ventes étant présidées ou dirigées par un officier public, si les administrations ou les Commissaires près d'elles s'appercevaient qu'un huissier suspendît, pendant les jours consacrés à un culte quelconque, une vente déjà commencée, ils doivent donner connaissance de cette conduite au tribunal auquel il est attaché. *Lettre du ministre de la police, du* 26 *frimaire an* 7.

VIANDE. Voyez *Subsistances.*

V I S A.

Les certificats de vie des rentiers, viagers et pensionnaires de l'Etat, sont visés par le Commissaire près l'administration municipale. *Loi du* 22 *floréal an* 7, *art.* 10. Voyez *Certificats de vie.*

Le Commissaire près l'administration municipale, vise dans les vingt-quatre heures, les récépissés donnés aux percepteurs des contributions par le receveur ou ses préposés, pour les versemens dans leurs caisses. *Loi du* 17 *fructidor an* 6, *art.* 16. (B. 222. n.º 1993.) Voyez *Percepteurs des Contributions* et *Préposés aux Recettes.* Voyez aussi le *Manuel des Agens municipaux.*

V I S I T E.

« Indépendamment des renseignemens que les Commissaires près les départemens recevront des Commissaires des cantons, il sera nécessaire que les premiers parcourent en personne, et à différentes époques de l'année, tous les cantons du département, pour voir pareux-mêmes, si les autorités secondaires exécutent les lois; ils interrogeront la véritable opinion publique, et la rendront fidèlement au Ministre. *Instruction du Directoire, du 12 frimaire an 4.*

L'esprit public est le premier objet qu'ils doivent chercher à bien connaître, lorsqu'ils arrivent dans un canton; après avoir reconnu la situation de l'esprit public, ils examineront celle de l'instruction publique qui doit contribuer à le vivifier. La police générale, la police des cultes, la police champêtre, sont autant d'objets sur lesquels ils interrogeront les administrations municipales et les administrés. Ils jugeront facilement si les lois des 7 (B. 186. n.º 1134.) et 10 vendémiaire an 4 (B. 188. n.º 1142.) et le code rural sont observés; l'agriculture, les subsistances fixeront leurs regards et leur attention, ainsi que le commerce, l'industrie et les manufactures.

Les épizooties et les épidémies appelleront aussi leur attention ; les hospices et établissemens de bienfaisance intéresseront leur humanité. Ils verront, par eux-mêmes, comment ils sont administrés, quelle est la conduite des commissions chargées de les administrer. Ils n'oublieront pas de vérifier si les prisons, les maisons d'arrêt, de détention, sont tout-à-la-fois sûres et saines.

La répartition des contributions, les forêts nationales, les grandes routes et les chemins vicinaux, la comptabilité des administrations municipales, la tenue des registres de l'état civil sont encore des objets dont ils devront s'occuper dans leurs tournées.

Tels sont les principaux objets sur lesquels les Commissaires près les administrations centrales doivent porter leur attention, leurs recherches et un examen sévère, en parcourant les cantons. Ils peuvent y ajouter tous ceux qu'ils jugeront intéressans.

Ces visites auront des avantages inappréciables. Par elles, ils se procureront des renseignemens plus exacts que ceux qu'ils obtiennent par leur correspondance : elles leur feront connaître la véritable situation de leur département, et les mettront à portée d'en présenter au Ministre de l'intérieur, un tableau fidèle. Ils tiendront un journal de leurs tournées, pour y puiser des matériaux précieux pour leur administration.

Lorsqu'ils se détermineront à faire ces visites, ils auront soin de se concerter avec leur administration pour que le service ne souffre pas de leur absence. Ces visites ne doivent pas se faire de suite dans tous les cantons. Ils les distribueront de manière à ne pas perdre la suite des affaires qui les rappellent au chef-lieu. *Lettre du Ministre de l'intérieur, du 27 fructidor an 6.*

VISITES DOMICILIAIRES.

« La maison d'un citoyen est un asyle inviolable, pendant la nuit. Nul n'a le droit d'y entrer que dans le cas d'incendie, d'inondation ou de réclamation venant de l'intérieur de la maison.

» Pendant le jour, on peut y exécuter les ordres des autorités constituées. Aucune visite domiciliaire ne peut avoir lieu qu'en vertu d'une loi, et pour la personne ou l'objet expressément désigné dans l'acte qui ordonne la visite. *Constitution, art.* 359.

Le Commissaire près l'administration municipale, est tenu de dénoncer à l'administration centrale, tout officier de police, agent ou adjoint municipal, qui, requis par le garde forestier, refusera de faire avec lui la perquisition des bois coupés en-delà ou volés, dans un bâtiment, maison, atelier ou cour adjacente, ou celle des bois volés sur les rivières ou ruisseaux flottables et navigables. *Arrêtés du Directoire, des 4 et 26 nivose an 5.* (B. 98. n.º 923, et B. 103. n.º 976.) Voyez *Bois.*

Les Commissaires du Directoire exécutif près les administrations municipales sont chargés de concourir avec les employés de l'enregistrement, à la recherche clandestines des cartes à jouer. *Arrêté du 19 floréal an 6.* Voyez *Cartes à jouer.*

Le Commissaire du Directoire exécutif est tenu d'accompagner l'administrateur municipal dans la visite qu'il fera des maisons occupées par tout citoyen faisant le commerce, à l'effet de constater les contraventions aux défenses de vendre des marchandises anglaises. *Loi du* 10 *brumaire an* 5, *art.* 12. Voyez *Marchandises anglaises.*

Les Commissaires près les administrations municipales doivent requérir les visites ordonnées par la loi chez les individus suspectés de recéler une quantité de poudre supérieure à cinq kilogrammes. *Loi du* 13 *fructidor an* 5, *art.* 24, *et Lettre du Ministre de la police*, *du* 19 *ventose an* 6. Voyez *Poudres et salpêtres.*

VOIES DE FAIT.

» Les auteurs de voies de fait, pourvu qu'ils n'aient blessé ni frappé personne, sont poursuivis par le Commissaire du Pouvoir exécutif près l'administration municipale devant le tribunal de police, et condamnés aux peines de simple police. *Loi du* 3 *brumaire an* 4, *art.* 605. (B. 204. N.º 1221.) Voyez *Délits de police.*

VOIES PUBLIQUES.

« Ceux qui les embarassent ou les dégradent, sont jugés et condamnés aux peines de simple police, sur la citation et sur les conclusions du Commissaire du Pouvoir exécutif près l'administration municipale et le tribunal de police. *Loi du* 3 *brumaire an* 4, *art.* 605. (B. 204. n.º 1221.) Voyez *Délits de police.*

VOITURES PUBLIQUES.

« Il est défendu aux entrepreneurs de voitures de se charger du port des lettres, journaux, feuilles à la main et ouvrages périodiques.

Les Commissaires près les administrations centrales et municipales et les bureaux centraux sont autorisés à faire faire dans les établissemens desdites voitures, et par-tout où il sera nécessaire, des visites pour assurer l'exécution de la loi du 24 août 1790, qui porte (art. 4) qu'aucun entrepreneur de voiture de transport libre, ne pourront se charger d'aucune lettre ni papier autres que ceux relatifs à leur service personnel et particulier ou les sacs de procès. *Arrêté du 2 nivose an 6, art.* 1 *et* 2, (B. 170. n.º 1624.) Voyez *Journaux et postes.*

VOITURIERS.

Les entrepreneurs sont civilement responsables des délits commis par leurs voituriers, qui sont à leur tour responsables de leurs délits envers ceux qui les emploient *Loi du 6 octobre* 1791, *tit.* 2, *art.* 7 *et* 8. Voyez *Délits ruraux.*

VOIX DÉLIBÉRATIVE.

« Les Commissaires près les administrations centrales et municipales, assisteront à toutes les délibérations, et il n'en sera pris aucune qu'après qu'ils auront été ouïs.

Ils n'auront en aucun cas voix délibérative. *Loi du* 21 *fructidor an* 3, *art.* 15. (B. 185. n.º 1128.)

L'instruction du 8 janvier 1790, § 5, s'exprime ainsi : « Ils n'auront pas voix délibérative ; mais il ne pourra être fait aux séances aucuns rapports sans qu'ils en aient eu communication, ni être pris aucun arrêté sans qu'ils aient été entendus, soit verbalement, soit par écrit. »

VOLAILLES.

Si elles causent du dégat sur les propriétés d'autrui, le propriétaire, le détenteur ou le fermier qui l'éprouvera, pourra les tuer, mais seulement sur le lieu, au moment du dégat. *Loi du 6 octobre* 1791, *tit.* 2, *art.* 12. Voyez *Délits ruraux.*

VOYAGEURS. Voyez *Passeports.*

TABLE ALPHABÉTIQUE

Des mots compris dans le Manuel des Commissaires du Directoire exécutif.

Fin de la Table des mots.

ARTICLE OMIS.

AFFICHES.

LA loi du 22-28 juillet 1791, porte : Que les affiches des actes émanés de l'autorité publique seront seules imprimées sur papier blanc ordinaire; et que celles faites par des particuliers, ne pourront l'être que sur papier de couleur, sous peine de l'amende ordinaire de police municipale.

CODES ET RECUEILS DE LÉGISLATION

Qui se trouvent au Dépôt des Lois, place du Carrousel, à Paris.

(*Les étoiles indiquent les objets du fonds sur lesquels il y a la remise et le 13.ᵉ pour les Marchands et les Fonctionnaires publics.*)

* RÉPERTOIRE et *Mémorial des Lois*, ou Table chronologique et alphabétique des Lois, Arrêtés, Instructions, Lettres ministérielles et Réglemens, depuis 1789 jusques et compris l'an 7, 7 vol. *in-4°*, 36 fr. — 48 fr. L'abonnement pour l'an 8 est de 9 fr.
* Recueil des Constitutions de 1791, 1793 et de l'an 3, 6 fr. — 8 fr.
* Constitution de l'an 3 et Lois organiques, *in-4°*, 4 fr. — 5 fr.
La même, avec Tables chronologique et des matières, par Cambacérès, 5 vol. *in-12*, 9 fr. — 12 fr.
La même, en 3 vol. (édition de l'imprimerie nationale) 3 fr. — 4 fr.
* Constitution de l'an 3, *in-12*, 1 fr. — 1 fr. 25 c.
——————— *in-18*, 75 c. — 1 fr.
* Code des élections, complet, contenant la constitution de l'an 3, les arrêtés, instructions et modèles des procès-verbaux relatifs aux assemblées primaires et électorales, 2 fr. — 2 fr. 50 c.
Projet de Code civil, par Cambacérès, 2 fr. 50 c. — 3 fr. 50 c.
Code judiciaire, civil et criminel, 3 vol. *in-12*, 6 fr. — 8 fr.
Nouveau Praticien français, avec les opuscules, 4 fr. 50 c. — 6 fr.
Code des Juges de paix, par Guichard, 7 fr. 50 c. — 10 fr.
Code des Notaires, 3 vol. *in-12*, 5 fr. — 7 fr. 50 c.
* Manuel du tribunal de Cassation, par Lavaux, 1 fr. 50 c. — 2 fr. 40 c.
* Code des Successions, avec une explication raisonnée des Lois, par Vermeil, 1 vol. *in-12*, 4 fr. 50 c. — 6 fr.
Code des Successions, contenant le texte pur et simple des Lois, *in-18*, 1 fr. 50 c. — 2 fr.
* Code de l'Etat Civil et du Divorce, 1 fr. 50 c. — 2 fr.
* Explication raisonnée des lois relatives au mariage et au divorce, par Vermeil, 1 fr. 50 c. — 2 fr.
* Code des Transactions, complet, avec des explications par Vermeil et Fournel, *in-8°*, 4 fr. — 5 fr. 25 c.
Dictionnaire raisonné des Transactions, par Fournel, *in-8°*, 3 fr. — 4 fr.
* Traité de la Contrainte par corps, par Fournel, 2 fr. 50 c. — 3 fr. 25.
* Traité de la Tutelle et de la Curatelle, par Vermeil, *in-12*. — 1 fr. 50 c. — 2 fr.
* Code des Enfans naturels, avec une Explication des Lois qui leur sont relatives, par Vermeil, *in-12*, 1 fr. 20 c. — 1 fr. 50.
Exposition des Règles du Droit ancien, et Observations relatives à notre nouvelle législation, par Gouillart, 3 fr. — 4 fr.
* Opuscule des Lois sur le voisinage, la mitoyenneté, les plantations d'arbres, les murs, fossés, etc. 50 c. — 60 c.
Manuel et nouveau Style des Huissiers, 2 fr. 50 c. — 3
Dictionnaire du nouveau Droit civil, 2 fr. — 2 fr. 75 c.
* Code hypothécaire, complet, *in-18*, 1 fr. — 1 fr. 30 c

Notions élémentaires sur le Régime Hypothécaire, par Hua, *in-12*, 3 fr.
— 4 fr.
Code Hypothécaire, par Guichard, 2. vol. *in-12*, 5 fr. 50 c. — 7 f.
Code Hypothécaire, par Langlois, 1 vol. *in-12*, 3 fr. — 4 fr.
Code hypothécaire, par Levasseur, 2 fr. — 3 fr.
Manuel des Hypothèques et des ventes forcées d'immeubles, par Falci-
    magne-Vaillant, *in-8°*, 2 fr. — 2 fr. 50 c.
* Manuel des Entrepreneurs de bâtimens, relativement aux priviléges
    de bâtisse, d'après le nouveau Code Hypothécaire, par Fournel, *in-18*,
    75 c. — 1 fr.
La Procédure en expropriation forcée avec les formules, par Sagnier,
    1 fr. 50 c. — 1 fr. 80.
Code Criminel complet, par Fauvel et Sagnier, 4 fr. — 5 fr. 50 c.
Nouvelle Procédure criminelle, par Hautefeuille, 2 vol. *in-12*, 4 fr.
    — 5 fr. 50 c.
Code Correctionnel et de simple Police, complet jusqu'à ce jour, par
    Sagnier, *in-8°*, 4 fr. — 5 fr.
Code des Délits et des Peines, *in-12* et *in-8*, 2 fr. — 2 fr. 50 c.
Code des Délits et des Peines, *in-18*, 75 c. — 1 fr.
Le même, édit. de Garnery, 4 f. — 5 fr. 50 c.
* *Code des Émigrés, Condamnés et Déportés*, complet, depuis 1791 jusqu'à
    ce jour, avec tables chronologiques et alphabétiques, 1 fort vol. *in-4°*,
    9 fr. — 12 fr.
* Code Rural, Forestier et Féodal, 2 vol. *in-8°*, et 1 vol. *in-12* pour la
    partie féodale, 7 fr. 50 c. — 10 fr.
Code des Fermages, par Guichard, 2 fr. — 2 fr. 50 c.
Manuel des Gardes Champêtres et Forestiers, par Guichard, avec les
    modèles des procès-verbaux, 1 fr. — 1 fr. 25 c.
Code complet des Douanes, *in-8°*, 8 fr. — 10 fr.
Tarif des Droits d'entrée et de sortie, 1 fr. 80 c. — 2 fr. 25 c.
* Recueil des lois sur les Prises, depuis 1789, *in-4.°*, 6 fr. — 7 fr. 50.
Code des Prises maritimes et des armemens en course, par Guichard,
    2 vol. *in-12*, 6 fr. — 8 fr.
Recueil des Lois et Arrêtés relatifs aux Tribunaux de Commerce, 2 fr.
    — 2 fr. 50.
Recueil des Lois, Arrêtés et Instructions sur les Contributions directes,
    foncières, personnelle, mobiliaire et somptuaire, jusques et compris
Pan 8, *in-4.°*, 12 fr. — 15 fr. 50.
Code des Droits de Passe et d'Octroi, par Guichard, 1 fr. 25 c. — 1 fr. 50 c.
* Code du Timbre et de l'Enregistrement, avec une table très-détaillée,
    1 fr. 20 c. — 1 fr. 50 c.
* Recueil complet des Lois, instructions, Tables et Tableaux relatifs
    aux Poids et Mesures, et au Calcul décimal, publiés par ordre du
Gouvernement. Edition de l'imprimerie de la République, 4 fr. 50 c.
    — 6 fr.
Tableaux comparatifs des Mesures républicaines avec les anciennes,
    in-fol. et *in-8.°*, par Périaux, (de Rouen) 3 fr. — 4 fr.
* Instructions familières et républicaines à l'usage des enfans, par Couret-
    Villeneuve, 75 c. — 1 fr.
Bonaparte au Caire, ou Mémoires sur l'expédition de ce général en
    Egypte, avec des détails curieux sur cette partie du globe, par un des
    savans embarqués sur la flotte française, *in-8.°*, 3 fr. — 4 fr.
* Recueil des Traités de paix, de commerce et d'alliance depuis la
    révolution, 4 fr. — 5 fr.